The Case for Christ

A Journalist's Personal Investigation of the Evidence for Jesus

重審耶穌

一位法庭記者的聖經調查事件簿

Lee Strobel

李・施特博 ——著
高品薰 ——譯

來自作者的祝福

I'm thrilled that my book has been translated into Chinese to serve so many people who are loved by God. I'm praying it will deepen the faith of believers and help spiritual seekers discover that Jesus really is the way, the truth + the life, as he claimed.

Blessings!
Lee Strobel

我感到非常興奮，我的書已經翻譯成中文，而能夠服務這麼多深受上帝所愛的人。我祈禱這本書能深化基督徒的信仰，亦幫助那些對靈性有渴望的人發現，耶穌確實如他所宣稱的那樣，是道路、真理和生命。

祝福！

李・施特博

目錄

中文版作者序　一個永恆的訊息 ･･････････ 007
專文推薦
像個陪審團員，坐看「耶穌案件」的展開　吳必然 ････ 008
用正確的提問找出你信仰的解答　金哲昱 ･･･････ 012
誠意邀請你參加「消除疑惑求證之旅」　郭必輝 ････ 015

國外讚譽 ･･･････････････････････ 018

引言　重啟對他一生的調查 ･･････････････ 021

第一部　審查紀錄

第1章　**目擊者證據** ･･････････････････ 031
　　　　耶穌傳記可信嗎？
　　　　訪談對象—克雷格･布隆伯格博士

第2章　**檢驗目擊者證據** ･･････････････ 055
　　　　耶穌傳記經得起推敲嗎？
　　　　訪談對象—克雷格･布隆伯格博士

第3章　**文獻證據** ･･････････････････ 075
　　　　耶穌傳記流傳之下是否依然可靠？
　　　　訪談對象—布魯斯･梅茨格博士

第4章　佐證證據 · · · · · · · · · · · · · · · · · · · 098
除了耶穌傳記之外，還有其他可信的證據嗎？
訪談對象—埃德溫・山內博士

第5章　科學證據 · · · · · · · · · · · · · · · · · · · 122
考古學證實了或推翻了耶穌的傳記？
訪談對象—約翰・麥克雷博士

第6章　反證 · 146
歷史上的耶穌與信仰中的耶穌是同一人嗎？
訪談對象—格雷戈里・博伊德博士

第二部　解析耶穌

第7章　身分證據 · · · · · · · · · · · · · · · · · · · 173
耶穌真的確信自己是聖子嗎？
訪談對象—本・威瑟林頓三世博士

第8章　心理學證據 · · · · · · · · · · · · · · · · 189
耶穌自稱是聖子，他會不會是瘋了？
訪談對象—蓋瑞・柯林斯博士

第9章　形象證據 · · · · · · · · · · · · · · · · · · · 203
耶穌是否符合神的條件？
訪談對象—D. A. 卡森博士

第10章　指紋證據 · · · · · · · · · · · · · · · · · 223
符合彌賽亞身分的只有耶穌嗎？
訪談對象—路易斯・拉皮德斯

第三部　研究復活

第11章　醫學證據 · · · · · · · · · · · · · · · · 245
　　　　耶穌的死會是假象嗎，他的復活會是騙局嗎？
　　　　訪談對象—亞歷山大・梅瑟勒博士

第12章　屍體失蹤的證據 · · · · · · · · · · · · 262
　　　　耶穌的屍體真的從墳墓中消失了嗎？
　　　　訪談對象—威廉・萊恩・克雷格博士

第13章　耶穌顯現的證據 · · · · · · · · · · · · 286
　　　　耶穌死在十字架上後，有人見過復活後的他嗎？
　　　　訪談對象—蓋瑞・哈伯馬斯博士

第14章　間接證據 · · · · · · · · · · · · · · · · 310
　　　　有任何證據能夠從旁證實耶穌確已復活嗎？
　　　　訪談對象—J. P. 莫蘭德博士

結論：歷史的裁決 · · · · · · · · · · · · · · · · 328
　　　　證據證明了什麼—而這個結論在今日代表著什麼？

李・施特博訪談錄 · · · · · · · · · · · · · · · · 344
引文目錄 · 363
認識李・施特博 · · · · · · · · · · · · · · · · · 371

中文版作者序

一個永恆的訊息

李‧施特博

　　我很興奮我的書《重審耶穌》已經翻譯成中文，而能夠服務這麼多深受上帝所愛的人們。正如您在書中看到的，我在大部分人生中，曾是對耶穌抱持懷疑態度的人。當我那不可知論的妻子轉信基督教時，促使我運用我的新聞學和法律訓練來調查是否有任何支持耶穌自稱為神的說法的真相。這本書就是我這段靈性旅程的故事，透過與來自劍橋、布蘭迪斯、普林斯頓等大學的博士學者進一步的訪談來加以擴展。

　　「什麼是真理？」一位心存疑惑的本丟‧彼拉多在耶穌被處決前問道。簡單的答案是，真理就是與現實相符的東西。歷史的證據清楚地指向這個結論：基督教並非一個童話、空想或神話，而是一個根基於現實的信仰。當我們把信仰放在耶穌身上，讓他成為我們的赦免者和領袖時，我們正朝著證據所指引的方向前進。這是合乎邏輯──也有充分理由的。

　　我希望，閱讀我的書能幫助基督徒深化信仰，澄清我們為何相信我們所相信的。但最重要的是，我渴望那些第一次對靈性帶有好奇心的人，能夠理解耶穌在說「我就是道路、真理、生命」時，是誠懇且真實的。這是一個具有永恆意義的訊息，我迫切希望所有中文讀者都能銘記在心。

專文推薦

像個陪審團員，坐看「耶穌案件」的展開

吳必然

樣教會牧師 & 協合國際法律事務所資深顧問 & 東吳法研所兼任副教授

　　《重審耶穌》實在很經典，它的英文版已經在我們家的書架上二十幾年，我也拿起來翻閱過好幾次。但老實說，我的工作就是法律，所以在辦公室以外的時間，不太有動機再認真看一本「法律」的書。

　　這一次受邀為中文版寫推薦序，我必須認真的閱讀本書。起初，我腦中不斷出現法律人的標準疑問：例如，當作者研究福音書的真偽及可靠性時，他是把福音書作者當作「證人」嗎？但他們都已過世，無法直接交叉詢問他們；所以是把福音書當作「證人的書面證詞」嗎？可是這種證據的使用必須符合特定要件及限制。還是把福音書當作文獻證據？但這也必須有聽證詢問來驗證啊。

　　但很快的，我發現作者的文筆饒有趣味，分析理論紮實，不愧為法律人，讓人帶著疑問及好奇就繼續看下去；正如一個複雜離奇案件，有專業記者追蹤調查後，以簡潔精鍊的文字，帶領讀者深入淺出的瞭解案情，然後做出結論。

我已經迫不及待的想要推薦給許多應該讀這本書的人（對，就是那些平常用各種困難問題來質疑我的人）。簡單說，有二種人會發現這本書對他的疑問及尋求的答案很有幫助：
（1）在相信耶穌之前，想先確認這不是個迷信？聖經不是一本神話？耶穌不是被神化的異議人士（或根本沒有這個人）？
（2）在信主受洗之後，面對來自親友、同事、社會的挑戰，而自己沒有辦法回答這些質疑（好像顯得很不理性、愚蠢）。
　　你可能會說：前面這二種人不就涵蓋了「所有人」，意思是每個人都該讀這本書？（好有技巧的推銷手法啊）。但我不是這個意思，相對的，我從閱讀這本書中，確認了我逐漸形成的一個想法：「神藉著聖靈，引導每個人用不同的方法認識祂。」換言之，是神自己讓我們藉著聖靈連結到真實的源頭。
　　因此，在信主之前認真尋求、質疑聖經的人，可以藉著閱讀這本書找到許多令人信服的答案，正如作者藉著訪談一位又一位專家證人後，得著讓專業調查記者滿足的答案。另一方面，在信主之後才開始「想到」各種疑問的人，可以跟著作者的足跡去「交叉詢問」這些專家證人，然後看著他們的眼睛，確認他們在研究數十載後，是否加強或削弱他們的信仰？（這是作者在好幾個訪談後最喜歡做的一件事）。想想，以作者的專業及經驗，若是一個專家證人對於他自己的證詞都不是十分確信，甚至其可信度都有問題，他會看不出來嗎？他一定會認為學術研究跟信仰是可以切割的兩件事！
　　我最欣賞本書的，還有作者的兩個特殊「風格」：（1）在每章的起頭，引用一個他實際參與過或研究過的刑事案件，說明法庭審判時如何檢視證據、發現事實，跟一般吃瓜群眾看熱鬧的想像大相逕庭；藉此，顯現什麼才是嚴謹的法律程序、科學方法、正反方並陳的「審判」。（2）在每一個訪談的最後，作者會出其

不意的測試受訪專家的「真誠度」，也就是他有多麼相信自己的研究結論，以及更重要的：他的研究對於相信耶穌是加分還是減分？

正如博伊德博士（Dr. Gregory Boyd）說的：「如果你愛一個人，那麼你的愛其實超越了與那個人相關的事實，但這份愛仍然是根植於那個人的事實的⋯⋯愛上耶穌也是如此⋯⋯我根據歷史證據相信耶穌，但我與耶穌的關係遠遠超越了這些證據。我會每天信任他，與他同行。」

懷疑、沒有確信、保持客觀中立，是大多數人的起始（default）態度，改變這樣的態度及看法，需要時間及過程。每個人遲早需要經歷這樣的過程，即便我們以為信仰是一瞬間發生的，是一個人被光照後的立即改變，是全有或全無的二分法。作者從原先的懷疑論／無神論，經由縝密的調查、訪談、查證，得到令他自己確信的「真相」，也幫助許多正在尋找、懷疑的人，不用自己再作一次調查，就可以從這本書中得到許多令人信服的答案。

作者建議，關於相信耶穌，每個人都可以「自主判斷」：「說不定你也一直基於觀察周圍所得到的證據，或長久以來從書本、老師、家人或朋友那裡所得到的資訊來建立自己的靈性觀點。但你所得出的結論，真的是這些證據的最佳解釋嗎？如果你深入挖掘──挑戰自己的成見，有系統地尋找證據──你又會發現什麼呢？」

《重審耶穌》可以促使你展開這個尋找的旅程，也可以在旅途中適時回答你的一些難題（比 ChatGPT 還有用）。讓我們展開這個旅程吧！

> **推薦人小檔案**
>
> 　　吳必然，樣教會牧師，協合國際法律事務所資深顧問，東吳法研所兼任副教授，一字千金比賽冠軍，GoodTV轉轉發現愛的大叔「專家」。除了法律領域，還參與各種教育創新行動，以及職場青年世代的議題研究與倡議。專門做奇怪的事，注定成為「非典＋斜槓」。
>
> 　　台大管理學院 EMBA，美國紐約大學法學博士（JSD），東吳法學碩士，台大法學士，成功高中。

專文推薦

用正確的提問找出你信仰的解答

金哲昱

天主教道明會神父 &
「澄清信仰、破除疑惑」天主教 Veritas 護教中心 創辦人

　　護教學（Apologetics），有天主教神學家將其整合於基本神學（Fundamental theology）中，無論如何，它都是神學研究與福傳實務裡繞不開的一個重要領域。它的功能可以有兩方面：首先是系統性地對外證明基督信仰的可信性及真實性；再來就是針對人們在信仰方面的誤解及觀點作出澄清、解釋及反駁。由於其方法經常採用哲學嚴謹的辯證方式，並時常進行論證與反駁，因此人們經常聽到「護教學」一詞，便誤以為這完全代表一種不願傾聽其他意見，專門用來吵架或證明自己最正確的態度。其實，在教會裡，護教學不但一直都在，也一直都受到高度重視，它與神學的產生密不可分。在福傳上，它也一直是每位基督徒都該進修的裝備。

　　「護教」一詞本身可追溯自聖經《伯多祿前書》第3章第15節：「你們但要在心內尊崇基督為主；若有人詢問你們心中所懷希望的理由，你們要時常準備答覆〔ἀπολογίαν〕」。聖伯多祿鼓勵我們所有基督徒都該準備好自己能時時向人解說、答覆、分

享我們信仰的依據。這裡我們看到「答覆」這個動詞的希臘字「ἀπολογίαν」(apologia)：apo 有「從」之意，logia 則有「說話、理性」之意，意即「從理性作出解釋」。護教行為，就是因人們提問而回答，或當我們需要主動證明信仰依據時，所進行的論述行為。

　　護教學的存在，表示我們需要認真了解自己信仰的緣由，並重視他人對信仰的看法。這本身就建立在積極的聆聽態度上，因為我們得先誠實地聽見自己及他人內心的反對及不信，才有可能建立護教學。換句話說，優良的護教學建立在優質的傾聽品質上。任何一位基督徒，只要有福傳的熱火，都需要了解護教學，我們需要能力好好地說明自己的信仰，同時也需要能力好好地回答他人的疑問。在護教學裡，基本課題包括如何證明神存在？怎麼證明耶穌就是天主？這些問題都需要我們以理論來說明。啟示的本質雖也是超越的恩寵，但這不表示我們只要僅僅說「因為我想信，所以我信」就完事了；超越的啟示本鼓舞我們以理論來說。從天主來的啟示必然不會與我們理性所知的真理相互衝突，因為智慧的來源只能是天主，天主不會自相矛盾。

　　本書作者是一位美國多年經驗的調查記者，且有耶魯大學的法學訓練背景。除本書外，作者也寫了不少類似的書，筆者經常參考拜讀。由於他的法學背景與記者經驗，這使他的作品更具特色，能拿出記者的調查精神以及法學的嚴謹推論來檢驗基督宗教的各種宣稱。我們在書中，真的能看到他非常稱職地做了這個角色，替大眾詢問了不少高質量的問題。我認為這才是本書最有價值的地方；除非能問出好問題，否則我們難以找到真正的答案究竟長什麼樣。好的答案能夠被引出來，都需要有好的提問在前。本書做到了非常難得的示範。

我甚至覺得，你只要記得作者提出或追加哪些提問就夠了。倘若你也有意從事護教工作，願成為中高級的護教家，那這建議特別有幫助。你必須知道，我們的記憶有限，書裡的證據也會隨著新的研究而不斷擴展，但書中的「提問」卻很少會變。我從事護教工作多年，可以向你保證，最顯出一個人護教功力的地方，就是對這些提問方式的掌握程度，而不是回答出來的答案。

本書作者幫我們從各種角度檢視人們對耶穌的疑問，希望大家也在這過程中，以開放的心，仔細檢查自己過去的信念，並與作者一起學習。沒有人希望自己被騙，也沒有人希望自己活在虛假中。假若本書有任何部分激起你想進一步尋求了解的渴望，那麼恭喜你，你更靠近真理了。衷心祝福你，能在每一天喜樂、平安、勇敢地與人介紹這位影響全世界的耶穌，並藉著「提問」淬煉自己的信仰深度。天主保佑。

推薦人小檔案

金哲昱，道明會神父。線上平台「澄清信仰、破除疑惑」天主教Veritas護教中心 創辦人與執行人。金神父已在網路從事護教工作近十年，初起以文字為主，後期投入直播及影視製作。最常開的節目就是線上Q&A。2018.8.11發願成為道明會會士，2024.1.20成為天主教神父。

專文推薦

誠意邀請你參加「消除疑惑求證之旅」

郭必輝牧師
基督教台灣浸會神學院

在你的人生信仰旅途上，有沒有遇上對信仰的疑惑呢？在「消除疑惑求證之旅」，李‧施特博會帶領你經歷詳細查考證據的過程、他會在你眼前展示以客觀角度檢視的佐證、世界知名學者及專家的研究結果及說法，讓你在這個旅程中親身參與到尋求出一宗案件無偽的真相，打開一個很多人認為是一個不可思議的謎──耶穌在基督教的信仰及歷史上的真實性，包括了耶穌的一生、身分、死亡及復活。

《重審耶穌》這一本書就是趟十分有價值的「消除疑惑求證之旅」。作者李‧施特博畢業於耶魯大學的法學院，獲得法學研究碩士學位。他在 1847 年創刊的知名媒體 Chicago Tribune 芝加哥論壇報從事法庭記者達 14 年之久，他是一位資深專業法庭記者，他有追蹤調查高難度判決案件的經驗，他會嚴謹分析案件的資料及其來龍去脈，把案件的事實真相一一報導。

耶穌的一生、身分、死亡及復活，這些在過往至現在都經常被人質疑是否是歷史上的事實？耶穌的神性也是被人質疑。李‧施特博曾經完全不相信耶穌的一生、身分、死亡及復活是真

實的事件,他使用了法庭審案及判案的方式和技巧來進行調查追索耶穌在歷史上的真實性,最終推翻了自己否定對基督教信仰及耶穌真實性的看法。

李・施特博訪問了不同專業的學者及專家,他們包括了歷史學家、哲學家、神學家、聖經學家、考古學家、法學家、專科醫師、心理學專家、研究其他宗教的專業人士等等。他除了走訪學者及專家之外,還引用了很多犯罪案件的調查、判案等等,來解釋他客觀及理性地使用多方面的論證法,尋求引證耶穌在基督教的信仰及歷史上的真實性。他進行一連串的調查,十分詳盡、仔細及小心,完全符合了邏輯思維,也具備了客觀及理性的分析。在書中記載了求證及調查的過程,內容用了描述性及對話方式生動繪寫,可以說是扣人心弦。這本書不單可以幫助基督徒更鞏固他們的信仰,並且可以提供一個無可置疑及完滿的答案,來解答對耶穌的真實性、他活在世界的一生、死亡及復活的懷疑。

李・施特博把《重審耶穌》這本書的內容有系統地分為三部分,循序漸進地對耶穌真實性的疑惑進行「解剖式」追溯證據,達到最後的裁決為止。在這個過程中,他前往各地走訪了 13 位世界著名的學者及專家,以尋求最有權威性的證據。第一部分透過詳細地與五位專家訪談及分析而進行「審查紀錄」。接下來他訪問四位頂尖人物來「解剖」耶穌。最後,他訪問了另外四位學者及專家,使用不同的論證方法證明耶穌復活的事實。「解剖式」追溯證據的裁決是什麼呢?李・施特博說:「我承認:耶穌是獨一無二的神之子的證據,在數量和質量上都深深震撼了我……累積的事實和資料,不容質疑地指向一個我不完全樂意接受的結論……鑒於那些我在調查過程中所見識到證據是如何叫人心服口服,面對這場為基督辯護的壓倒性證據……以現在來說,比起要我相信拿撒勒人耶穌,要我堅持我的無神論倒是需要更大

更多的信念了！」(頁334、336)

《重審耶穌》原著(*The Case for Christ: A Journalist's Personal Investigation of the Evidence for Jesus*)以英文在1998年面世，已翻譯超過30種語言，至今本書相關版本資源銷售超過一千萬本，並且拍成電影。書本及影片皆獲得多個獎項，包括金獎圖書獎。《重審耶穌》可以說是現代在基督教護教學、布道學的一本「經典著作」，並且可以成為教會內門徒訓練課程或讀書會的教科書。在每一章的結束，都提供了一些思考或討論問題，無論是個人閱讀之後作出一個反思，或在小組裏閱讀後作出討論，都受益匪淺。

最後，再次誠意邀請你參加「消除疑惑求證之旅」──一起閱讀《重審耶穌》。

推薦人小檔案

郭必輝牧師
- 美國德克薩斯州浸信會西南神學院哲學博士主修布道學
- 加拿大國家浸信會聯會海外宣教士
- 基督教台灣浸會神學院兼任助理教授
- 曾於加拿大華人神學院溫哥華任學術副校長及副教授
- 曾於美國、加拿大及亞洲數所神學院任教及擔任教務主任與課程主任
- 曾於加拿大及美國牧養教會

國外讚譽

《重審耶穌》的作者是一位具有法律背景的調查記者，他以頑強的精神，深入探討聖經中基督宗教真理的證據。無論是信徒還是不可知論者，都將從這本節奏明快的書中受益匪淺。

——已故的布魯斯・梅茨格（Bruce M. Metzger）

李・施特博提出了一個心智健全的懷疑論者會提出的問題，同時給出令人信服的答案。這本書非常出色，我經常會在晚飯後朗誦給妻子聽。每個探究真知者都應該擁有這本書。

——菲力浦・約翰遜（Phillip E. Johnson），
暢銷書作家、加州大學柏克萊分校法學教授

沒有人比經驗豐富的調查記者更擅長從虛構中篩選出真相，也沒有人比在耶魯大學法學院受過培訓的人更善於論證案件。李・施特博用這兩方面的專長，造就了這本傑出的著作。除了他自己從無神論者轉變為基督徒的見證外，還收集了獲得公認的「專家證人」們無可辯駁的證詞，為耶穌基督建立了鐵證如山的證據。我認同《重審耶穌》已為當代的辯護學樹立新的標竿。

——已故的詹姆斯・甘迺迪（D. James Kennedy）

我很高興能參與《重審耶穌》的撰寫。這是市面上最易讀的基督徒論著之一，我相信它會帶來廣泛的影響。任何對基督宗教歷史基礎感興趣的人，都應該一讀此書。

——J. P. 莫蘭德（J. P. Moreland），
加利福尼亞州拉米拉達拜歐拉大學泰爾博神學院哲學特聘教授

受過法律和新聞教育的李‧施特博採訪了十三位頂尖學者和權威人士，針對拿撒勒人耶穌及其生平的聖經紀錄提出了棘手的問題。施特博得出的結論是，對於一個無神論者來說，堅持無神論所需要的信念，實際上會比相信耶穌需要的更多。我相信他是對的，《重審耶穌》提供了壓倒性的歷史證據，證明耶穌就是祂自稱的那個人。

——路易士‧帕勞（Luis Palau）

令人信服的證據，令人興奮的讀物。

——彼得‧克里夫特（Peter Kreeft），
波士頓學院哲學教授

李‧施特博運用出色的調查技巧和兼顧事實的新聞論證手法，匯整了大量支持基督主張的證據。這本書是每位基督徒必備的參考書，更值得與他人分享。

——已故的比爾‧布萊特（Bill Bright）

在我們這一代人中，很少有人像李‧施特博那樣深刻理解現代懷疑論者的心態。這本傑作不僅是一部辯護書，還解答了人們在審視基督主張時所遇到的潛在問題。它引人入勝又令人信服。

——羅伯特‧科爾曼（Robert E. Coleman），
戈登康威爾神學院門徒訓練與傳福音傑出資深教授

李‧施特博寫的這本書必將成為通俗護教學中的經典之一。他利用自己的法律和新聞背景，深入探討了與十多位頂尖福音派學者的對話。這位前無神論者深知如何提出正確的問題，《重審耶穌》中的證據確實令人信服。

──托馬斯‧雷納（Thom S. Rainer），
生命之道（LifeWay）基督教資源公司總裁兼首席執行官

李‧施特博的著作總是充滿創意、引人入勝且令人信服。這一次，我親眼目睹了他的創作過程，他精心撰寫本書，使它具有說服力而不矯揉造作；富含趣味性而不沉重；既有吸引力卻不輕浮。我誠摯地推薦大家閱讀這本前衛的著作。

──蓋瑞‧柯林斯（Gary R. Collins），
里奇蒙特研究生大學特聘教授

引言
重啟對他一生的調查

用檢察官的口吻來敘述,詹姆斯・迪克森（James Dixon）的謀殺未遂案是「徹底輾壓的勝利」,易如反掌。只需稍加檢查證據,就足以斷言迪克森在芝加哥南區的一場街頭混戰中,開槍擊中了理查・斯坎倫（Richard Scanlon）警官的腹部。

每一件證據,每一位證人,都不斷地收緊套在迪克森脖子上的繩索。證據包括指紋、兇器、現場目擊證人、作案動機,一位受傷的警察以及一位有暴力前科的被告。事實物證俱在,刑事司法系統已經蓄勢待發,要讓迪克森背起自己犯下的罪行惡果。

現場的情況很簡單：鄰居報警稱西一〇八街上有個持槍男子。斯坎倫警長聞訊趕到現場,看見迪克森和他女友在她家門口大聲爭執。女友的父親看見警長來,就從家裡出來,以為有員警在場,情勢已趨於安全。

但迪克森和女友的父親突然動起了手,警長上前阻止,試圖把他們分開。瞬間槍聲響起,斯坎倫腹部中彈,踉蹌退開。這時正好有另外兩輛警車趕到,警員們迅速跑過去把迪克森制伏。

他們在附近找到一支點二二口徑手槍,它屬於迪克森,上面確實有他的指紋,槍膛裡少了一顆子彈,顯然他在開槍後將槍就近丟棄。女友的父親手無寸鐵,而警長的配槍還在槍套裡。火藥灼傷了警長受傷處的皮膚,顯示近距離開槍。

所幸槍傷並未危及斯坎倫的生命,但傷勢仍然嚴重得讓他贏得一枚由警察廳長親自頒發的英勇勳章,他為此感到光榮萬分。另一方面,迪克森的犯罪紀錄顯示,他曾因對他人開槍射擊而被

判有罪，顯然他有暴力傾向。

將近一年後，我坐在幾乎空無一人的芝加哥法庭上做筆記，聽著迪克森公開承認他確實槍擊了這位有 15 年警齡的老警官。除了其他所有證據之外，這份供詞成了關鍵。刑事法庭法官弗蘭克·馬查拉下令將迪克森監禁，然後敲響法槌宣布結案。正義得到了伸張。

我把筆記本塞進運動外套內袋，下樓朝新聞發布室走去。我估計我的總編最多給我三段文字在次日的《芝加哥論壇報》上講述這個故事。當然，這也沒虧待它，這確實不是什麼大新聞。

或者說，那時的我這麼以為。

線人的密報

我在新聞編輯室接起一通電話，立刻認出對方的聲音——那是我在跑刑事法庭大廈的歲月裡培植的一位線人。我能感覺到他有重要的消息要告訴我，因為內幕消息越重要，他說話的速度和音量就越快、越輕——而他此刻正飛快地低語。

「李，你知道迪克森案嗎？」他問道。

「知道，當然啦，」我回答道：「兩天前報導過，挺普通的。」

「可別這麼篤定。我聽說槍擊案發生前幾週，斯坎倫中士在一次派對上炫耀他的鋼筆槍。」

「他的什麼？」

「鋼筆槍，一種外觀看似鋼筆的點二二口徑手槍。無論是誰攜帶都是違法的，哪怕是警察。」

當告訴他我看不出這與案情的關聯，他的聲音更加激動了。「聽好了：迪克森並沒有射擊斯坎倫。斯坎倫的鋼筆槍在他的襯衫口袋裡意外爆炸，才造成受傷。他嫁禍給迪克森，以免自己因攜帶非法武器而惹上麻煩。你沒看出來嗎？迪克森是無辜的！」

「怎麼可能!」我大驚失色道。

他回答說:「你自己去看看證據吧,看看它真正指向誰。」

我掛了電話,衝上樓梯,來到檢察官辦公室,稍作停頓,順了順呼吸才走進去。

「你知道迪克森的案子嗎?」我不想太早亮出底牌,故作輕鬆地隨口問了一句:「如果不介意的話,我想再了解一下細節。」

他臉上的血色褪了下去。「呃,我不能討論這個,」他結結巴巴地說:「無可奉告。」

原來,我的線人早已先把他的懷疑告訴檢察官辦公室。暗地裡,相關單位正在召集大陪審團重新檢視證據。太駭人了!詹姆斯・迪克森這個可說是鐵證如山的案子,即將推翻重審。

新推論導出新事實

與此同時,我開始自己的調查:研究犯罪現場、詢問目擊證人、與迪克森交談、檢查物證。當徹底清查案情後,一件怪得不得了的事情發生了:我發現所有的新事實——甚至是那些曾令人篤定相信迪克森有罪的舊證據——都與鋼筆槍理論不謀而合。

- 目擊者說,在斯坎倫到達現場之前,迪克森一直用槍敲他女朋友家的門。槍的出膛方向是向下的,而前廊的水泥地上有一塊與子彈撞擊一致的痕跡。這說明了迪克森槍中少了一顆子彈的原因。
- 迪克森說他不想被人發現帶槍,所以在警察來之前把槍藏在對街的草叢裡。我找到一個目擊者證實了這一點。雖說沒有人看到迪克森扔了這把槍,但仍可以解釋為什麼槍會出現在距離槍擊現場不遠處。
- 火藥灼燒痕跡集中在斯坎倫襯衫左側口袋的內側(不是上方),而彈孔位於口袋底部。結論導向:曾有一種細節不

明的武器放在口袋內部。
- 與警方報告中的說法相反,傷人的那顆子彈彈道是向下射擊出去的。而在斯坎倫的襯衫口袋下方有一處血跡斑斑的裂口,推測子彈穿過一些皮肉後自口袋底部射出。
- 警方呈上法庭的迪克森刑事檔案並不完整。確實,他早前曾因一起槍擊案被判入獄三年,但經過上訴後,法院確認他被誤判,改為無罪釋放。原來警方隱藏了一個辯護中的關鍵證人,而控方證人當庭撒謊。種種發現,讓迪克森具暴力傾向的前科不攻自破。

無辜者獲釋

最後我向迪克森提出一個關鍵問題:「既然你是無辜的,為什麼要認罪?」迪克森嘆了口氣。他說:「因為認罪協商。」

認罪協商是指,如果被告願意主動認罪,檢察官就會建議法官減輕量刑,以大幅節省審判的時間和費用。

「他們說,如果我認罪,他們會判我一年監禁。我已經在監獄裡收押待審 362 天,我只要承認是我幹的,過幾天就可以回家了。但如果我堅持無罪,陪審團卻認為我有罪,他們就會判我 20 年的槍擊襲警罪。這不值得冒險,我想回家⋯⋯」

「所以,」我說:「你承認了你沒有做的事。」

「沒錯。」迪克森點了點頭。

最後,迪克森無罪釋放。他後來贏得對警察局的訴訟,斯坎倫被收回獎章,後來遭大陪審團以公務行為不當罪起訴,最終認罪,被警局開除。[1] 至於我,我的新報導躍上頭版。但更重要的

---

1. Lee Strobel, "Four Years in Jail—and Innocent," *Chicago Tribune* (August 22, 1976) and "Did Justice Close Her Eyes?" *Chicago Tribune* (August 21, 1977).

是，作為一名年輕記者，我學到了至關重要的教訓。

其中一個最深刻的教訓就是，證據可以指向多重方向，例如，有足夠的證據證明迪克森槍擊警長。但更關鍵的問題是：證據的搜集真的徹底嗎？哪種解釋能更全面地符合眼前的事實？鋼筆槍推論一經提出，很明顯地就能發現這個答案更完美地契合所有證據。

還有一個重要的教訓。這些證據乍看之下無庸置疑，這是因為它與我當時的成見相符。在我看來，迪克森明顯像是一個到處惹禍的麻煩人物，一個失敗者，一個破碎家庭的產物。相對而言，警察都是好人，檢察官精明幹練不會犯錯。

戴著有色眼鏡看出去，原先的證據似乎都合情合理。但凡有前後不一或矛盾的地方，我也視若無睹；當警方告訴我這個案子無庸置疑，我就輕率盲從，沒有進行深入的調查。

然而，當拋棄了帶有成見的角度，改以客觀的態度審視事實，我看到的是一個全新的案件。最終，我讓證據引導我走向真相，無論這個真相是否符合一開始的預想。

這是很久以前的事了，而更大的教訓還在後頭呢。

迪克森案與耶穌

我之所以要重述這個不尋常的案子，是因為我的信仰歷程和我在詹姆斯・迪克森案上的經歷，有著驚人的相似之處。

在生命的大部分時間裡，我都是懷疑論者；事實上，我認為自己是無神論者。對我來說，有太多的證據顯示，上帝不過是人類幻想的產物，是古代神話和原始迷信的遺留。如果上帝僅僅因為人們不相信祂就將他們打入地獄，那麼這樣的上帝怎麼能稱得上仁慈呢？奇蹟怎可能違背基本的自然法則？進化論不是已經圓滿地解釋了生命的起源嗎？科學推理難道不能消除對超自然現象

的迷信嗎？

至於耶穌，你難道不知道他從未宣稱自己是神嗎？他是一個革命家、一個聖人、一個反對偶像崇拜的猶太人，但他是神嗎？不是的，他從未有過這種想法！我可以列舉許多大學教授，他們也抱持這種觀點——我們當然可以信任他們，不是嗎？讓我們面對現實吧：即使只是概略地研究一下證據，也足以證明耶穌不過是和你我一樣的人，只是他具有超凡入聖的仁慈和智慧。

然而，我對這些證據的檢查，實際上是相當粗糙的。我讀過一些哲學和歷史，剛好足夠支持我的懷疑主義——這裡有一個事實，那裡搬一個科學理論、挑一句精闢的引語、借一個巧妙的論證。當然，我也看到了一些漏洞和矛盾之處，但心底有個強烈的動機促使我忽略它們，因為我過著一種自私自利、不太道德的生活方式。一旦我改變了觀點，成為耶穌的信徒，我將不得不放棄這種生活方式。

在我看來，這件事已經結案了。耶穌的神性就只是迷信者的虛構，這個結論有足夠的證據讓我安於現狀。

或者說，至少我是這麼認為的。

給無神論者的答案

促使我重新審視基督信仰的不是線人的電話，而是我的妻子。1979 年秋天，萊絲莉（Leslie）宣布她成為一名基督徒，這讓我震驚不已。我揉了揉眼睛，做好了最壞的打算，感覺自己就像上當受騙的受害者。

我的妻子萊絲莉個性幽默風趣、無憂無慮、敢於冒險，現在我擔心她會變成某種性壓抑的假正經，把我們的上流生活換成徹夜祈禱和在骯髒的救濟站做義工。

但相反的，她在性格、正直和個人自信方面發生了根本性的

變化,讓我感到驚喜,甚至為之著迷。最終,我想弄清楚是什麼促使我妻子的態度發生了這些微妙且重大的轉變;於是我開始全力調查與基督宗教相關的事實。

我盡可能地拋開自身的利益和偏見,閱讀書籍、採訪專家、提問、分析歷史、探索考古學、研究古代文學,並且有生以來第一次逐節剖析聖經。

我以前所未有的幹勁投入到案件的調查中,運用了在耶魯大學法學院接受的培訓,以及在《芝加哥論壇報》擔任法律事務編輯的經驗。隨著時間的推移,歷史、科學、哲學和心理學方面的證據開始指向一個不可思議的結論。不禁讓我感到這是詹姆斯・迪克森案件的重演。

自主判斷

說不定你也一直基於觀察周圍所得到的證據,或長久以來從書本、老師、家人或朋友那裡所得到的資訊來建立自己的靈性觀點。但你所得出的結論,真的是這些證據的最佳解釋嗎?如果你深入挖掘——挑戰自己的成見,有系統地尋找證據——你又會發現什麼呢?

這就是本書的主旨。事實上,我要做的是,回溯並闡釋我兩年來的靈性旅途。我會帶著你一起採訪十三位頂尖學者和思想上的權威人士,他們都擁有無可挑剔的學術地位。我們將走遍全國各地——從明尼蘇達州到喬治亞州,從維吉尼亞州到加利福尼亞州——徵求他們的專家觀點,我會用過去身為懷疑論者時的反對意見來挑戰他們,迫使他們提出更不可動搖的數據和有力的論點來捍衛立場。我對他們提出你們心中也可能想問的問題。

在這段探尋真相的過程中,我用自己身為法律事務記者的經驗,研究了眾多證據類別——目擊者證據、文獻證據、佐證

證據、反證、科學證據、心理學證據、間接證據,甚至還有指紋證據(聽起來很有趣,對不對?),這些都是人們在法庭上會遇到的證據類型。也許從法律的角度來看待這個過程是最好的方式——也就是讓你來擔任陪審員。

如果你在真正的審判中被選為陪審團成員,你會被要求事先聲明你對案件沒有任何成見。你們會被要求發誓,保持開放公平的態度,根據事實下判斷,而不是用天馬行空的想像力或先入為主的偏見來得出結論。法庭會敦促你深思熟慮地考慮證人的可信度,仔細篩選證詞,並嚴格按照常識和邏輯來判斷證據。我想要你在閱讀本書時也秉持這樣的態度。

在庭審的最後做出裁決是陪審員的責任。但這並不代表陪審團都百分之百正確,因為人生中幾乎沒有任何事情能有絕對的證據。在一場審判中,陪審員被要求權衡證據,得出最合理的結論。正如前面提到的,在詹姆斯・迪克森案中,哪種推論最符合事實?

這就是你的任務。我希望你能慎重以待,因為這場辯證不僅是出於好奇心。假設耶穌是確有其事——我知道現階段對你來說可能是一個很大的「假設」——你如何回應他,將是重中之重。

但他到底是誰?他自稱是誰?是否有可信的證據支持他的說法?我們即將登上飛往丹佛的航班進行首次採訪,這是我們嘗試確認的第一步。

第一部

審查紀錄

第 1 章

目擊者證據

耶穌傳記可信嗎？

訪談對象──克雷格・布隆伯格博士（Dr. Craig Blomberg）

當我第一次見到靦腆、說話溫和的利奧・卡特，他已經是個有 17 年資歷的老兵，住在芝加哥最骯髒的街區。他的證詞讓三名殺手鋃鐺入獄。他的頭顱裡還留著一枚點三八口徑的彈頭，那是他目睹以利亞・巴普蒂斯特槍殺當地雜貨店老闆時的慘痛回憶。

利奧和朋友萊斯利・斯科特在打籃球時，看到了以利亞──一名 16 歲的少年犯，有過 30 次被捕記錄──在山姆・布魯的雜貨店外將其殺害。利奧從小就認識這位雜貨店老闆。「當我們沒飯吃時，他會給我們一些，」利奧小聲地向我解釋道：「所以當去醫院聽說他死了，我就知道我必須站出來為我所看到的作證。」

目擊者的證詞非常有說服力。證人詳細描述他或她所看到的犯罪過程，然後篤定地指出被告就是罪犯，那是審判中最具戲劇性的時刻之一。以利亞也很清楚要躲過牢獄之災的唯一辦法，就是以某種方式阻止利奧・卡特和萊斯利・斯科特作證。

於是，以利亞和他的兩個夥伴開始了他們的「狩獵行動」。很快地，利奧和萊斯利以及利奧的弟弟亨利上街時，被這幫歹徒攔住了。以利亞和他的同夥用槍指著三人，把他們拖到附近一個昏暗的碼頭裝卸區。

「我跟你沒什麼仇，」以利亞的表弟對利奧說：「但我不得不這麼幹。」說完，他用手槍抵住利奧的鼻梁，扣動了扳機。槍聲轟鳴，子彈以一個微微傾斜的角度射出，打瞎了利奧的右眼，嵌入他的頭骨。當他癱倒在地上時，兇手又開了一槍，這顆子彈距離他的脊柱不到兩英寸。

利奧趴倒在地，假裝自己死了，眼睜睜地看著已泣不成聲的弟弟和朋友被殘酷地近距離槍殺。當以利亞和他的同夥離開後，利奧掙扎著爬到了安全的地方。

不知是什麼樣的機緣，利奧・卡特排除萬難竟活了下來。那顆岌岌可危、無法取出的子彈還留在他的頭骨裡。儘管他從此患了下重藥也無法緩解的可怕頭痛，但在以利亞殺害雜貨店老闆山姆・布魯的審判中，利奧仍以唯一的目擊證人身分出庭。陪審團相信利奧的證詞，以利亞最終被判入獄80年。

再一次，利奧又以唯一目擊證人的身分，指證以利亞和他的兩個同夥殺害了他的兄弟和朋友。他的證詞讓三名惡徒注定在監獄裡度過餘生。

利奧・卡特是我的英雄之一。他的堅持使正義得到伸張，儘管他為此付出了慘痛的代價。但每當我思及「目擊證人」——時至今日——他的面孔仍鮮活地浮現在我腦海中。[1]

來自遙遠時空的見證

確實，目擊證人的證詞具有無比的說服力。如果證人有充分的機會觀察犯罪過程，沒有偏見或不可告人的動機，並且證人是誠實公正的，那麼在法庭上指認被告人的行為，足以讓此人入

---

1. Lee Strobel, "Youth's Testimony Convicts Killers, but Death Stays Near," *Chicago Tribune* (October 25, 1976).

獄，甚至面臨更嚴重的後果。

目擊證人的證詞在調查歷史問題時——甚至是耶穌基督是否為獨一無二的上帝之子——同樣至關重要。但我們擁有哪些目擊證人的證詞呢？我們是否有任何親身與耶穌交流、聆聽他的教誨、目睹他的神蹟、見證他的死亡，甚至在他所謂的復活後與他相遇的人的證詞？我們是否有來自第一世紀的記者所寫的報導，他們訪問目擊者、提出尖銳問題，並忠實地記錄下他們所認定的事實？同樣重要的是，這些記載能否經得起懷疑論者的檢驗？

我知道，就像利奧・卡特的證詞讓三個殘暴的殺人犯被定罪一樣，來自遠古年代的目擊者證詞也能幫助解決最重要的靈性議題。為了得到可靠的答案，我安排了對全國知名學者克雷格・布隆伯格博士的採訪，他是《福音書的歷史可靠性》（*The Historical Reliability of the Gospels*）一書的作者。

我知道布隆伯格博士很聰明，事實上，他的外表也符合這樣的刻板印象。他身材高大（六英尺二英寸），體型瘦削，一頭波浪狀的棕色短髮向前梳著，留著落腮鬍，戴著厚厚的無框眼鏡，看起來就像高中時的畢業生代表（他就是）、全國優秀獎學金得主（他就是），及以*極優等成績*（*magna cum laude*）畢業於著名神學院（他就是，他是三一福音神學院的優秀畢業生）的那種人。

但我想要的不僅僅是一個聰穎、內涵深厚的人。我在尋找一位專家，他不會輕忽細微的差異，也不會輕率地駁斥質疑基督宗教記載的人。我想找一個品性正直，一個曾經面對面抗衡過重磅批判基督信仰的人；一個說話具權威、不會口若懸河大談特談，但一觸及關鍵性問題就遮遮掩掩、避重就輕的人。

有人告訴我，布隆伯格博士正是我要尋找的人，因此我飛往丹佛，想了解他是否名不虛傳。不可否認，我曾有些懷疑，尤其是當我在調查中發現了一個令人不安的事實，而這個事實很可能

是他不願讓人知道的：布隆伯格博士希望他兒時的偶像－芝加哥小熊隊，能在他有生之年贏得世界大賽。坦白說，這一點足以讓我質疑他的洞察力──直到 2016 年小熊隊贏得大賽，這證明了布隆伯格博士比我更像一位先知。

第一份訪談
克雷格・布隆伯格 哲學博士

克雷格・布隆伯格博士是美國公認的研究耶穌傳記（也就是四部福音）最權威的學者之一。他在蘇格蘭阿伯丁大學獲得新約博士學位，隨後在英國劍橋大學廷代爾學院（Tyndale House）擔任高級研究員，是國際頂尖學者之一，曾出版一系列廣受讚譽的耶穌研究著作。在過去的十幾年裡，他一直在備受尊崇的丹佛神學院擔任講授新約的教授。

除了《福音書的歷史可靠性》外，布隆伯格博士的著作還包括《〈約翰福音〉的歷史可靠性》(The Historical Reliability of John's Gospel)、《耶穌與福音書》(Jesus and the Gospels)、《比喻的解釋》(Interpreting the Parables)、《我們還能相信聖經嗎？》(Can We Still Believe the Bible?)，以及《馬太福音》（瑪竇福音）[2]和《哥林多前書》（格林多前書）的編修注釋。他還幫忙編輯了《福音觀點》(Gospel Perspectives)第六卷，該書詳細討論了耶穌的神蹟奇事；還共同撰寫了《基道釋經手冊》(Introduction to Biblical Interpretation) 和《新約聖經釋經手冊》(A Handbook of New Testament Exegesis)。並為獲獎著作《火中的耶穌》(Jesus Under Fire) 撰寫了有關福音書歷史性的

---

2. 編按：本書聖經章節及專有名詞以基督教和合本聖經為主；專有名詞首次出現時，對照天主教思高本聖經翻譯。

章節。他是新約聖經研究學會（Society for the Study of the New Testament）、聖經文學學會（Society of Biblical Literature）和聖經研究學會（Institute for Biblical Research）的成員。

如我所料，他辦公室的書架上堆滿了各種學術著作（他甚至繫著一條書本圖案的領帶）。

接著我很快注意到，他辦公室的牆壁上掛著的不是古代歷史學家的著作，而是他小女兒們的繪畫。這些作品描繪駱駝、房屋和花朵，色彩斑斕，充滿想像，它們不是隨興地釘在牆上；他把這些圖畫當成珍貴的獎狀，精心壓平、仔細裱框，再由他的兩個女兒——伊麗莎白和瑞秋親筆落款。我在心底想，顯而易見地，這個人不僅有頭腦，還有一顆溫暖的心。

布隆伯格博士說話像數學家一樣精確（沒錯，早期他也曾以教數學為職業），仔細斟酌每一個字，根據事實多寡說話，哪怕在細微處，也絕不超出證據的範圍。這正是我渴望的。

當他手持咖啡杯、坐在高背椅上時，我也跟著啜飲幾口咖啡，好驅散科羅拉多州的寒意。我嗅出布隆伯格博士多半是一個開門見山的人，因此決定從採訪一開始就直指核心。*〔*所有訪談均經過編輯，以提升簡潔性、清晰度及內容。〕

歷史的見證者

「告訴我，」我帶著挑釁的口吻說：「身為一個有智慧並具備批判性思維的人，真的有可能到了現在還相信四福音書就是傳說中的那幾個人寫的嗎？」

布隆伯格博士把咖啡杯放回桌邊，定定地看著我，態度肯定地說：「答案無庸置疑。」

他靠回椅背，接著解釋：「這是個很重要的認知：福音書是不具名的。但早期教會一致認為馬太（瑪竇），也就是利未（肋

未），章節中那名稅吏、十二門徒之一，就是新約中第一部福音書的作者；而馬可（馬爾谷），彼得（伯多祿）的那位同伴，是那部《馬可福音》（馬爾谷福音）的作者；保羅（保祿）口中的『親愛的醫生』也就是路加，則寫了《路加福音》和《使徒行傳》（宗徒大事錄）。」

「一般對『作者就是那些人』的觀念有多一致？」我問道。

「目前這三部福音書沒有出現其他競爭者，」他說：「很明顯沒有任何爭議的空間。」

即便如此，我還是想進一步深究這個問題。「請原諒我的多疑，」我說：「但會不會有人在某種動機下，作假指認說這些人寫了福音書，而事實上並不是他們寫的？」

布隆伯格博士搖了搖頭。「多半不太可能。記住，這些都是不太可能被選上的人物，」他臉上露出一絲苦笑說著：「馬可和路加甚至不在十二門徒之列。馬太是，但他曾是一個受人憎恨的稅吏，他差勁的名聲，差不多僅次於出賣耶穌的加略人猶大（依斯加略人猶達斯）了！

「相比其他很晚期才被撰寫出來的偽經福音書就知道了。人們會選擇知名經典人物的名字來作為作者——像腓立比（斐理伯）、彼得、馬利亞（瑪利亞）、雅各（雅各伯），這些名字比馬太、馬可和路加的名字更有分量。所以，如果這些福音書不是真的出自他們本人的手筆，沒有任何理由要選擇這三個不太受人尊崇的人。」

這聽起來很合乎邏輯，但顯然便宜行事地漏掉一位福音書作者。「那約翰（若望）呢？」我問：「他非常傑出；事實上，他不僅是十二門徒之一，還是耶穌鍾愛的三位門徒之一，與雅各和彼得齊名。」

「沒錯，他是個例外，」布隆伯格博士點頭承認：「有趣的

是，《約翰福音》（若望福音）是唯一一部在作者身分上，存在爭議的福音書。」

「到底有什麼爭議？」

「作者的名字無疑地──肯定是約翰。」布隆伯格博士回答道：「問題在於他是使徒約翰還是另一個約翰。

「你看，一位名叫帕皮亞（Papias）的基督徒作家在大約西元125年的見證內容中，提到了使徒約翰和長老約翰，從他上下文來看，無法清楚分辨他是在從兩個角度談論一個人，還是在談論兩個不同的人。但即使有這個例外，早期的其他證詞都一致認為是使徒約翰──西庇太（載伯德）的兒子──寫下了福音書。」

「那麼，」我說，為了逼他做出斬釘截鐵的答案──「你確定就是他寫的？」

「是的，我相信大部分資料都可以追溯到使徒身上，」他回答道：「不過，如果你仔細閱讀這本福音書，你會發現一些痕跡顯示，它的結尾可能是由編輯者定稿。就我個人而言，我相當傾向於有某個和約翰關係密切的人擔任了這個角色，將最後幾節經文定稿、在幕後協助讓整部福音書的風格統一。

「但無論如何，」他強調：「這部福音書顯然是根據目擊者的資料寫成的，其他三部福音書也是如此。」

鑽研細微之處

雖然我很欣賞布隆伯格博士到目前為止的論述，但我還沒準備好進一步。誰寫了福音書這個問題極其重要，我需要具體的細節──姓名、日期、引文。我將咖啡一飲而盡，把杯子放回他的桌上，拿起筆，準備深入挖掘。

「讓我們回到《馬可福音》、《馬太福音》和《路加福音》，」

我說：「你有什麼具體證據證明他們是福音書的作者？」

布隆伯格博士傾身向前：「最古老的、可能也是最重要的證據，同樣來自那位帕皮亞，他在西元125年左右明確指出，馬可仔細且準確地記錄了彼得的親眼所見。事實上，他說馬可『沒有犯錯』，也沒有包含『任何虛假的陳述』。帕皮亞也說，馬太保留了耶穌的教誨。

「然後，愛任紐（Irenaeus）在大約西元180年的文獻中提及並確認了信仰在傳統中所認定的作者。事實上，在這裡──」他說著，伸手拿起一本書，翻開書讀道：

> 馬太用希伯來人的語言在他們之間出版了自己的福音書，當時彼得和保羅正在羅馬傳講福音，並在那裡建立了教會。他們離開後，彼得的門徒兼翻譯馬可，親自將彼得傳道的內容寫成文字傳給了我們。保羅的追隨者路加將他的老師所傳的福音寫成了一本書。約翰，主的門徒，也是靠在主胸膛上的人，當他住在亞西亞（亞細亞）的以弗所（厄弗所）時，親自寫下了他的福音書。[3]

我從筆記中抬起頭。「好吧，讓我來整理一下，」我說：「如果我們能確信福音書是由門徒馬太和約翰，以及馬可（門徒彼得的同伴），還有路加（歷史學家、保羅的同伴、某種程度上的第一世紀前線記者）所寫，那我們就可以肯定他們所記錄下來的事件，是出自於直接親眼所見或間接知曉的目擊證詞。」

當我提出這個論點時，布隆伯格博士也在心底咀嚼我的話。我說完後，他點點頭：「完全沒錯」，他乾脆俐落地說。

---

3. Irenaeus, *Adversus Haereses* 3.3.4.

古代傳記 vs. 現代傳記

福音書中仍有一些困擾我思考的部分需要釐清,我尤其想更進一步了解福音書的寫作文體。

「當去書店看傳記書類別,我發現沒有看到與福音書類似的寫作方式,」我說:「一般人在寫傳記時,會深入研究這個人的一生。但看看馬可——他沒有提及耶穌的出生,也沒有說到耶穌成年前後的任何事。相反地,他把重點放在那三年的時間點,甚至耗費福音書一半的篇幅來講述耶穌最後一週的瑣碎細節。這點你怎麼看?」

布隆伯格博士豎起兩根手指。「這有兩個原因,」他回答道:「一個要從文學來看,另一個要從神學來看。

「文學方面的原因,基本上,古代人就是這樣寫傳記的。他們不是抱持著現代這種傳記就是得把一個人一生中的各個時期用同等分量來記述的觀念,也不認為要嚴格按照時間順序講述故事;甚至不需要逐字逐句地引述,只要能保留他們所說的精髓就可以了。古希臘和希伯來文甚至沒有引號這個符號。

「他們認為歷史唯一值得記錄的目的就是,從被描述的人物身上吸取經驗和教訓。因此,傳記作者會用較長的篇幅來描述人物生活中,那些能夠為人楷模和能夠代表這個人,以及那些可以幫助其他人的部分,這才是記錄那段歷史的意義之所在。」

「那神學上的原因是什麼?」我問道。

「這也源自我先前提出的觀點。基督徒認為,耶穌的一生、教誨和所行的奇蹟固然引人入勝,但若沒有耶穌受難而死、再從死中復活,沒有為人類贖其罪孽和寬恕,這一切便毫無意義。

「馬可很可能是最早寫下福音書的作者,因此他用大約一半的篇幅來敘述那一週裡的各種細節,最終以耶穌的死亡與復活為

壓軸的高潮。

「考慮到耶穌受難的重要性，」他總結說：「在古代文學中，這樣的安排是完全合情合理的。」

Q 典之謎

除了四部福音書之外，學者們經常提及他們所稱的 Q 典，[4]這個 Q 來自德語 *Quelle* 的縮寫，意思是「來源」。[5]由於語言和內容的相似性，信仰傳統上認為馬太和路加在撰寫各自的福音書時，參考了《馬可福音》的早期稿件。此外，學者們也指出，馬太和路加可能從神祕的 Q 典中節選了一些資料，而這些內容並不存在於《馬可福音》。

「Q 典到底是什麼？」我問布隆伯格博士。

「這只不過是個假設，」他回答道，再次舒服地靠在椅子上說：「其中有部分內容是例外，但整體上它只是耶穌的言論或教誨，這些言論或教誨可能曾經是一份獨立的文件。

「明白嗎？搜集德高望重的老師的言論，是一種常見的文學形式，就像我們把歌手的最佳音樂作品收錄進『精選』專輯一樣。Q 典可能就是這樣的東西，至少在理論上是這樣。」

但如果 Q 典存在於《馬太福音》和《路加福音》之前，那麼它就提供了關於耶穌更早期的資料。我認為，也許它能幫助我們揭開耶穌的真實面貌。

「我這樣問吧，」我說：「如果你只看 Q 典中的內容，你會對耶穌有什麼樣的印象？」

布隆伯格博士捋了捋鬍鬚，凝視著天花板，思考了片刻說：

---

4. 編按：亦稱 Q、Q 福音、Q 來源等。
5. Arthur G. Patzia, *The Making of the New Testament* (Downers Grove, IL: InterVarsity Press, 1995), 164.

「這個嘛，你必須記住，Q 典是一部箴言集，所以它沒有敘事性的內容幫助我們更全面地了解耶穌。」他說得很慢，謹慎地選擇每一個出口的詞彙。

「即便如此，你還是會發現耶穌提出了一些非常有力的主張——例如，他是智慧的化身，他是上帝用以審判全人類的人，不管他們承認他或堅決抗拒接受他。

「最近有一本重要的學術著作認為，如果分析 Q 典中的所有語句，人們實際上得到的耶穌形象——一個大膽宣告自己的人——這與你在福音書中得到的耶穌形象是一致的。」

在這一點上，我想進一步追出夠肯定的答覆：「他會被人們看作是一個四處行奇蹟的存在嗎？」我問道。

「還是那句話，」他回答道：「你得記住，箴言書中不會看到奇蹟故事，因為故事通常出現在敘事性的文章中，而 Q 典的內容主要是耶穌的語錄。」

他停下腳步，走到書桌前拿起一本皮革封面的聖經，陳舊的紙張在快速翻閱時發出沙沙的聲音。

「但舉例來說，《路加福音》7:18-23 和《馬太福音》11:2-6 說，施洗約翰（洗者若翰）派他的使者來問耶穌，他是否真的是基督，是他們所等待的彌賽亞（默西亞）。耶穌回答說：『你們去，把所看見、所聽見的告訴約翰：就是盲人看見，瘸子行走，痲瘋病人得潔淨，聾子聽見，死人復活，窮人聽到福音。』他總結道：「所以，即使單單只看 Q 典的內容，我們仍然可以明顯意識到耶穌行過神蹟。」

布隆伯格博士提到馬太，讓我聯想到另一個問題，也就是福音書怎麼會編在同一部裡。我問道：「為什麼馬太這個大家認為他是親身接觸耶穌的目擊者——要從大家認為不是耶穌目擊者的馬可所寫的福音書裡，截取一部分合併在一起呢？如果《馬太福

音》真的是目擊者寫作,難道不應該以自己的觀察為依據嗎?」

布隆伯格博士笑了笑說:「如果馬可記載的內容,是根據目擊者彼得的回憶來寫成,那不就說得通了嗎?正如你說的,彼得是耶穌門徒中的核心之一,他能看見和聽到其他門徒看不見和聽不到的事情。因此,即使馬太是目擊者,他還是以馬可記載下來、彼得所聞所見為依據,是十分合理的。」

是的,我心想,這確實有些道理。事實上,我腦海中浮現了過去新聞生涯中碰過的類似事件。有一次,我跟一群記者圍住芝加哥著名的政治元老、已故市長理查·戴利(Richard J. Daley),強烈質問他警察局當下的一樁醜聞。他說了幾句話就逃回自己的豪華轎車走了。

雖然我是事件的目擊者無疑,但我還是立刻找了一位當時靠戴利比較近的電台記者,請他重播剛才戴利說話的錄音。這樣,我才能確保準確無誤地記錄下他說的話。

我想,這就是馬太為什麼會收錄馬可所寫的資料——儘管馬太作為門徒有自己的所見所聞,但他對準確性的追求,促使他信靠一些來自耶穌身邊、彼得的資訊。

約翰的獨特觀點

布隆伯格博士對前三卷福音書的初步回答讓我感到滿意,這三卷福音書被稱為「對觀福音」(Synoptics),意思是指這三部福音書可以「對照著同時查看」,因為它們的結構和相互的關係非常相似。[6]接下來,我把注意力轉向《約翰福音》。

讀過所有四部福音書的人都能立刻意識到,對觀福音和《約

---

6. Arthur G. Patzia, *The Making of the New Testament* (Downers Grove, IL:InterVarsity Press, 1995), 49.

翰福音》之間存在明顯的差異,我想知道這是否代表它們之間存在著不可調和的矛盾。

「你能闡述一下對觀福音和《約翰福音》之間的差異嗎?」我問布隆伯格博士。

他眉毛一挑,「這是個大問題!」他驚呼道:「我希望能就這個問題寫一整本書。」

我向他保證,我只是想了解這個問題的本質,不是鉅細靡遺地探討。他這才坐回椅子上。

「《約翰福音》與對觀福音的不同之處確實多於相似之處,」他開始說道:「在其他三部福音書中的主要事件,只有極少數在《約翰福音》中出現過,不過在耶穌最後一週時,情況有了明顯的變化。書中從那個時間點起,相似的記載內容就更多了。

「在撰寫風格上也大相逕庭。《約翰福音》中,耶穌所使用的詞彙與其他福音書不盡相同,他會以長演講布道,而且似乎具有更高的基督論傾向——也就是會更直接、更明確地宣稱耶穌與天父合一,是上帝本身,是道路、真理和生命,是復活和生命。」

「這種差異是什麼原因造成的?」我問道。

「多年來,人們一直認為約翰知道馬太、馬可和路加所寫的一切,他認為沒有必要重複,所以有意識地選擇對這幾部福音書進行補充。最近,有些觀點認為,《約翰福音》很大程度上獨立於其他三部福音書,這說明了約翰在取材上不同,對耶穌的觀點也有所不同。」

耶穌最大膽的宣告

「《約翰福音》在神學上有一些獨特之處。」我觀察到。

「這無庸置疑,但它們有到被稱為矛盾的程度嗎?我認為答案是否定的,原因如下:《約翰福音》中幾乎每一個主要的主題

或特色，你都能在《馬太福音》、《馬可福音》和《路加福音》中找到可供比對的部分，雖然數量沒有那麼多。」

這是一個很大膽的主張。我立刻決定提出一個問題來驗證，這可能是對觀福音和《約翰福音》之間差異的最重要問題。

「《約翰福音》非常明確地宣稱耶穌是神，有些人認為這是因為他比其他人寫得晚，開始美化、渲染事物，」我說：「你能在對觀福音中找到這種神性主題嗎？」

「我能，」他說：「雖然比較隱晦，但你還是能在裡面找到。想想《馬太福音》14:22-33 和《馬可福音》6:45-52 中，耶穌在水面上行走的故事。大多數英文譯本都隱藏了希臘文原先的記載，將耶穌的話翻譯為：『是我，不要怕！』（Take courage! It is I.）。但實際上，希臘文的字面意思是：『不要怕，我即是。』（Fear not, I am.）。最後這兩個詞與耶穌在《約翰福音》8:58 中所說的完全相同，當時他正是以神聖的『I AM』定義自己。這也是《出埃及記》3:14 中，上帝在燃燒的荊棘中向摩西（梅瑟）顯現時說的話。所以，耶穌是在透露自己即是那位，他與舊約中的上帝耶和華一樣，擁有支配自然的神力。」

「我點點頭，」這是個例子。我說：「還有其他例子嗎？」

「當然，我可以沿著這個思路繼續說下去，」布隆伯格博士說：「比如，在前三部福音書中，耶穌對自己最常用的稱謂是『人子』，而……」

我舉手制止了他。「等等，」我說。我從公事包裡拿出一本書，熟練地翻找，直到找到我要找的那句話。寫出暢銷書《神的歷史》（*A History of God*）的還俗修女凱倫・阿姆斯壯（Karen Armstrong）說：「『人子』一詞似乎『只是強調了人類的軟弱和必死性』，所以耶穌使用這個詞，只是在強調『他是一個脆弱的人，總有一天會受苦受死。』」[7] 如果這是真的，我說：「那聽起

來就不像是在宣稱自己是神了。」

布隆伯格博士的表情變得冷峻起來。「聽著，」他堅定地說：「與流行的觀點相反，『人子』不是是指耶穌的人性。相反地，它是在影射《但以理書》（達尼爾）7:13-14。」

說著，他翻開了舊約，讀起了先知但以理的話。

> 我在夜間的異象中觀看，看哪，有一位像人子的，駕著天上的雲而來，被領到亙古常在者面前。他得了權柄、榮耀、國度，使各方、各國、各族的人都事奉他。他的權柄是永遠的，不能廢去，他的國度必不敗壞。

布隆伯格博士闔上聖經繼續說道：「所以，看看耶穌把『人子』一詞用在自己身上時是什麼情況。他說：「這是描述一個接近坐在天上寶座的上帝本人，並被賦予普遍權力和統治權的『人子』。這讓『人子』成為一個崇高的稱號，而不僅僅只是代表人性的稱號。」

後來，我看到了另一位學者也提出了類似的看法，正好也是後續我即將為本書採訪的威廉・萊恩・克雷格博士（William Lane Craig）。

> 「人子」往往被認為是指耶穌的人性，正如「神子」被視為相反詞，用來代表耶穌的神性一樣。事實上，情況恰恰相反。在《但以理書》中，「人子」是一位神，他將在世界末日降臨，審判人類並永遠統治人類。因此，宣告自己是「人子」實際上就是宣告自己是神。[8]

---

7. Karen Armstrong, *A History of God* (New York: Ballantine/Epiphany, 1993), 82.

布隆伯格博士繼續說道:「此外,在對觀福音中,耶穌說他有權聲稱可以赦罪,而這是只有上帝才有的權柄。耶穌聆聽禱告、接受敬拜。又說:『凡在人面前認我的,我在我天上的父面前也必認他。』最後審判難道會是基於某人對於另一個——一般人類的反應嗎?怎麼可能,這也太過傲慢了。最後審判的結果是看一個人對耶穌即為上帝的反應而決定。

「正如你所看到的,對觀福音中有各種關於基督神性的內容;而這些記載是到了《約翰福音》中才變得更加明確。」

福音書的神學傾向

在撰寫最後一部福音書時,約翰確實有一個優勢,那就是可以有較長的時間思考神學問題。於是我問布隆伯格博士:「約翰在寫作時更傾向於神學,這是否意味著他的史料可能會有某種渲染,導致不那麼可靠?」

「我不認為約翰的神學傾向更強,」布隆伯格博士強調說:「他只是神學側重點不同而已。馬太、馬可和路加都有他們想要強調的獨特神學角度:路加是關注窮人和社會問題的神學家;馬太是試圖理解基督宗教與猶太教關係的神學家;馬可展示了耶穌作為受苦僕人的形象。你可以列出一長串馬太、馬可和路加在神學上的思想特徵。」

我打斷了他的話,因為我擔心布隆伯格博士誤解了我想要的大眾觀點。「好吧,但這些神學動機難道不會讓人擔心他們在能力和意願上,能不能秉持公正準確記載所見所聞呢?」我問道:「難道他們的神學傾向就不會促使他們對所記錄的歷史,進行著

---

8. William Lane Craig, *The Son Rises: Historical Evidence for the Resurrection of Jesus* (Chicago: Moody Press, 1981), 140.

色和扭曲嗎？」

「從這個角度來看，任何帶有思想性的文獻，我們都必須考慮其帶有意識形態的可能性，」他承認：「有些人別有目的，為了達到他們意識形態的目的而歪曲歷史；但不幸地，人們得出的結論卻是，這種情況總免不了發生，這實在很不應該。

「在古代，並沒有不帶任何意識形態目的、以冷靜客觀的角度，只為了留存記錄而記錄歷史的觀念。如果不是為了讓後來者從歷史中汲取教訓，沒有人會去記載歷史。」

我笑了。「我想你現在可以說，這讓一切都變得充滿懸疑了。」我這麼暗示。

「在某種程度上是這樣沒錯，」他回答道：「但是，如果我們能從其他各種古代資料中重建出具有相當準確性的歷史，那麼也應該能夠從福音書中重建出更接近真實的歷史，儘管它們也帶有某種意識形態。」

布隆伯格博士想了一會兒，在腦海中搜尋一個恰當的比喻來說明他的觀點。最後他說：「這裡有一個近代的比喻，來自猶太社區的經歷，也許可以比較清楚地說明我的意思。

「有些人，大多是出於反猶太目的，會刻意去否認或淡化大屠殺的恐怖。但是，創建博物館、撰寫書籍、保存文物，記錄有關大屠殺的親身見聞等目擊者證詞的，也正是猶太學者。

「可以說他們同時帶有一個非常意識形態的目的——就是要極力確保這樣的暴行永遠不再發生——在這個意識形態下，他們在報導歷史真相時是最忠實、最客觀的。

「同樣地，基督宗教也是建構於他們的歷史主張，也就是上帝史無前例地透過拿撒勒（納匝肋）人耶穌的身分，進入了我們的空間和時間。因此，基督徒想要宣傳的意識形態，就會需要更謹慎細緻的記載歷史。」

他給了我一點時間消化他的比喻。然後轉過身來更直接地面向我，問道：「這樣你明白我的意思了嗎？」

我點頭表示了解。

舊聞裡的熱點新知

說福音書源於直接或間接的目擊者證言是一回事，而說這些資訊在可靠地保存多年後最終落筆成書，則是另一回事。我清楚知道這是一個主要的爭議點，所以我想盡可能直截了當地向布隆伯格博士提出這個質問。

我再次拿起阿姆斯壯的暢銷書《神的歷史》。「來聽聽她還寫了些什麼，」我說：

> 我們對耶穌所知甚少。關於耶穌生平的第一部完整記載出自聖馬可筆下的福音書，這部福音書大約在耶穌死後40年，也就是到西元70年才寫成。當時，歷史事實已經蒙上了種種神話般的面紗，這些神話元素意在傳達耶穌在其追隨者們心中的意義。聖馬可主要記載的就是這種他們心中的意義，而不是可靠的直白描寫。[9]

我把書拋回打開的公事包，轉頭向布隆伯格博士繼續說：「有些學者認為，福音書是在事件發生後很久才寫成的，在這期間，傳說不斷擴展，歪曲了最終寫成的內容，把耶穌從一個智慧的教師變成了神話中的神子。這種假設合理嗎？還是有其他充分的證據能夠證明福音書的寫成時間更早一點，至少早於傳說四起到覆蓋最終記錄的內容之前？」

---

9. Armstrong, *A History of God*, 79.

布隆伯格博士瞇起了眼睛，口氣變得堅定起來，「這包含兩個不同的問題，重要到你得把它們分開來看，」他說：「我確實認為有很好的證據顯示福音書的寫作時間較早，但即使沒有證據，阿姆斯壯的論點也是說不通的。」

「為什麼？」我問道。

「標準的學術界（包括風氣特別開放的學術圈）看法認為：最晚的情況下，馬可在西元70年代、馬太和路加在80年代、約翰在90年代分別寫成四福音書。但在這裡得注意，這段時間，耶穌生平的目擊者們大多還在世，其中也包括敵對的目擊者，若當時關於耶穌的教義在流傳時出現謬誤，這些對耶穌呈正反兩種態度的人，都會出來糾正。

「因此，要說這些福音書寫成得很晚，其實也並不晚。事實上，我們可以拿一個例子作出非常有啟發性的比較。

「亞歷山大大帝最早的兩部傳記是在亞歷山大去世四百多年後西元前323年，由阿里安（Arrian）和普魯塔克（Plutarch）撰寫，但歷史學家普遍認為這兩部傳記，總體上是值得信賴的。確實，隨著時間的推移，關於亞歷山大的傳說是不斷發展沒錯，但那也是在這兩位作家身後好幾個世紀裡醞釀而成的。

「換句話說，前五百年，亞歷山大的故事基本上算是原封不動；後五百年，各種加油添醋的傳說才開始出現。因此，無論福音書是在耶穌生平60年還是30年後寫成，相比之下，這種時間差可以忽略不計。這幾乎不成問題。」

我懂布隆伯格博士在說什麼，不過我對此仍有所保留。就我的直覺，事件發生與它被記錄成文字之間的時間間隔越短，這些記載被傳說或錯誤記憶影響的可能性就越小。

「我暫時認同你的觀點，但讓我們再回頭聊聊福音書的年代，」我說：「你剛剛說，你相信四福音書的寫作時間早於你提

到的年分。」

「是的,應該更早一些,」他說:「我們可以從路加所寫的《使徒行傳》來證明這一點。《使徒行傳》的結尾顯然還未完成——而保羅是書中的核心人物,他被軟禁在羅馬,全書就在這裡戛然而止。但保羅後來怎麼了?這點《使徒行傳》中並沒有答案,這很可能是因為,這本書是在保羅被處死之前寫成的。」

布隆伯格博士說著,變得有些激動:「這意思就是,《使徒行傳》的寫作時間不會晚於保羅被處死的西元 62 年。一旦確定這一點,我們就可以從這個時間點開始往回推。《使徒行傳》是兩部作品中的第二部,我們知道第一部——《路加福音》——寫作的時間一定比較早。然後《路加福音》中截取了《馬可福音》的部分內容,這又證明了《馬可福音》的寫作時間更早。

「假定為每部福音書留下一年的寫作時間,那麼《馬可福音》的寫成時間不會晚於西元 60 年,甚至可能是 50 年代末。如果耶穌是在西元 30 年或 33 年被處死,那麼我們剛剛說的最長時間差就限制在 30 年左右。」

他帶著打了勝仗似的得意勁靠回到椅背說:「從歷史上看,尤其是與亞歷山大大帝相比,30 年的時間簡直是閃瞬而過!」

的確,這真的讓人眼界大開,僅僅三言兩語道破盲點,耶穌生平事件與福音書寫作之間的時間差距,縮短到了以歷史的標準來看微不足道的程度。然而,我還是想進一步探究這個問題。我的目標是盡可能地回溯時間,找到關於耶穌的最早記載。

回溯起始之時

我站了起來,漫步走到書櫃前,然後轉向布隆伯格博士說:「看看我們能不能追溯到更早的年代。關於耶穌贖罪、復活及他

與上帝的獨特關聯等這些基本信念,最早追溯到什麼時候?」

「我們必須牢記,新約聖經並不是按時間順序排列的,」他開始解釋道:「福音書幾乎都是在保羅的所有書信之後寫成,而保羅的寫作生涯可能開始於西元 40 年代末期。大部分主要書信寫於 50 年代。想要找到最早的資訊,就必須去看保羅的書信,然後再尋求:『是否有線索顯示保羅在撰寫這些書信時,取用了更早的原始資料?』」

「那麼,」我問:「我們發現了什麼?」

「我們發現,保羅收錄了一些早期基督教會的信條、信仰規範或讚美詩。這些可以追溯到耶穌復活後不久的教會創立初期。

「最有名的信條包括《腓立比書》(斐理伯書)2:6-11,其中提到耶穌『他本有上帝的形像』,以及《歌羅西書》(哥羅森書)1:15-20,其中描述耶穌是『那看不見的上帝之像』、『萬有都是藉着他造的』、『上帝使萬有與自己和好,無論是地上的、天上的,都藉着他在十字架上所流的血促成了和平。』

「這些信條說明最早的基督徒有多麼看重對耶穌的信仰,在考證上無疑具有重要的分量。但要說到歷史上的耶穌,最重要的信條或許是《哥林多前書》第15章,保羅在此處使用了特殊的固定詞彙,顯示他預計以一種相對固定的形式來傳承這一口諭。」

布隆伯格博士在手上的聖經中找到這段經文,讀給我聽:

> 我當日所領受又傳給你們的,最重要的就是:照聖經所說,基督為我們的罪死了,而且埋葬了;又照聖經所說,第三天復活了,還顯給磯法看,又顯給十二使徒看,後來一次顯給五百多弟兄看,其中一大半到現在還在,卻也有已經睡了的。以後他顯給雅各看,再顯給眾使徒看。[10]

布隆伯格博士說:「重點就在這。如果耶穌受難是在西元 30 年,那麼保羅信主大約是在西元 32 年。保羅立即被帶到大馬士革,在那裡他見到了一位名叫亞拿尼亞(阿納尼雅)的基督徒和其他一些門徒。他在耶路撒冷與使徒們的第一次會面應該是在西元 35 年左右,在那裡的某時某地,保羅領受了這個已經形成並在早期教會中使用的信條。

「現在,一條條擺出來的就是關於耶穌為我們的罪而死的關鍵性事實,甚至還附上一章詳細的名單,記載了他復活後顯現在哪些人面前,這一切都能追溯到這些事件發生後的 2 到 5 年內!

「這可不是阿姆斯壯口中的 40 年或更久以後渲染出來的神話。可以說,當時基督宗教對復活的信仰,儘管還沒有寫成文字,但所有的記載都可以追溯到該事件發生後的兩年內。

「這意義非凡,」他聲音略微提高以示強調地說:「現在,你不是在拿 3、40 年或 5、60 年,與在其他數據裡一般會被認可的 500 年作比較,你說的是 2 年!」

這確實使復活這一說法更加可信。基督徒認為,復活是耶穌神性的最高證明,而復活並不是一個長期傳說發展出來的神話。傳說會破壞目擊者對耶穌生平的描述。

我無法否認這個證據的分量,看起來它真正地削弱了反對的指控。基督徒們認為復活是耶穌神性的最高證明,但有人會認為那只是時間推移之下,加油添醋的口耳相傳,逐漸渲染誇大的耶穌生平;所謂的復活一說,不過是類似神話般的存在。對我來說,這一點尤其正中紅心——身為一個懷疑論者,這是我反對基督宗教的最大原因之一。

我斜身靠著書櫃。我們已經聊得很多,而布隆伯格博士令人

---

10. 哥林多前書 15:3-7。

沸騰的論斷，似乎是停頓的好時機。

短暫的休憩

暮色漸深，我們已經不休不止地聊了很久。但在結束談話之前，我不想漏掉律師或記者在最後對目擊者的陳述所進行的攻防檢驗。我需要知道，它們是否經得起仔細的推敲，還是終會被揭發出漏洞，甚至根本站不住腳？

必要的前置作業已經就位，我請布隆伯格博士起身伸展一下，然後坐下來繼續我們的討論。

思辨時間　思考或小組討論的問題

一、你的觀點是如何受到某個人對某一事件的目擊描述所影響？你通常會使用哪些因素來評估某人的陳述是否真實且準確？你認為福音書能經得起這樣的推敲檢驗嗎？

二、你認為福音書有可能在具有神學傾向的同時，仍能保持記載內容的可信度嗎？為什麼能？為什麼不能？你覺得布隆伯格博士的大屠殺比喻有助於你思考這個問題嗎？

三、你覺得布隆伯格博士對早期耶穌資訊的描述如何？它如何影響你對福音書可靠性的看法？

其他證據◆更多相關資源

Barnett, Paul. *Is the New Testament Reliable?* Second edition. Downers Grove, IL: InterVarsity Academic, 2005.

Bauckham, Richard. *Jesus and the Eyewitnesses*. Grand Rapids: Eerdmans, 2008.

Blomberg, Craig L. *Can We Still Believe the Bible?* Grand Rapids: Brazos Press, 2014.

———————. *The Historical Reliability of the Gospels*. Second edition. Downers Grove, IL: InterVarsity Academic. 2007.

———————. *The Historical Reliability of John's Gospel*. Downers Grove, IL: InterVarsity Press, 2001.

Bruce, F. F. *The New Testament Documents: Are They Reliable?* Grand Rapids: Eerdmans, 1960.

Cowan, Stephen B., and Terry L. Wilder. *In Defense of the Bible*. Nashville, TN: Broadman & Holman, 2013.

Eddy, Paul Rhodes, and Gregory A. Boyd. *The Jesus Legend: A Case for the Historical Reliability of the Synoptic Jesus Tradition*. Grand Rapids: Baker Academic, 2007.

Keener, Craig S. *The Historical Jesus of the Gospels*. Reprint edition. Grand Rapids: Eerdmans, 2012.

Roberts, Mark D. *Can We Trust the Gospels?* Wheaton, IL: Crossway, 2007.

Stein, Robert H. "Criteria for the Gospels' Authenticity." In *Contending With Christianity's Critics*, Paul Copan and William Lane Craig, eds., 88–103. Nashville, TN: B&H Academic, 2009.

第 2 章

檢驗目擊者證據

耶穌傳記經得起推敲嗎？

訪談對象——克雷格・布隆伯格博士（Dr. Craig Blomberg）

16 歲的麥可・麥卡洛（Michael McCullough）說話聲音極其微弱，以至於陪審團甚至無法在維持他生命呼吸、「嗡嗡」的機器運作聲中，聽清楚他的話語。一名唇語口譯員不得不緊貼在麥可的床邊，辨認他說的話，然後向臨時法庭複述他的證詞。

麥可的脊椎被一顆子彈打斷，造成頸部以下癱瘓，他的身體虛弱不堪，無法前往法院出席被控襲擊他的兩名年輕人的庭審；於是法庭宣布這間病房為庫克郡巡迴法院的臨時法庭。一時之間，法官、陪審團、被告、律師、記者和旁聽者，全都擠在麥可的病房裡。

在檢察官的訊問下，麥可敘述當時離開芝加哥的公寓時，身上僅有兩美元。兩名被告在樓梯口搭訕他，在動手搶他的錢時，蓄意向他開槍。他的陳述經由另兩名證人證實，他們當時驚恐地目睹了這樁兇案。

自始至終，被告均未否認開槍；相反地，他們聲稱自己是在揮舞槍支時，無意間走火。辯護律師很清楚，要讓他的委託人獲得減刑，唯一的機會就是推翻控方的證詞，也就是撇清這起槍擊事件是有預謀的惡意暴力行為。

他們盡全力對目擊者的陳述表示懷疑，質疑證人當時是否能真正目擊發生瞬間，但未能取得效果。他們試圖挑出證詞的矛

盾,然而這些證詞在關鍵部分上都互相吻合。他們轉而要求控方提出更多證據,但顯然已經無此必要。

接著,他們開始暗示證人品格有問題,但受害者和證人全都是沒有犯罪紀錄的守法青年。他們想證明證人對被告持有偏見,但毫無根據。他們還企圖質疑一個名為基斯的 9 歲男孩是否理解上庭前宣誓不作偽證的意義,但所有人都看得出男孩非常清楚。

由於辯護律師無法動搖受害者和控方證人的可信度,兩名被告被宣判謀殺未遂,處 50 年監禁。宣判的 18 天後,麥可便溘然長逝了。[1]

辯護律師的工作極具挑戰性:發起質問、挑起懷疑,挖掘證人證詞中的漏洞和弱點。為此,他們會對證人的證詞進行各種試探,這樣做的目的是確保證詞足夠誠實公正、經得起推敲,虛假、誇大或具誤導性的證詞會因此露出馬腳。

在麥可的案件中,由於陪審團認定證人和受害者都真實而準確地敘述了他們的經歷,正義終得以伸張。

那麼現在,讓我們回到對耶穌歷史證據的調查。是時候對布隆伯格博士的證詞進行檢驗了,這些試探會讓證據現出真身,它們可能其實不堪一擊,但也可能比想像的更真金不怕火煉。許多測試手法會和多年前麥克案件中辯護律師所使用的相同。

「我準備了八個不同的測試,」我們休息了十五分鐘後,我對布隆伯格博士說。布隆伯格博士端起一杯熱騰騰的黑咖啡,靠在椅背上。我當時不太確定,但他看起來似乎對這個挑戰躍躍欲試,他說:「放馬過來吧。」

---

1. Lee Strobel, "Jury in Makeshift Courtroom Hears Dying Boy Tell of Attack," *Chicago Tribune* (February 24, 1976).

一、意圖測試

這個測試的目的在於判斷作者是否明確或暗示意圖要準確地保存歷史。「這些一世紀的作家對記錄真實發生的事情很感興趣嗎？」我問道。

布隆伯格博士點了點頭。他說：「是的，他們感興趣，你可以從《路加福音》的開篇看到這一點，它讀起來很像古代其他公認可信的史書和傳記作品的序文。」

拿起聖經，布隆伯格博士讀起了《路加福音》的開篇。

> 提阿非羅大人哪，有好些人提筆作書，述說在我們中間所實現的事，是照傳道的人從起初親眼看見又傳給我們的。這些事我從起頭都詳細考察了，我也想按著次序寫給你，要讓你知道所學的道都是確實的。[2]

布隆伯格博士繼續說：「如你所見，路加清楚地說，他打算把他考察過並且有充分證人支持的事物準確地寫下來。」

「那其他福音書呢？」我問道：「其他福音書的開頭沒有類似的聲明，是否表示它們的作者沒有這種意圖？」

「《馬可福音》和《馬太福音》確實沒有這種明確的聲明。」布隆伯格博士回答道：「不過，就文體而言，它們與《路加福音》十分相似，足以推測路加的史書意圖與它們相似。」

「約翰呢？」我問道。

「福音書中唯一的其他目的宣告出現在《約翰福音》20:31：但記這些事要叫你們信耶穌是基督，是上帝的兒子，並且叫你們

---

2. 路加福音 1:1-4

信了他，就可以因他的名得生命。」

「可是，」我反對道：「這聽起來更像是神學的宣告，而不是歷史的陳述。」

「我同意這點，」布隆伯格博士回答道：「但假如要人對信仰徹底信服，那麼它的神學就必須奠基於精準可信的歷史事實。此外，還有一個非常重要的隱晦證據不容忽視。想想福音書的寫作方式，它的文風冷靜且負責任，涵蓋的細節翔實無誤，明顯地謹慎而嚴謹。你不會看到在許多其他古代著作中常見的浮誇離奇的形容，和觸目驚心的神話。

「這一切相加起來代表什麼呢？」他問，然後又自己回答：「很明顯，看來福音書作者的目的就是，記錄真實發生的事。」

回答反對的意見

然而，當年的情況真的是這樣嗎？一些評論家提出了相反的觀點。他們認為，早期基督徒相信耶穌會在他們有生之年再臨，以完成歷史，因此沒有必要保留任何關於他的生平或教誨的歷史紀錄。畢竟，如果他隨時會再臨並終結世界，何必多此一舉？

「所以，」我說：「多年以後，當耶穌顯然不會馬上回來時，他們發現自己在撰寫福音書時，沒有任何準確的史料可以借鑑，沒有任何以記載史實為目的而留存下來的資料；這不才是當時真正發生的事嗎？」

「這種說法對一些宗教團體可能成立，包括歷史上眾多宗教體系，但早期基督宗教卻不適用於此，」布隆伯格博士回答道。

「為什麼？」我提出質疑：「基督宗教有什麼不同之處？」

「首先，我認為這個前提有些誇張。耶穌的大部分教義都預示了離世界末日還有一段相當長的時間；其次，即使耶穌的一些追隨者認為他很快會回來，請記住，基督宗教誕生於猶太教。

「八個世紀以來,猶太人一直生活在先知們反覆宣告末日即將來臨、但以色列歷史仍然綿延不斷的矛盾中,這些先知的追隨者們仍然繼續記錄、珍視並保存先知們的話語。那鑒於耶穌的門徒認為他比先知更偉大,他們會記錄他的教誨是非常合理的。」

雖然這看起來合理,但一些學者也提出了另一個反對意見,我提出來向布隆伯格博士討教:「他們說,早期基督徒相信,肉身離世的耶穌正藉由他們向教會傳遞資訊,或者說發表『預言』。由於這些預言被認為與耶穌在世時所說的話一樣具有權威性,早期基督徒會把這些耶穌死後新冒出來的傳言,與歷史上耶穌本人的語錄一視同仁。因此,福音書融合了這兩種資料,而後人並不真正知道哪些可以追溯到歷史上的耶穌口中,哪些不能。這個指控讓許多人感到惶惶不安,你對此怎麼回應?」

「這種論點比前一種說法更缺乏歷史依據,」他笑著說:「事實上,新約聖經本身就有證據推翻這種假設。

「新約裡有時會出現早期基督徒的預言,但必會與主耶穌所說的區別開來。例如,《哥林多前書》第 7 章中,保羅明確區分了他是在引用主的話語,還是在引用歷史上的耶穌。而在《啟示錄》(默示錄)中,人們也可以清楚地看出有哪幾次耶穌直接對先知——信仰傳統上認為是使徒約翰——說話,以及哪些是約翰在敘述自己受到聖靈(聖神)啟示。

「況且,在《哥林多前書》第 14 章中,當保羅討論辨別預言真假的標準時,他提到了當地教會有考驗先知的責任。根據他的猶太教背景,可以推知真預言的標準包括預言是否應驗,以及這些新的預言是否與主耶穌之前啟示的話語一致。

「但最有力的證據反而是我們在福音書中『沒有看到的那些』。耶穌升天後,許多爭議威脅到早期教會,例如——信徒是否應該受割禮、如何規範方言、如何保持猶太人和外邦人的團

結、婦女在事工中的適當角色、信徒是否可以與非基督徒配偶離婚等等。

「如果早期基督徒能夠輕易地把耶穌從它界傳達的話語錄入福音書中，這些問題應該是很容易解決的，但它沒有。這些長年爭論的問題，恰好證明了基督徒們很樂於把耶穌在世時發生的事情，和後來在教會中引起辯論的事情分別看待。」

二、能力測試

即使作者有意可靠地記錄歷史，他們有能力做到嗎？我們怎麼能確定，有關耶穌生平和教誨的資料能夠完好地保存30年，直到被寫入福音書呢？

我問布隆伯格博士：「難道你不承認，錯誤的記憶、一廂情願的想法和傳說的發展，會在福音書寫成前就造成耶穌的傳承無法彌補的污染嗎？」

他在回答前先確立出當時的背景。他說：「我們必須記住，我們要假設自己身處遙遠時光之前的異國他鄉，那是一個尚未發明電腦或印刷機器的時空。書籍——實際上是莎草紙抄本——相對稀有。因此，宗教體系中的教育、學習、崇拜、教導——所有的這些都是靠口耳相傳來進行的。

「拉比們因為能把舊約全書牢記於心而聞名。所以耶穌的門徒完全有能力記住比四部福音書加在一起還要多更多的內容，還能準確無誤地傳承下去。」

「等一下，」我插話道：「老實說，這種記憶力似乎令人難以置信。這怎麼可能呢？」

「是的，今日的我們確實很難想像，」他承認：「但那是口述文化的年代，非常重視背誦。你得記得，耶穌百分之八九十的話，最初都是以詩歌形式出現的。這並不是指要講究押韻那些，

但它有格律、勻稱的句子、並列關係的結構——這對熟記背誦有很大的幫助。

「還有一點需要說明的是，當時對記誦的定義較為靈活。研究擁有口述傳統的文化時會發現，當時人們可以自由地決定任何要講述的內容——包括要說哪些、要略過哪些、要轉述哪些、要解釋哪些等等。

「一項研究顯示，在古代中東地區，任何一次對神聖信仰傳統的複述和其他次之間，都可能有 10% 到 40% 的內容不盡相同。但總有一些固定的內容不可更改，如果講故事的人在這些重要方面有所差錯，相關的社群有權進行干預和糾正。

「這是一個有趣的……」他停頓了一下，在腦海中搜尋合適的詞語：「巧合。對觀福音書中任何段落都會有 10% 到 40% 差異。」

布隆伯格博士似乎話中有話，我希望他說得更清楚些。「說清楚點，」我說：「你到底想說什麼？」

「我的意思是，假如門徒和其他早期基督徒已經牢牢記住耶穌的言行，但他們在觀念上認知，只要以保留耶穌最初言行的意義為前提，就可以自由地以各種形式敘述這些資訊，那麼對觀福音書中的許多相似和不同之處，也就可以解釋了。」

不過，我仍然對這些早期基督徒能否以口述傳統準確地保存資訊有些懷疑。小時候的多人傳話給了我太多經驗——一句話不用幾分鐘就傳得錯誤百出。

傳話遊戲

你自己以前可能也玩過這個遊戲：一個孩子對著另一個孩子的耳朵說悄悄話，比如說一句「你是我的好朋友（You're my best friend）」，然後這個孩子又對旁邊的孩子重複同一句悄悄話，傳了一大圈之後，最後傳出來的內容早已面目全非——也許成了

「你是野蠻的惡魔（You're a brutish fiend）」。

「讓我們坦率地說出口吧，」我對布隆伯格博士說：「這難道不是一個很好的比喻，正好說明耶穌的口述傳統可能發生了什麼？」

布隆伯格博士對這個說法並不買帳。「不，不是那樣，」他說：「理由就是，如果你認真地背誦某些內容，在確定自己沒有聽錯之前不把它傳給別人，這時候你所做的事情就和玩傳話遊戲截然不同。

「在傳話遊戲中，大半的樂趣在於對方可能第一次就沒聽懂，甚至沒聽清，但又不能要求對方再重複一遍。接著就要馬上把它傳給下一個人，而且還是用悄悄話的方式，這就會讓下一個人更容易出錯。確實，當它在一個 30 人的房間裡流傳開來，最後的結果可能會非常搞笑。」

「那麼，」我問：「這不就是一個能說明沿用口述傳統不可靠的比喻嗎？」

布隆伯格博士喝了口咖啡才回答：「如果你真的很想把這個比喻套用到第一世紀的社會裡，那你就必須在遊戲裡加上一條但書：每第三個人都要用非常清晰的聲音大聲問第一個人，我理解的內容仍然保持正確嗎？

「宗教社群會時刻監督人們流傳的內容，在傳遞過程進行干涉和糾正，這能保持資訊的完整正確，」他說：「這最後的結果和小孩子的傳話遊戲將會截然不同。」

三、品格測試

這項測試考察的是這些作者的品格是否名符其實，會不會有任何線索證明他們不夠誠實或不夠道德，進而影響他們準確傳遞歷史的能力或意願？

布隆伯格博士搖了搖頭表示：「我們沒有任何合理的證據能夠懷疑他們不是足夠正直的人。我們看到他們在傳述某個人的言行時，務求自己像所有宗教一樣嚴格遵守誠信。再加上，即使他們遭受迫害、身陷貧困和苦難，他們依然願意實踐自己的信仰，這一切無不展現他們偉大的品格。」[3]

「就誠實、真實、美德和道德而言，這些人的品性紀錄是值得羨慕的。」

四、一致性測試

這是懷疑論者經常提出來指控福音書無法通過的一項測驗。福音書裡有些內容就是無可救藥地相互矛盾嗎？在各部福音書的記載之間真的沒有不可調和的差異嗎？如果有，又怎能相信它們所記載的一切呢？

布隆伯格博士承認，福音書中有許多地方看起來是存在分歧的，他說：「從非常細微的措辭差異到最著名的明顯矛盾，樣樣具備。

「我自己的信念是，如果你把我前面談到的因素考慮在內——意譯、刪節、解釋性補充、節選、省略——那麼按照古代的標準來看，福音書之間是極其一致的；如果要對福音書進行公正的評判，就必須站在統一的標準上。」

「挺諷刺的是，」我指出：「假設福音書之間一字不差、完

---

3. 七個古代資料記載了門徒願意為他們堅信耶穌從死裡復活的信念而受苦的事例：使徒行傳、羅馬的克萊門（Clement）、波利卡普（Polycarp）、伊格那丟（Ignatius）、哥林多的狄奧尼修（Dionysius，該引文出自尤西比烏斯的著作）、特土良（Tertullian）以及俄利根（Origen）。如果將保羅和耶穌同母異父的兄弟雅各的殉道紀錄也包括進來，總共有十一個資料來源。請參閱復活學者麥可・李科納（Michael Licona）的訪談：*The Case for the Real Jesus*, by Lee Strobel (Grand Rapids: Zondervan, 2007), 118.

全相同,反而又會引來指控,認為作者之間必定事先串通好了,協調好這個故事要怎麼說,這會更啟人疑竇。」

「沒錯,」布隆伯格博士表示贊同:「如果福音書的內容過於一致,這點本身就會使它們失去獨立見證的定義。人們會說,其實只有一個見證,其他人都只是在鸚鵡學舌。」

我的腦海中閃過哈佛大學法學院的西蒙・格林里夫(Simon Greenleaf)的話,他是歷史上最重要的法律人物之一,同時也是一部極有影響力的證據學論著的作者。他在研究過四位福音書作者的一致性之後,做出了這樣的評語:「其中的差異足以顯示,他們在事先不存在溝通協調,但他們的著作中又有如此多的一致之處;那麼足以顯示他們是同一個重大事件的獨立敘述者。」[4]

德國學者漢斯・斯蒂爾(Hans Stier)從古典歷史學家的角度也認為,基本資料上的一致和細節上的差異,代表了其可信的程度,因為偽造的敘述往往才一致和協調。他這麼寫道:「每一位歷史學家,尤其是碰到某個非同尋常的事件,其相關的記載之間卻完全沒有相互矛盾之處時,必定會持懷疑態度。」[5]

雖然這是事實,但我不想輕忽福音書之間表面上的差異所帶來的難題。我決定進一步探討這個問題,繼續向布隆伯格博士詢問一些明顯的矛盾處,懷疑論者經常拿這些明顯的矛盾舉例說明福音書不可信賴。

---

4. Simon Greenleaf, *The Testimony of the Evangelists* (Grand Rapids: Baker, 1984), vii.
5. Cited in Craig Blomberg, "Where Do We Start Studying Jesus?" in Michael J. Wilkins and J. P. Moreland, eds., *Jesus under Fire* (Grand Rapids: Zondervan, 1995), 34.

應對矛盾

我首先提出一個眾所周知耶穌治病的故事。「《馬太福音》中說，一個百夫長親自來請耶穌醫治他的僕人，」我指出。「然而，《路加福音》卻說百夫長派長老來做這件事。這是明顯的矛盾，對吧？」

「不，我不這麼認為，」布隆伯格博士回答道：「你可以試想看看，在今日的世界裡，我們可能會聽到新聞報導這樣說：『總統今天宣布……』但事實上，這篇演講稿是先由幕僚撰寫，再由新聞祕書發給新聞媒體——如果夠運氣，總統可能過程中的某個階段瞄了一眼。然而，不會有人說『總統宣布』這句話是錯的。

「同樣地，在古代社會，人們完全理解並接受這種觀念，也就是說，人們常常說某個行為是某個人做的，但實際上這些行為是那個人的下屬或使者做的——在這個例子裡，事實上親身去求耶穌的是猶太長老。」

「所以，你是說馬太和路加其實都沒錯？」

「就是這個意思。」他回答道。

這似乎很合理，於是我又舉了第二個例子：「《馬可福音》和《路加福音》說耶穌把鬼趕進了格拉森（革辣撒）某處的豬圈，而《馬太福音》裡卻說是在加大拉（加達辣）。人們看到說，這是明顯的矛盾，完全不能自圓其說——這是兩個不同的地方，沒得商量，結案！」

「哎，先別那麼快結案啊，」布隆伯格博士笑著說：「這裡有一個說得通的解法：一個是鎮，另一個是省。」

對我來說，這說法似乎有點膚淺了，感覺他忽視了這個問題背後難以解釋的部分。

「情況比你說的複雜多了，」我說：「格拉森這個小鎮並不靠近加利利海（加里肋亞海），但經文說惡魔在那裡混入豬群之後，在那個地方把豬群帶往懸崖摔死。」

「好吧，很精彩的切入點，」他說：「不過，在加利利海東岸、被認定的事發地點，曾經挖掘出一座城鎮的遺址。那個廢墟小鎮的名稱在英文裡通常被讀作『喀耳森（Khersa）』，但考量到它是由希伯來語單詞翻譯或音譯為希臘語，它的發音很有可能非常近似『格拉森』（Gerasa）。因此，事發地點很可能就是在喀耳森，而喀耳森也就在加大拉省。」

「幹得好哇，」我笑著認輸。「我投降。但有另一個問題不那麼容易解決，《馬太福音》和《路加福音》中的耶穌家譜之間的差異，又是怎麼回事？懷疑論者經常指出它們之間的矛盾已經無可辯駁。」

「這又是一個多重選項的案例，」他說。

「比如？」

「最常見的兩種說法是，《馬太福音》反映了約瑟（若瑟）的血統，因為他開篇的大部分章節都是從約瑟的視角講述的，而且約瑟作為養父，本應是合法的祖先，耶穌的王室血統本該通過他來追溯。這些對馬太來說是重要的主題。

「《路加福音》則是通過馬利亞（瑪利亞）的血統來追溯耶穌的家譜。既然兩人都是大衛（達味）的後裔，那麼只要一路往上追溯到某個年代，他們的家譜線必定自然交會。」

「第二個解釋是，兩份家譜都反映了約瑟的血統，以便確立出必要的合法地位。但一個講的是約瑟的個人血統——《路加福音》，另一個追溯的是約瑟的法定家譜，兩者的分歧在於個人血統的家譜中，有些人沒有直系後代，他們不得不依據舊約的慣例立嗣，養育合法繼承人。」

「主要的問題是，有些名字被省略了，但按照古代世界的標準，這完全是可以接受的。此外，還有一些文字上的變形——當名字從一種語言翻譯成另一種語言時，往往會有不同的拼寫方式，很容易被混淆為不同人的名字。」

　　布隆伯格博士已經表達了他的觀點，至少有一些合理的解釋。即使這些解釋不夠嚴密，但至少可以合理地解釋福音書中關於記載方面的問題。

　　我不想讓我們的談話淪入雞蛋裡挑骨頭，於是決定進入下個階段。同時我們一致認為，總體來說，最好的方法是逐一研究每個問題，看看是否有合理的方法來解決福音書之間的明顯衝突。當然，現下也已經有不少權威著作深入研究如何為這些分歧找到合理的解釋，有些甚至詳細到讀起來痛苦萬分的程度。[6]

　　布隆伯格博士接著說：「在某些情況下，我們可能需要暫時擱置判斷，簡單地說，既然我們已經從絕大多數經文中找出合理的解釋，並認定它們是可信的，那麼當我們對其他一些細節不確定時，我們就可以在抱有懷疑的同時給予寬容，相信這些未明的部分並非出於不當的目的。」

五、偏差測試

　　這項測試分析了福音書作者是否有任何偏見，導致影響了他們的作品？是否有任何既得利益，驅使他們扭曲記載的原資料？

　　「我們不能低估這些人熱愛耶穌的事實，」我指出。「他們不是中立的旁觀者，而是耶穌忠實的門徒。從這個角度來說，他們有沒有可能蓄意虛飾一些事實，把耶穌粉飾得更超凡？」

---

6. See Gleason L. Archer, *The Encyclopedia of Bible Difficulties* (Grand Rapids: Zondervan, 1982) and Norman Geisler and Thomas Howe, *When Critics Ask* (Wheaton, IL: Victor, 1992).

布隆伯格博士回答說：「好吧，我承認這點，這種情況確實有可能發生。但另一方面，人們可以如此尊敬和尊重一個人，反而也會促使他們更虔誠至正地記錄他的一生，這是他們對他表達敬愛的方式。我認為這才是真實的情況。

「此外，除了遭受批評、排斥和殉難，這些門徒一無所獲。當然，他們在經濟上同樣沒有好處。如果有帶來什麼，也是來自各方的壓力，讓他們不敢聲張，他們有可能否認耶穌，淡化他，甚至忘記曾經見過他。但他們卻因為剛正不阿，勇敢宣揚他們所看到的，即便那等於使他們面臨受苦和死亡」。

六、遮掩測試

當人們就自己看到的事件作證時，他們往往會試圖保護自己或他人，刻意避免提及那些令人尷尬或難以解釋的細節。一再疊加後，導致人們對整個證詞的真實性產生懷疑。

於是我問布隆伯格博士：「福音書的作者們有沒有記載過任何可能令人尷尬的內容？或曾為了面子而隱藏了某些內容？福音書中是否有記載任何會讓他們感到不安或難以解釋的事？」

「實際上，這類內容有很多。」他說：「耶穌有大量的教導被稱為耶穌的難解之言（the hard sayings of Jesus），其中有些內容對道德要求極高。如果是我要根據自己的喜好創立一門宗教，我可能不會要求自己必須像我的天父一樣完美，也不會將止於內心的淫念定義為姦淫。」

「但是，」我抗議道：「其他宗教也有這類苛刻的要求。」

「是的，沒錯，也就是這些更有說服力的難解之言，會讓教會在闡釋傳道時面臨尷尬的原因。」

這個回答似乎含糊不清。我說：「給我舉幾個例子吧。」

布隆伯格博士思考了一會兒，然後說：「例如《馬可福

音》6:5 說耶穌在拿撒勒不能行甚麼異能，因為那裡的人信仰不足，這段似乎說耶穌的能力很受限於他人。耶穌在《馬可福音》13:32 中說，他不知道何日何時才再臨，這似乎也在表示他並非全知全能。

「不過到頭來，神學對這些說法並沒有產生異議，因為保羅本人在《腓立比書》2:5-8 中談到，基督耶穌本有上帝的形像，卻不堅持自己與上帝同等，自願並有意識地限制了他獨立行使自己的神聖屬性。

「但如果我是一個無所謂、隨意處理福音書歷史的人，我會乾脆省略這些內容，這樣就不用費力多作解釋了。

「耶穌的洗禮是另一個例子。確實你能解釋，沒有罪的耶穌為什麼允許自己受洗，為什麼不直接省略呢？像耶穌在十字架上呼喊：『我的上帝，我的上帝，你為什麼離棄我？』從作者角度看來，省略這段會帶來無窮問題的內容，會比較有利。」

「當然，」我補充道：「其他還有很多關於門徒的令人尷尬的材料。」

「這確實，」布隆伯格博士說：「好比馬可對彼得的看法是從一而終地敬謝不敏，而且他甚至還是首領！門徒們一而再地誤解耶穌，雅各和約翰爭搶耶穌左右手的地位，耶穌還不得不教導他們如何做好僕人。大部分時候，門徒們看起來就像一群為自己服務、自以為是、思想愚鈍的人。

「現在，我們已經知道福音書的作者在記載內容上有選擇性；《約翰福音》的結尾有點誇張地說：耶穌所行的事還有許多，若是一一地都寫出來，我想，所寫的書就是世界也容不下了。所以就算他們略過了其中一些內容，也不等於是在篡改故事。

「但重點在於：假如他們在能夠便宜行事和對立場有利的時

候，也不允許自己刪減省略；那麼，能認為他們有可能添加和編造了完全沒有歷史依據的內容嗎？」

布隆伯格博士讓這個問題懸在那好一會兒，最後才深具信心地說：「我說，他們不會。」

七、佐證測試

在介紹下一個測試時，我問布隆伯格博士：「當福音書提到人物、地點和事件時，他們會在意核實，確定資料是否禁得起獨立驗證嗎？通常情況下，這種佐證十分有利於讀者用來評估作者是否致力於準確性。」

「是的，他們會。人們探究福音書的時間越長，就有越多細節得到證實，」布隆伯格博士回答道：「過去的一百年裡，考古學不斷有新發現，證實了福音書中的記載屬實，尤其是《約翰福音》——而頗為諷刺的是，這本福音書特別遭人質疑。

「現在嘛，確實還有一些問題沒有解決，考古的過程中有時還會產生新的問題，但與已經得到確證的例子相比，都算是少之又少了。

「此外，我們還可以從非基督宗教資料中了解到許多關於耶穌的事，這些史料證實了耶穌一生中的主要教義和事件。可當你靜下心來想，古代歷史學家的記載大多只涉及政治統治者、皇帝、國王、軍事戰役、官方宗教人士和重大哲學運動，儘管耶穌與其門徒並不在這些歷史學家寫作的範圍，我們卻能從中看到許多關於耶穌及門徒的事跡；只能說，實在是非同凡響。」

布隆伯格博士的回答簡潔有力、充滿啟發性。但話說回來，雖然我沒有理由懷疑布隆伯格博士的意見，但還是決定值得沿著這個思路做一些進一步的研究。我拿起筆，在筆記的空白處給自己做個提醒：徵求考古學家和歷史學家的專家意見。

八、反方證人測試

這個測試提出的問題是：如果福音書被歪曲或虛假，當時的其他人會反駁或糾正嗎？換句話說，我們有沒有見過與耶穌同時代的人控訴福音書的記載完全錯誤的例子？

布隆伯格博士說：「許多人都有理由想要詆毀這場運動，也一定會那樣做，好保住自己在歷史上的顏面。

「但看看他的反對者說了些什麼。在後來的猶太著作中，耶穌被稱為將以色列人引入歧途的巫師——這其實變相承認了他確實行了不凡的奇蹟，儘管那些作者們對他能力來源存在爭議。

「這本來是一個天大的好機會，他們可以廣而告之地說『基督徒會告訴你，他創造了奇蹟；但我們在這裡告訴你，他並沒有。』可是，我們從未見過他的反對者說過這類意見。相反地，他們含蓄地承認福音書所寫的——耶穌行過神蹟——確實無誤。」

我問：「假設一下，如果認識耶穌的人知道門徒們在誇大或歪曲他的所作所為，那麼這場耶穌運動有可能在耶路撒冷——在這個耶穌進行許多事工、被釘十字架、埋葬和復活的地方——照樣生根發芽嗎？」

「我不覺得能，」布隆伯格博士回答道：「我們了解到的是，最初期的耶穌運動非常脆弱、易受迫害。如果批評者有把柄能指控其中充滿虛假或歪曲來進行攻擊，他們一定會這麼做。

「但是，」他最後強調：「這卻是我們沒有看到的發展。」

以事實為支撐的信仰

我承認布隆伯格博士給我留下了深刻的印象。他知識淵博、言辭犀利、學術背景扎實、說服力十足，為福音書的可靠性提出了有力的論據。他為福音書傳統認知的作者身分列舉了證據，他

分析了基督宗教黎明時期信徒對耶穌的基本信仰,他為口述傳統的準確性進行了有理有據的辯護,他對福音書之間明顯的差異進行了深層完善的研究——他為所有見證奠定了堅實的基礎,好讓我繼續去追根究柢。

然而,要確定耶穌是否是獨一無二的上帝之子,還有很長的路要走。事實上,在與布隆伯格博士交談之後,我下一個任務的目標變得清晰起來:我得去弄清楚布隆伯格博士認定如此可信的這些福音書,經過幾個世紀以來,是否可靠地流傳了下來?我們如何確定今天閱讀的經文,與第一世紀的原著是否別無二致?更何況,我們怎麼知道福音書告訴我們的是關於耶穌的全部呢?

我看了看手錶。如果交通一路順暢,還能趕上回芝加哥的飛機。當我收拾筆記,拔掉錄音設備的插頭時,我偶然又看了一眼布隆伯格博士牆上的兒童畫——突然有那麼一瞬間,我意識到他不是一位學者、不是一位作家、也不是一位教授;而是晚上坐在女兒床邊,沉靜地講述生命中真正重要之物的一位父親。

我很想知道,他告訴了她們什麼,關於聖經、關於上帝、關於那位對自己做出如此離譜宣告的耶穌?

我忍不住問了他最後一個問題:「那你自己的信仰呢?你的研究對你的信仰有什麼影響?」

我話音剛落,他就回答道:「毫無疑問,它更堅定了信仰的力量。我從自己的研究中得到有力的證據,證明福音書的記載是無可置疑。」

他沉默了一會兒,繼續說道:「你知道嗎,說來可笑,聖經認為不需要證據的信仰是值得稱讚的。記得耶穌如何回答多疑的多馬(多默):『你因為看見了我才信嗎?那沒有看見卻信的有福了。』我知道證據永遠不能強迫或脅迫人去信仰。我們無法取代聖靈的作工,這也是基督徒在此類討論特別在意的問題。

「但我要告訴你：有很多新約領域的學者原先並非基督徒，但他們在研究這些問題的過程中信了耶穌。還有無數已經信主的學者，他們的信仰因為證據而變得更堅定、更穩固、更扎根於此——我就是屬於這一類。」

就我而言，原本屬於第一類人——我不是學者，而是懷疑論者、偶像破壞者、執著於探尋這位自稱是「道路、真理、生命」的耶穌真相的記者。

我闔上公事包，站起來向布隆伯格博士表示感謝。我心滿意足地飛回芝加哥，因為再次地我的靈性探索有了絕佳的開端。

思辨時間　思考或小組討論的問題

一、整體來說，布隆伯格博士對這八項證據測試的回應，如何影響你對福音書可靠性的信心？為什麼？

二、你認為這八項測試中，哪一項最有說服力，為什麼？

三、當你信任的人對同一事件的細節說法略有不同時，你是會自然而然地懷疑起他們的可信度，還是會看看是否有合理的方法來調和他們的說法？你認為布隆伯格博士對福音書中明顯矛盾之處的分析，有多大說服力？

其他證據◆更多相關資源

Archer, Gleason L. *New International Encyclopedia of Bible Difficulties*. Grand Rapids: Zondervan, 2001.

Beilby, James K., and Paul Rhodes Eddy, eds. *The Historical Jesus: Five Views*. Downers Grove, IL: InterVarsity Academic, 2009.

Köstenberger, Andreas J., Darrell L. Bock, and Josh Chatraw. *Truth in a Culture of Doubt: Engaging Skeptical Challenges to the Bible*. Nashville, TN: B&H Academic, 2014.

Komoszewski, J. Ed, M. James Sawyer, and Daniel B. Wallace. *Reinventing Jesus*. Grand Rapids: Kregel, 2006.

Marshall, I. Howard. *I Believe in the Historical Jesus*. Grand Rapids: Eerdmans, 1977.

Morrow, Jonathan. *Questioning the Bible*. Chicago: Moody, 2014.

Strobel, Lee. *The Case for the Real Jesus*. Grand Rapids: Zondervan, 2007.

Wallace, J. Warner. *Cold-Case Christianity*. Colorado Springs, CO: David C. Cook, 2013.

第 3 章

文獻證據

耶穌傳記流傳之下是否依然可靠？

訪談對象－布魯斯・梅茨格博士（Dr. Bruce Metzger）

身為《芝加哥論壇報》記者，我曾是隻「檔案老鼠」——我會花無數小時翻閱法庭歸檔文件，從中嗅出新聞的蛛絲馬跡。雖然費時費力，但收穫值得；我經常在頭版報導搶占先機。

例如，有一次我在一堆任人審閱的公共檔案，發現了被人隨手誤放進去的大陪審團高度機密檔案，隨後我發表的文章即揭露了芝加哥一些非常大的公共工程項目（包括主要高速公路的建設），背後的大規模操縱投標行為。

但在我發現的檔案中，最令人瞠目結舌的是一個具有里程碑意義的內幕：三名青少年在一輛超小型平托（Pinto）型號的轎車中被燒死，福特汽車因而被指控犯有魯莽殺人罪。這是美國製造商首次因涉嫌銷售危險產品而受到刑事指控。

當我查看印第安納州小鎮威納馬克的法庭檔案時，我發現了幾十份福特公司的機密備忘錄，這些備忘錄顯示，汽車製造商事前就知道，平托汽車後方受到時速約 20 英里的撞擊時，即可能會發生爆炸。這些檔案顯示，汽車製造商為了節省每輛車幾美元的成本、為了增加一點行李空間，決定忽視提高汽車的安全性。

一位福特公司的律師在法院閒逛時，恰好撞見我正在拷貝文件。他發瘋似地衝進法院，要求法院下達封存檔案的司法命令，防止檔案公諸於世。

但為時已晚。我的報導標題是「祕密備忘錄顯示，福特無視平托起火的危險」，這篇報導在《論壇報》上刊登，隨即如火如荼地傳遍全國。[1]

驗證文件

拿到公司的祕密檔案是一回事，驗證其真實性又是另一回事。在記者公布其內容或檢察官在審判中採納這些檔案作為證據之前，必須先行核實來確保其真實性。

前面提及的平托檔案中，使用的福特信紙會不會是偽造的？簽名會不會是偽造的？我要怎麼樣才能確定呢？既然這些備忘錄被複製過無數次，我怎麼確信它們的內容沒有被篡改過呢？換句話說，我怎麼確定每份拷貝檔案都與我沒看過的原件完全相同？

更重要的是，我怎麼能肯定這些備忘錄就是故事的全部呢？畢竟，它們只是福特公司內部往來通訊的一部分。還有其他文件隱藏在公眾視線之外，一旦披露出來，會讓事件徹底反轉嗎？

這個問題在研究新約聖經時，同樣至關重要。當我手捧聖經，事實上我手中拿的基本上是古代歷史紀錄的副本。耶穌傳記的原稿——《馬太福音》、《馬可福音》、《路加福音》和《約翰福音》——以及新舊約聖經中的所有其他書籍原稿，早已化為塵土。那麼，我怎麼能確定這些現代版本——也就是歷代無數次抄寫的最終產物——和作者的原版是否別無差異呢？

此外，我如何判斷這四本傳記是否講述了整個故事？如果還

---

1. See Lee Patrick Strobel, *Reckless Homicide: Ford's Pinto Trial* (South Bend, IN: And Books, 1980), 75-92, and Lee Strobel, *God's Outrageous Claims* (Grand Rapids: Zondervan, 1997), 43-58. 福特最終在法官對陪審團隱瞞關鍵文件後被判無罪，但該汽車製造商在民事案件中，成功被起訴。Allegations about the Pinto were first reported in *Mother Jones* magazine.

有其他耶穌傳記因為早期教會不喜歡它們所描繪的耶穌形象而被刪減了呢？我怎麼能確信會不會有哪本耶穌傳記其實和最終納入新約聖經的四部傳記同樣準確，但卻因為內容可能會讓人對這位拿撒勒木匠徹底改觀，致使教會出於政治因素將它查禁呢？這是否對這位來自拿撒勒、備受爭議的木匠言行產生新的重要影響？

這兩個問題——耶穌的傳記是否被可靠地保存了下來，以及同樣準確的傳記是否被教會查禁打壓，都值得我們仔細考慮。我知道有一位學者在這些問題上是公認的權威。我飛往紐瓦克，然後租車前往普林斯頓，旋風似地拜訪了他。

第二份訪談
布魯斯·梅茨格 哲學博士

一個週六下午，我在普林斯頓神學院的圖書館找到了八十多歲的布魯斯·梅茨格博士，他笑著說：「我喜歡在這裡撣撣書上的灰塵。」

事實上，他著有一系列最優秀的著作，尤其是以討論新約聖經文本為主題的書。他總共撰寫及編寫了五十本書，包括《新約導論：新約的時代背景、歷史及內容》（The New Testament: Its Background, Growth, and Content）、《新約經文鑑別學》（The Text of the New Testament）、《新約聖經的正典》（The Canon of the New Testament）、《希臘聖經手稿》（Manuscripts of the Greek Bible）、《希臘新約聖經的文本評註》（Textual Commentary on the Greek New Testament）、《次經簡介》（Introduction to the Apocrypha），以及《牛津聖經指南》（The Oxford Companion to the Bible）。其中幾本被翻譯成德文、中文、日文、韓文、馬達加斯加文和其他語言。他還是《牛津注釋聖經（含次經）》（The New Oxford Annotated Bible with the Apocrypha）的聯合編輯，並在《新

約工具和研究》（New Testament Tools and Studies）系列套書擔任超過二十五卷的書籍總編輯。

梅茨格博士在普林斯頓神學院獲得碩士學位、普林斯頓大學獲得碩士和博士學位。他榮獲五所大學和學院的榮譽博士學位，包含蘇格蘭聖安德魯斯大學、德國明斯特大學和南非波切夫斯特魯姆大學。

1969 年他在英國劍橋大學廷代爾學院（Tyndale House）擔任常駐學者。1974 年，他在劍橋大學克萊爾講堂（Clare Hall）擔任客座學者，1979 年在牛津大學沃爾夫森學院（Wolfson College）擔任訪問學者。在接受採訪時，他是普林斯頓神學院的名譽教授，從事新約教學長達 46 年。[2]

梅茨格博士曾任聖經新修訂標準版委員會主席、英國科學院通訊院士，並在德國貝隆修道院的拉丁新約研究所（Kuratorium of the Vetus Latina Institute at the Monastery of Beuron）任職。他曾任聖經文學學會、國際新約研究學會和北美教父學會主席。

如果你瀏覽任何一本關於新約聖經文本的權威書籍的注腳，你很可能會看到梅茨格博士的闡釋不斷被引證。他的著作是世界各地大學和神學院的必讀之書，受到不同神學界學者高度推崇。

出生於 1914 年的梅茨格博士在很多方面都是上一代人的翻版。從一輛被他稱為「我的汽油馬車」的灰色別克車下來時，他穿著深灰色西裝，打著藍色佩斯利花紋領帶，即使是週末，他來圖書館時的休閒打扮也不容半分邋遢。他的白髮梳得整整齊齊，眼睛明亮有神，戴著一副無框眼鏡。他走起路來比過去慢了些，但依然毫不費力、有條不紊地爬樓梯上二樓，在一間不起眼的簡樸辦公室裡從事研究工作。

2. Bruce M. Metzger died in 2007.

他不失他的幽默感。他給我看一個錫罐,這是從前任標準修訂版聖經委員會主席繼承下來的。他打開蓋子,露出一本《標準修訂版聖經》的灰燼,這本聖經在 1952 年的一次篝火晚會上,被一位基要派傳教士燒毀。

「看來他不喜歡委員會把欽定版聖經中《希伯來書》1:9 的 fellows(同伴)改成 comrades(同志),」梅茨格笑著解釋說:「他指責他們是共產主義者!」

雖然梅茨格的講話有時候有些遲疑,他也傾向於用「完全是這樣」的古怪短語來回答,但他仍然在新約聖經學術研究的前沿保持著領先地位。當我要求他提供一些統計數據時,他並沒有依賴他 1992 年那本關於新約聖經的書中數字;他早已進行新的研究,也獲得更新的數據。他的思維敏捷,對人和地點的細節記憶毫不費力,而且他完全熟悉新約聖經學者間,當前所有的辯論。

他的辦公室和牢房差不多大,沒有窗戶,刷成統一的灰色。辦公室裡有兩把木椅子,他堅持讓我坐更寬、更舒適的那一把,這就是他的魅力所在。他和藹可親,出人意料地謙虛和低調,溫和的神情讓我希望有一天也能像他一樣溫文爾雅地變老。

我們相互熟悉了一會兒,然後我談到了想討論的第一個問題:我們如何確定耶穌的傳記是以可靠的方式流傳下來的?

副本的副本的副本

「我坦誠對你說,」我對梅茨格說:「當我第一次得知新約聖經沒有任何原稿保存下來時,我真的很疑惑。我想,如果我們所擁有的只是複製品的複製品的複製品,那怎麼能相信今天的新約聖經與最初寫的有任何相似之處?這個問題你怎麼看?」

他回答說:「這不是聖經獨有的問題,我們能對古代流傳下來的其他文獻,提出相同問題。但新約聖經的優勢,尤其是與其

他古代著作相比,在於有前所未見的大量副本流傳下來。」

「為什麼這很重要?」我問道。

「嗯,當你有更多相互一致的抄本時,尤其是它們來自不同的地理區域,你就越能對它們進行交叉比對,從而確定原始檔的面貌。唯一能讓它們一致的方法,就是在代表手稿血統的家譜中追溯它們的家譜。」

「好吧,」我說:「我明白,擁有大量來自不同地方的副本會有所幫助。但文件的年代呢?這當然也很重要,對吧?」

「正是如此,」他回答道:「還有一點也有利於新約。我們有從原著寫成後幾代人內開始的副本,而其他古籍的原著和現存最早的副本之間,可能相隔五、八或十個世紀。」

「除了希臘語手稿外,我們還可以看到福音書在較早時期被翻譯成其他語言,如拉丁語、敘利亞語和科普特語。除此之外,我們還有年代稍後的二次翻譯,如亞美尼亞語和哥特語。還有很多其他的格魯吉亞語、埃塞俄比亞語等等,種類繁多。」

「這有什麼幫助?」

「因為即使我們今天沒有希臘手稿,透過拼湊這些相對較早的譯本內容,實際上就能重現新約的內容。不僅如此,即使我們失去了所有的希臘文手稿和早期譯本,我們仍然可以從早期教會父輩的注釋、布道、書信等大量引文中再現出新約的內容。」

感覺十分動人,但這些證據仍然很難得到個別的核實。我需要一些背景資料來更好地理解新約的獨特性。我想知道,聖經與其他如雷貫耳的古代作品相比有何不同?

堆積如山的手稿

「當你提及手稿的多樣性時,」我說:「這與學者們通常認為可靠的其他古籍相比有何不同之處?舉例談談大約和耶穌同時

代的作者著作情況。」

梅茨格早已料到會有這個問題,他拿出了一些手寫的筆記。

「塔西佗(Tacitus)是羅馬歷史學家,大約在西元 116 年寫下《羅馬帝國編年史》(*Annals of Imperial Rome*),」他開始說道:「他的前六卷,今天只有一份手稿存世,這份手稿約在西元 850 年抄寫。卷十一到十六在另一份十一世紀的手稿中。第七至第十卷已經遺失。因此,從塔西佗收集資訊、寫下來,到我們僅有的現存手稿之間,有很長的間隔時間。

「至於第一世紀的歷史學家約瑟夫(Josephus),我們有他的《猶太戰記》(*The Jewish War*)的九份希臘手稿,這些手稿是在十世紀、十一世紀和十二世紀抄寫的。此外,還有一份來自四世紀的拉丁譯本和來自十一或十二世紀的中世紀俄羅斯資料。」

這些數字少得令人驚訝。這些古代著作僅能靠如此薄弱的手稿數量流傳至現代世界。「那麼相比之下,」我問道:「今天我們還存在多少新約聖經的希臘手稿?」

梅茨格博士瞪大了眼睛說:「已經編目的超過五千份。」他興奮地說,聲音提高了八度。[3]

這些手稿簡直就是一座高山!塔西佗和約瑟夫的手稿數量與之相比,就顯得有如蟻丘了。「這在古代世界很罕見嗎?亞軍會是誰呢?」我問道。

他說:「和其他古代作品相比,新約的副本資料,數量多得令人尷尬。在新約之外,手稿考證數量最多的是荷馬的《伊利亞

---

3. 根據新約手稿研究中心的丹尼爾・B・華萊士(Daniel B. Wallace)的說法,截至 2015 年中期,新約希臘文手稿的官方總數為 5,843 份。其中包括 129 份紙莎草紙上的古代文獻、323 份大寫字母手稿、2,928 份小寫字母手稿和 2,463 份經文書。然而,由於各種因素計算,華萊士表示,他認為實際數量更接近 5,600 份。

特》(Iliad)，它是古希臘人的聖經。現存的希臘文手稿只有不到 650 份，其中一些殘缺不全，它們從西元二、三世紀及之後流傳下來。考慮到荷馬大約在西元前 800 年創作了這部史詩，你能感受到這是一個相當長的時間差。」

用「相當長」來描述，實在太輕描淡寫，那可是足足一千年的時間差啊！與其他受到現代學者認為內容絕對真實可信、飽受推崇的古代作品相比，新約聖經的手稿證據是壓倒性地多到無法相提並論的程度。

我對新約手稿的好奇心被激發了出來，於是請梅茨格博士為我描述其中的一些手稿。

他說：「最早的是紙莎草殘片，是用尼羅河三角洲沼澤中的紙莎草植物製作的書寫材料。現在有 99 塊紙莎草殘片，其中包含新約中的幾段內容和部分書卷。

「最重要的發現是大約 1930 年發現的切斯特・比替聖經紙莎草殘卷（Chester Beatty Biblical Papyri）。比替聖經紙莎草一號包含了四福音書和《使徒行傳》的一部分，並可以追溯到三世紀。紙莎草二號則包含了保羅八封信的大部分，及部分《希伯來書》的內容，書寫於大約西元 200 年。紙莎草三號有相當大部分的《啟示錄》，來自三世紀。

「另一批重要的紙莎草手稿由瑞士的藏書家兼聖經愛好者馬丁・鮑德默（M. Martin Bodmer）購得。其中最早的手稿可追溯到西元 200 年左右，包含約三分之二的《約翰福音》。另一張紙莎草紙包含《路加福音》和《約翰福音》的部分內容，同樣可追溯到三世紀。」

到了這時，顯然耶穌傳記的寫作與最早手稿之間的時間差已經非常小，但我們擁有的最古老的手稿是什麼呢？我想知道到底能多逼近原始手稿，也就是那些專家口中的「親筆手稿」？

改變歷史的碎片

「在整本《新約全書》中，」我說：「我們在今日所擁有的最早的片段是什麼？」

梅茨格博士不假思索地回答：「是《約翰福音》的一個片段，包含第 18 章的內容。它有五節經文——一邊三節，另一邊兩節——尺寸約為兩英寸半乘三英寸半。」

「它是怎麼被找到的？」

「早在 1920 年，人們就在埃及買到了這塊紙莎草紙，但多年來它一直與類似的紙莎草紙碎片放在一起，無人問津。1934 年，牛津大學聖約翰學院的 C. H. 羅伯茨（C. H. Roberts）在英格蘭曼徹斯特的約翰・萊蘭茲圖書館（John Rylands Library）整理紙莎草片段時，一眼就認出了這是《約翰福音》的一部分。他能夠根據文字的風格確定其年代。」

「他的結論是什麼？」我問：「它可以追溯到多久以前？」

「他認為它的起源在西元 100 到 150 年之間。許多著名的古文字學家，如弗雷德里克・肯揚爵士（Sir Frederic Kenyon）、哈羅德・貝爾爵士（Sir Harold Bell）、阿道夫・德斯曼（Adolf Deissmann）、W・H・P・哈奇（W. H. P. Hatch）、烏爾里希・威爾肯（Ulrich Wilcken）等，都同意他的判斷。德斯曼確信它至少可以追溯到哈德良（Hadrian）皇帝（西元 117-138 年）或甚至圖拉真（Trajan）皇帝（西元 98-117 年）在位時期。」

這是一個令人震驚的發現。原因在於上個世紀，持懷疑態度的德國神學家極力主張第四卷福音書至少是到西元 160 年才創作完成，以至於與耶穌生前發生的事件相距甚遠，沒有多少歷史價值。他們影響了一代又一代的學者，他們都對這本福音書的可靠性嗤之以鼻。

「這無疑是對這一觀點的顛覆。」我評論道。

「是的,的確如此,」他說:「很早以前我們就在埃及尼羅河沿岸的一個窮鄉僻壤找到了《約翰福音》的一個副本片段,那裡離小亞細亞的以弗所很遠,而《約翰福音》最初很可能就是在那裡寫成。」

這個發現在實質上重新改寫了主流歷史觀點,也就是將《約翰福音》的寫成時間大幅推近耶穌在世的時期。我在心裡記下這點,打算去請教一位考古學家,看看是否有其他發現能加深我們對《第四福音》的信心。

豐富的證據

雖然紙莎草手稿代表了最早的新約聖經抄本,但也有一些用羊皮紙寫成的古代抄本,羊皮紙是由牛、羊、山羊和羚羊的皮製成的。

梅茨格博士解釋說:「我們有所謂的安色爾體大寫手稿,全部用大寫希臘字母書寫。現今我們有 306 份這樣的手稿,其中幾份最早可以追溯到三世紀。當中最重要的是西奈抄本(Codex Sinaiticus)和梵蒂岡抄本(Codex Vaticanus),西奈抄本是唯一完全使用安色爾體書寫的新約副本,梵蒂岡抄本則不太完整;而這兩本書都可以追溯到西元 350 年左右。

「大約在西元 800 年,出現了一種新的書寫風格,更趨於草書,被稱為小寫字母手稿。我們有 2,856 份這樣的手稿。此外,還有經文書,當中包含早期教會在一年適當時間中按次序來誦讀的新約經文。其中共有 2,403 份已經編目。這樣一來,希臘文手稿的總數累積達到了 5,664 份。

「除了希臘文文件外,還有數千份其他語言的古代新約手稿。拉丁文武加大手稿有 8,000 到 10,000 份,另外還有埃塞俄比

亞文、斯拉夫文和亞美尼亞文手稿共 8,000 份。現存手稿總共約有 24,000 份。」

「那麼你的看法如何？」我問道，想要明確確認我所聽到的：「就手稿的多樣性、原作與我們的第一批副本之間的時間差而言，新約和其他著名的古代作品相比，結果會是什麼樣呢？」

「結果十分優異，」他回答道：「我們可以對這些流傳下來的材料資料的保真可靠度充滿信心，尤其是與其他任何古代文學作品相比。」

已故的英國曼徹斯特大學教授、《新約文件可靠嗎？》（*The New Testament Documents: Are They Reliable?*）的作者 F. F. 布魯斯（F. F. Bruce）說：「世界上沒有任何一部古代文學作品像新約一樣擁有如此豐富的優秀文本可供證明。」[4]

梅茨格博士已經提到過前大英博物館館長、《希臘紙莎草文稿的古文字學》（*The Palaeography of Greek Papyri*）一書的作者弗雷德里克‧肯揚爵士。肯揚說過：「在其他任何情況下，書的創作與最早手稿之間的時間間隔都不像新約聖經那樣短。」[5]

他的結論是：「任何對聖經自編寫以來是否能秉持原封不動的質疑，基本上現在已經被消除了。」[6]

然而，各種手稿之間的差異又該如何解釋？在還沒有高速印刷機的時代，手稿是由抄寫員一個字母一個字母、一個單字一個單字、一行一行辛苦地手抄出來的，在這個過程中很容易出現錯

---

4. F. F. Bruce, *The Books and the Parchments* (Old Tappan, NJ: Revell, 1963), 178, cited in Josh McDowell, *Evidence That Demands a Verdict* (1972; reprint, San Bernardino, CA: Here's Life, 1986), 42.
5. Frederic Kenyon, *Handbook to the Textual Criticism of the New Testament* (New York: Macmillan, 1912), 5, cited in Ross Clifford, *The Case for the Empty Tomb* (Claremont, CA: Albatross, 1991), 33.
6. Frederic Kenyon, *The Bible and Archaeology* (New York: Harper, 1940), 288.

誤。現在，我想研究一下這些難免的抄寫錯誤，會不會讓我們的現代聖經內容錯誤百出。

檢查錯誤

我說：「由於希臘字母之間的寫法相似，加上抄寫員極度原始的工作條件，文本中出現抄寫錯誤似乎不可避免。」

「沒錯。」梅茨格博士承認。

「事實上，我們所擁有的古代手稿中，是否存在數以萬計的不同之處？」

「正是如此。」

「那這不就表示我們不能相信它們？」我質問道，語氣中的指責多於詢問。

「不，先生，事情並非如此，」梅茨格博士堅定地回答：「首先我要說：眼鏡到了 1373 年才在威尼斯發明，我確定古代抄寫員也會患有散光，而手稿的墨水會隨時間剝落，在任何情況下，要閱讀褪色手稿都極為困難。再者，還有其他障礙，例如抄寫員的注意力不夠集中等等。雖然大部分抄寫員都非常認真慎重，但還是免不了會出現錯誤。

「但是，」他很快又補充道：「也有一些因素可以抵消這一點。例如，有時抄寫員的記憶會出錯，從看了文本到寫下單字的這短短時間裡，單字的順序可能就出錯了。可能每個字都沒錯，但順序卻錯了。這種時候不必擔心，因為希臘語與英語不同，它是一種屈折語（Inflected Language）。」

「這是指……？」我催促他繼續。

「意思就是說，在英語中，順序是很重要的，如果你說『狗咬人』或『人咬狗』——這在英語中是有很大的區別，但在希臘語中不是。一個單詞無論在句子中的哪個位置，它都可以作為句

子的主語；因此，即使單詞不在我們認為正確的次序裡，句子的意思也不會被扭曲。因此，確實，手稿之間是存在一些差異，但一般都是無關緊要的差異。而拼寫上的差異是另一個例子。」[7]

我把注意力放在最關鍵的問題上：「有多少教會的教義因為差異處而站不住腳？」

「我不知道有任何教義面臨威脅。」他自信地回答。

「完全沒有？」

「一個都沒有，」他重複道：「現在，耶和華見證人來到我們家門口說：你們的《欽定版聖經》（King James Version）在《約翰一書》（若望一書）5:7-8 是錯誤的，那裡講『父、道、聖靈：這三者是合一的』，他們會說：『最早的手稿裡沒有這句話。』

「事情確實如此。我認為這幾句話只出現在大約七、八個副本中，都是十五或十六世紀的作品。我承認這部分並不是《約翰一書》作者受聖靈啟示所寫下的。

「但這並不能推翻聖經對三位一體教義的堅定見證。在耶穌受洗時，天父說話，他的愛子受洗，聖靈降臨在他身上。保羅在《哥林多後書》（格林多後書）的結尾說：『願主耶穌基督的恩惠、上帝的慈愛、聖靈的感動常與你們眾人同在！』很多地方都體現了三位一體。」

---

7. 有關新約手稿之間的更多差異，數量估計介於 20 萬到 40 萬之間，請參見李‧施特博（Lee Strobel）的《認識基督─如何辨別真偽》（*The Case for the Real Jesus*）（Grand Rapids: Zondervan, 2007），第 65-100 頁。在一次訪談中，世界著名的文本批評權威丹尼爾‧B‧華萊士解釋了差異是如何計算的：「如果有任何手稿或教父在一個地方有不同的字詞，就算作一個文本變異……如果 14 世紀的一份手稿拼寫錯誤，那也算作一個變異。」他補充道：「僅有一個百分比的變異都有意義，這意味著它們在某種程度上影響了文本的含義；而且是可行的，這意味著它們可以追溯到原始文本。」多數變異都是微不足道的問題。他強調：「沒有任何一個極重要或基本的教義會因為任何一個有可能追溯到原始文本的變異而受到改變。」

「因此，即使存在差異，也往往是細枝末節的小差異，而非實質、在意義上有所差異？」

「是的，正是如此，學者們非常小心地努力透過回到原始意義來解決這些差異；即使是更重要的差異也不會推翻教會的任何教義。任何一本好的聖經都會有注釋，提醒讀者注意任何有影響解讀的差異處。但再說一次，這種情況是很少見的。」

然而，即使新約聖經在歷史上的流傳具有空前的可靠度，我們又怎能知道我們掌握了全貌呢？

有人指控說，大公會議因為不喜歡這些文獻中所描繪的耶穌形象，而查禁了具有同樣可信度的資料，這又該怎麼解釋呢？我們怎麼知道新約的 27 卷書代表了最好、最可靠的資訊？為什麼我們的聖經收錄了《馬太福音》、《馬可福音》、《路加福音》和《約翰福音》，而許多其他古代福音書──《腓力（斐理伯）福音》、《埃及人福音》、《真理福音》、《聖母誕生福音》──卻被排除在外？

現在是時候探討「正典」（canon）這個問題了，這個術語來自希臘語，意思是「規則（rule）」、「規範（norm）」或「標準（standard）」，指的是被教會接受並納入新約聖經中的書籍。[8]而梅茨格博士是這個領域中公認的最高權威。

「極高的一致性」

「早期教會領袖是如何決定哪些書被視為具權威，哪些應該被拋棄的？」我問道：「他們用什麼標準來衡量取捨哪些文獻應該被納入新約？」

「基本上，早期教會有三個標準。」他說：「首先，這些書

---

8. Patzia, *The Making of the New Testament*, 158.

必須具有使徒權威,也就是說,它們必須是由使徒本人所寫,他們是所寫內容的目擊者,或者是由使徒的追隨者所寫。因此,就馬可和路加而言,雖然他們不在十二門徒之列,但早期信仰傳統認為,馬可是彼得的助手,路加是保羅的同伴。

「其次是符合所謂信仰規則的標準。也就是說,該文件是否符合教會公認為規範的基督宗教基本傳統?第三,這份文件是否被教會廣泛接受和使用。」

「他們只是應用了這些標準,然後一切順其自然?」我問道。

「嗯,倒也不能說他們用死板的條件機械化挑選資料,」他回答:「關於哪條標準最重要,確實有不同的意見。

「但難能可貴的是,儘管正典的次要部分延宕了一段時間懸而不決,但新約聖經的主要部分實際上在最初的兩個世紀裡達成了高度一致性。而這在分散於廣闊地區的各種不同的會眾之間,依然保持如此。」

「那麼,」我說:「我們今天在新約全書中看到的四部福音書符合這些標準,而其他福音書則不符合?」

「是的,」他說:「如果我可以這樣說的話,這是『適者生存』的一個例子。亞瑟・達比・諾克(Arthur Darby Nock)在談到聖經時,曾對他在哈佛大學的學生說:『歐洲人走得最多的路是最好的路,因為夠好才會有那麼多人走。』這是一個很好的比喻。英國評論家威廉・巴克利(William Barclay)是這樣說的:『新約眾書之所以成為正典,是因為沒有人能阻止它們成為,道理就是這麼簡單。』

「我們可以確信,沒有其他古代書籍的作用能夠和新約之於基督宗教歷史或教義相提並論。當人們研究正典的早期歷史時,就會確信新約中囊括了耶穌歷史的最佳來源。當初那些判斷哪些應該納入正典的人,確確實實對基督福音有著清晰而公正的認知。

「你可以親自閱讀那些其他的文獻。它們都是在四福音書之後很久才寫成的，二世紀、三世紀、四世紀、五世紀，甚至六世紀，距離耶穌的時代已經很久了；而且整體說來，它們都相當平庸。它們的名字近似四福音，譬如《彼得福音》和《馬利亞福音》，但書名和實際的作者毫無關聯。另一方面，新約中的四福音書則自然而然地受到各界不約而同地認可，人們一致信賴它們是真實的紀實。」

但我知道，一些自由派學者，尤其是廣為人知的耶穌研討會（Jesus Seminar）的成員認為，《多馬福音》應該被提升到與傳統四福音同等的地位。這本神祕的福音書會不會就是當初教會內部政治鬥爭的犧牲品，最終因它不夠受歡迎的教義而被排除在外？我認為最好就這一點與梅茨格博士進一步談話。

耶穌的「祕密口諭」

「梅茨格博士，《多馬福音》是 1945 年在埃及發現的拿戈・瑪第文獻（Nag Hammadi documents）之一，它宣稱包含有『活著的耶穌所說的祕密口諭』，由低土馬・猶大・多馬（Didymus Judas Thomas）所記載。為什麼它會被教會排除在外呢？」

梅茨格博士對這部作品知之甚詳。他說：「《多馬福音》是在一個五世紀的科普特副本中被發現的，我已經將其翻譯成英文。它包含了 114 條耶穌的言論，但沒有記載他所做的事情，看起來是在西元 140 年左右，在敘利亞用希臘文寫成的。[9]在某些前提下，我認為這本福音書正確地記錄了耶穌所說的話，僅有些微修改。」

這是一個極耐人尋味的說法，我說：「願聞其詳。」

「例如，在《多馬福音》中，耶穌說：『建在高山上的城不

能隱藏。』這裡添加了形容詞『高』，但其餘部分與《馬太福音》中所記載的相似。或者，耶穌說，『凱撒的物當歸給凱撒；上帝的物當歸給上帝；我的物當歸給我。』在這個例子裡，後面的短語是後來添加的。

「然而，《多馬福音》中有些內容與正典福音書完全不同。耶穌說：『劈開木頭，我就在那裡。擡起一塊石頭，你會發現我在那裡。』這是泛神論，認為耶穌與這個世界的物質同源同在。這和列入正典福音中的任何內容背道而馳。

「《多馬福音》的結尾寫道：『讓馬利亞離開我們，因為女人不配有生命。』並引用耶穌所說：『看哪，我將引導她，使她成為男性，使她也成為活靈，像你們男性一樣。因為每個使自己成為男性的女人將進入天國。』」

梅茨格博士眉毛猛然挑起，就像是被剛才所說的話嚇了一跳似地。他強調說：「你看，這個不像是我們從四部正典福音書中認識的耶穌！」

我問道：「那麼，關於《多馬福音》被大公會議刻意排除在外的指控，你有什麼說法呢？」

梅茨格博士的回答是：「這不符合歷史事實。五世紀及以後的宗教會議和大公會議所做的是，批准已經被上層和下層基督徒所接受的東西。說《多馬福音》被公會的某項命令排除在外是不對的；正確的說法是，《多馬福音》自己將自己排除在外！因為它的內容和早期基督徒接受為可信賴的其他耶穌見證不一致。」

「所以你不同意任何人將《多馬福音》提升到與四福音書同

---

9. 學者隨後的分析認為，《多馬福音》的寫作時間不早於公元175年，可能更接近公元200年。詳見李・施特博《認識基督－如何辨別真偽》(The Case for the Real Jesus)(Grand Rapids: Zondervan, 2007) 中對新約學者克雷格・A・埃文斯（Craig A. Evans）的訪談，第35至43頁。

等的地位？」我問道。

「是的，我極不贊成。我認為早期教會拋棄它是明智之舉。在我看來，現在再接受它，就等於接受了一些不如其他有根有據的福音書的內容，」他回答道：「不要誤會我的意思。我認為《多馬福音》是一部有趣的文獻，但它夾雜著泛神論和反女性主義的言論，如果你明白我的意思，這些言論無疑地應該被排除在外。

「你必須明白，正典並不是一系列的教會政治的較量結果。正典是由於基督宗教信徒的直觀洞察力而產生的精粹。他們能在《約翰福音》中聽到好牧人的聲音；而在《多馬福音》中，只能以一種晦暗而扭曲的方式聽到耶穌的聲音，其中甚至夾雜著許多其他的東西。

「大公會議宣布正典，只是批准了普遍教會基於直觀感受下已經認定的內容。要知道，正典是一個權威書籍的清單，而不是一個書籍的權威清單，這些文獻在被選定之前就已經具有權威性。早期教會只是聽取並感覺到這些是具有權威性的記載。

「如果現在有人說所謂的『正典』是在大公會議和宗教會議發表這些宣告之後才有的，簡直就像是在說：『找幾個音樂學院的權威來宣布巴哈和貝多芬的音樂很美妙吧。』我會說：『省省吧，謝謝你們的無效主張！在你們宣告之前，大家就知道了。』我們能判斷，是因為對什麼是好音樂有敏銳的感知。在面對正典時，也是如此。」

即便如此，我還是要指出，新約中的一些書，尤其是《雅各書》（雅各伯書）、《希伯來書》和《啟示錄》，被納入正典的速度比其他書要晚。「我們應該對它們有所疑慮嗎？」我問道。

「在我看來，這恰恰說明了早期教會是多麼謹慎，」他回答道：「他們並不是一蹴而就地把每一份有關耶穌的資料都納入其中，這顯示他們經過深思熟慮和審慎仔細的分析。

「當然，即使在今天，仍有部分敘利亞教會拒絕接受《啟示錄》，但屬於該教會的人仍然是基督宗教信徒。以我個人而言，我接受《啟示錄》，認為它是聖經中精妙的部分。」

他搖了搖頭說：「我認為他們不接受它，使他們自身陷入貧乏之中」。

「無與倫比」的新約

梅茨格博士很有說服力。關於新約聖經的文本是否歷經數百年仍可靠地保存下來，已經沒有讓人糾結不去的疑問了。梅茨格博士在普林斯頓神學院的一位傑出前輩本傑明・沃菲爾德（Benjamin Warfield）曾獲得四個博士學位，在1921年去世前一直教授系統神學，他是這樣說的：

> 如果我們將新約文本的現狀與任何其他古代文獻進行比較，我們必須……宣告它是極其準確的。這是因為新約文本在被抄寫流傳時，行事態度之謹慎——這種做法無疑源自對其神聖文字、發自內心的敬意……新約在實際流傳、使用中的文本，其純度在古代文獻中無可比擬。[10]

關於哪些文獻納入新約的問題，一般來說，對於新約二十七卷書中的二十卷書——從《馬太福音》到《腓利門書》（費肋孟書），再加上《彼得前書》和《約翰一書》的權威性從未有過嚴重爭議。這其中當然包括代表耶穌傳記的四福音書。[11]根據蓋斯勒（Geisler）和尼克斯（Nix）的說法，剩下的七卷書雖然一度被

---

10. Benjamin B. Warfield, *Introduction to Textual Criticism of the New Testament* (London: Hodder & Stoughton, 1907), 12–13.

早期一些教會領袖質疑,但「最終被普遍的教會完全接受」。[12]

至於「偽經」,即耶穌離去後的幾個世紀內層出不窮的福音書、書信和啟示——包括《尼哥底母福音》(Gospels of Nicodemus)、《巴拿巴福音》(Gospels of Barnabas)、《巴多羅買福音》(Gospels of Bartholomew)、《安德列福音》(Gospels of Andrew)、《保羅致老底嘉人的書信》(Epistle of Paul to the Laodiceans)、《斯蒂芬的啟示》(Apocalypse of Stephen)等,這些都「既荒誕又異端……整體上既不真實也沒有價值」,「幾乎沒有任何正統的教父、經典或議會」認為它們具有權威性或應被納入新約。[13]

事實上,我接受了梅茨格博士的挑戰,親身閱讀了其中的許多著述。與《馬太福音》、《馬可福音》、《路加福音》和《約翰福音》的謹慎、冷靜、精確和目擊者的品質相比,這些作品確實配得上早期教會歷史學家尤西比烏斯(Eusebius)所描述的那樣:「完全荒謬和不敬。」[14]它們與耶穌的事工相距太遠,無法為我的調查提供任何有意義的貢獻,因為它們寫於第五和第六世紀,而且它們經常具有神話特質,這使得它們不具備歷史可信度。

---

11. 蓋斯勒和尼克斯在《聖經概論》(*A General Introduction to the Bible*)中提到(第195頁),一些人將《腓利門書》、《彼得前書》和《約翰一書》列為有爭議的書籍,但「將這些書稱為疏忽的書籍可能更為恰當,而不是有爭議的書籍。」
12. 同上,第207頁。
13. 同上,第199頁。這不包括一些偽經,那些曾被特定教會在特定時期接受,以及今天被認為有價值但不屬於正典。例如:《黑馬牧人書》(Shepherd of Hermas)、《哥林多書》(Epistle to the Corinthians)、《偽巴拿巴書》(Epistle of Pseudo-Barnabas)、《十二使徒訓誨錄》(Didache)、《彼得啟示錄》(Apocalypse of Peter)、《保羅與特格拉行傳》(The Acts of Paul and Thecla)以及《古代訓誡》(Ancient Homily)或克萊門特二書(Second Epistle of Clement)。
14. 同上。

既然這些都已確立，我的調查也到了下一階段。我很好奇：在福音書之外，有多少證據支持這位在第一世紀行神蹟的木匠？古代歷史學家對新約中有關他的生平、教義和神蹟的說法是肯定還是否定？我知道這得去俄亥俄州拜訪該領域的其中一位頂尖學者了。

當我們站起來時，我對梅茨格博士所花費的時間和動用的專業知識致上謝意。他熱情地笑了笑，說要送我下樓。可是我不想再耗費他週六下午的時間，但我的好奇心不允許我在未解決某個殘存疑問的情況下離開普林斯頓。

「幾十年來的學術研究、編寫教科書、深入研究新約文本的細節，這一切對你的個人信仰有什麼影響？」我問道。

「哦，」他說，聽起來他很樂意討論這個話題：「看到這些材料是如堅定地流傳下來，而且有多種副本，其中一些非常非常古老，這增添了我個人信仰的基礎。」

「那麼，」我開始說：「學術並沒有沖淡你的信仰——」

我的話還沒說完他就插話道：「恰恰相反，」他強調：「它增強了我的信仰。我一生都在提出問題，深入研究文本，徹底研究這些內容，今天我能自信地說，我對耶穌的信任是有根據的。」

他停頓了一下，目光掃過我的臉。然後他加重語氣說：「非常堅實的根據。」

思辨時間　思考或小組討論的問題

一、在閱讀了梅茨格博士的訪談後，你如何評價新約聖經流傳過程的可靠性？你認為這一過程可信或不可信的原因是什麼？

二、瀏覽一本新約，查看頁邊注中提到的異讀注釋。你注意到哪些例子？這些注釋對你理解經文有什麼影響？

三、確認一份文獻是否應被納入新約的標準合理嗎？為什麼合理

或不合理?你認為還應該增加其他標準嗎?現代學者如果用現代眼光來重新檢視早期教會關於某文獻是否應被納入聖經的決定,會面臨哪些不利之處?

其他證據◆更多相關資源

Bruce, F. F. *The Canon of Scripture*. Downers Grove, IL: InterVarsity Press, 1996.

Evans, Craig, and Emanuel Tov, eds. *Exploring the Origins of the Bible*. Grand Rapids: Baker Academic, 2008.

Evans, Craig A. *Fabricating Jesus: How Modern Scholars Distort the Gospels*. Downers Grove, IL: InterVarsity Press, 2008.

Geisler, Norman L., and William E. Nix. *From God to Us*. New edition. Chicago: Moody Press, 2012.

Jones, Timothy Paul. *Misquoting Truth*. Annotated Edition. Downers Grove, IL: InterVarsity Press, 2007.

Kruger, Michael J. *Canon Revisited*. Wheaton, IL: Crossway, 2012.

——————. *The Question of Canon*. Downers Grove, IL: IVP Academic, 2013.

Lightfoot, Neil R. *How We Got the Bible*. Third edition. Grand Rapids: Baker, 2010.

Metzger, Bruce M., and Bart D. Ehrman. *The Text of the New Testament: Its Transmission, Corruption, and Restoration*. Fourth edition. New York and Oxford: Oxford University Press, 2005.

Metzger, Bruce M. *The Canon of the New Testament*. Reprint edition. Oxford: Oxford University Press, 1997.

Patzia, Arthur G. *The Making of the New Testament*. Downers Grove,

IL: InterVarsity Press, 1995.

Perrin, Nicholas. *Lost in Transmission?* Nashville, TN: Nelson, 2007.

Porter, Stanley E. *How We Got the New Testament*. Grand Rapids: Baker Academic, 2013.

Wallace, Daniel B. *Revisiting the Corruption of the New Testament*. Grand Rapids: Kregel Academic and Professional, 2011.

Wegner, Paul D. *The Journey from Texts to Translations*. Grand Rapids: Baker, 1999.

第 4 章

佐證證據

除了耶穌傳記之外，還有其他可信的證據嗎？

訪談對象—埃德溫・山內博士（Dr. Edwin Yamauchi）

哈里・阿勒曼（Harry Aleman）轉過身來，指著我，激動地說：「你！」他用厭惡的語氣吐出這個詞。「為什麼你一直寫那些關於我的東西？」然後他轉身消失在一個後樓梯間，逃避那些追逐他的記者。

1970 年代的芝加哥，一個犯罪刑案記者不報導哈里・阿勒曼是不太可能的。畢竟，他是最典型的犯罪集團殺手；而芝加哥人又以一種反常的方式，熱中於閱讀關於黑幫的新聞。

檢察官極力想把阿勒曼關進監獄，因為他們懷疑他為所屬犯罪集團的老闆執行了許多冷酷的血案。想當然爾，最大的問題是，很難找到人願意指證阿勒曼這種聲名狼藉的黑幫大老。

後來，他們迎來重大突破，阿勒曼的一名前親信路易士・阿爾梅達（Louis Almeida）在前往賓夕法尼亞州謀殺一名工會幹部的途中被捕。因持有武器罪被判入獄十年，阿爾梅達同意在芝加哥一樁未解決的工會幹部謀殺案中指證阿勒曼，前提是檢察官必須同意對阿爾梅達從寬處理。

這意味阿爾梅達有合作動機，這無疑在一定程度上影響他供詞可信度。檢察官意識到他們必須強化他的證詞，以確保阿勒曼被定罪，因此開始尋找其他證據來佐證阿爾梅達的證詞。

韋氏詞典對「*確證／佐證*」(corroborate) 的定義是：「進一步確定、確認。比如：他證實了我對事故的敘述。」[1]佐證證據能夠支持其他的主要證詞，它確認或支持目擊證人的主要部分。佐證可以是公共紀錄、照片，或來自第二或第三人的額外證詞。它可以驗證一個人的整個證詞或只是其中的關鍵部分。

實際上，佐證就像支撐桿，讓高聳的天線能夠筆直而堅定地矗立。佐證越多，案件本身的結果就越有力、越安全。

但檢察官要去哪裡才能找到阿爾梅達故事的佐證呢？佐證的來源出人意料：一位沉默寡言、奉公守法的公民——鮑比‧羅威（Bobby Lowe）告訴調查人員，他在遛狗時看到阿勒曼殺害了工會幹部。儘管阿勒曼聲名狼藉，令人不寒而慄，但羅威還是同意為阿爾梅達作證，支持他的說法。

佐證的力量

在對阿勒曼的審判中，羅威和阿爾梅達的證詞讓陪審員們深受吸引。阿爾梅達對阿勒曼駕車逃逸的敘述，與羅威證言中關於1972年9月27日晚上看到阿勒曼在人行道上謀殺受害者的描述吻合。

檢察官認為他們已為這令人生畏的殺手編織一個密不透風的網，但整個審判過程，他們感到有些不對勁。當阿勒曼選擇不接受陪審團審判，而由法官審理他的案件時，他們便起了疑心。

審判結束時，檢察官最壞的推測成了現實：儘管羅威和阿爾梅達的證詞無可辯駁，但法官最終還是宣布阿勒曼無罪釋放，得以逍遙法外。

---

1. *Webster's Encyclopedic Unabridged Dictionary of the English Language* (New York: Gramercy, 1989), 328.

這中間發生了什麼事?記住,這發生在伊利諾伊州的庫克縣,那裡貪汙舞弊盛行,四處藏汙納垢。多年後真相大白,那名法官收了一萬美元賄賂,給出了無罪釋放阿勒曼的判決。聯邦調查局的線人揭露了這樁賄賂醜聞後,該名法官雖已退休仍逃不過自殺命運,而檢察官重新提出了對阿勒曼的謀殺指控。

到了第二次審判時,法律已經改變,檢察官可以要求陪審團審理案件。他們就是這麼做的——終於,在謀殺案發生之後整整25年,阿勒曼被判有罪並入獄,後來死於獄中。[2]

儘管經過多次拖延,阿勒曼的故事顯示出佐證證據的重要性;同樣的道理也適用於歷史問題。藉由克雷格‧布隆伯格博士的見證,我們已經知道在福音書中講述的耶穌生平、教誨、死亡、復活都有非常出色的目擊證據。但是,是否有其他證據可以佐證這些呢?在福音書之外,是否有其他著作肯定或支持關於耶穌或早期基督宗教的基本事實?

換句話說,就像鮑比‧羅威的證詞落實了哈里‧阿勒曼的案子一樣,是否有其他文獻可以幫助我們確立耶穌的事蹟呢?根據我們接下來的證人所言,答案是肯定的——而且這些證據的數量和質量,可能會讓你大吃一驚。

第三份訪談
埃德溫‧山內 哲學博士

當我走進位於風景如畫的俄亥俄州牛津市的邁阿密大學內,埃德溫‧山內博士辦公室所在的氣勢恢宏的磚砌大樓時,我走到了刻有以下銘文的石拱門下:「你們必曉得真理,真理必叫你們

---

2. Maurice Possley, "Mob Hit Man Aleman Gets One Hundred to Three Hundred Years," *Chicago Tribune* (November 26, 1997).

得以自由。」身為美國頂尖的古代史專家之一，山內博士一生都在探尋歷史真相。

山內博士 1937 年出生於夏威夷，是沖繩移民的兒子，出身貧寒。他的父親在日本偷襲珍珠港事件前夕去世，留下他的母親，她在富裕家庭做女傭賺取微薄的生活費。雖然她本人沒有接受過正規教育，但她鼓勵兒子讀書學習，給他買了精美插圖的書籍，這使他從小就愛上了學習。

毫無疑問，他的學術成就是令人印象深刻的。在得到希伯來語和希臘語學士學位後，山內博士獲得了布蘭迪斯大學的地中海研究碩士和博士學位。

他曾獲得羅格斯研究委員會（Rutgers Research Council）、國家人文基金會（National Endowment for the Humanities）、美國哲學會（American Philosophical Society）等機構頒發的八項獎學金。他學習過 22 種語言，包括阿拉伯語、漢語、埃及語、俄語、敘利亞語、烏加里特語，甚至科曼奇語。

他在學術界發表了 71 篇論文，在包括耶魯、普林斯頓和康乃爾大學在內的一百多所神學院、大學和學院進行過演講；曾擔任聖經研究學會的主席和會長，以及信仰與歷史會議（Conference on Faith and History）的主席；並在 37 個學術期刊上發表了 80 篇文章。

1968 年，他參與了耶路撒冷希律（黑落德）王神廟的首次發掘工作，揭開了神廟在西元 70 年被毀的證據。考古學也是他多部著作的主題，包括《石頭與聖經》（*The Stones and the Scriptures*）、《聖經與考古學》（*The Scriptures and Archaeology*）以及《早期基督徒的世界》（*The World of the First Christians*）。

儘管出生於佛教背景，山內博士自 1952 年以來一直追隨耶穌，那一年也是我出生的年分。我特別好奇，他長期置身於基督

的信仰，是否會影響他對歷史證據的評估。換句話說，他是會嚴格堅持事實，還是會受到誘惑，作出超出證據範圍的結論？

我發現山內博士舉止溫和，謙遜低調。雖然他一般都輕聲細語，但卻非常專注而認真。他對問題的回答透澈詳細，在口頭回答之外，經常停下來提供他就相關主題撰寫的學術文章的影本做為補充資料。優秀的學者都明白，資料永遠不嫌多。

在林木茂密、秋色宜人的校園中心地帶，在他凌亂書架的辦公室裡，我們坐下來聊了聊這個話題，即使從事研究和教學工作這麼多年，他的眼中依然閃爍著光芒。

肯定四福音書

基於先前對布隆伯格博士的採訪結果，我不想讓他誤會我認為在福音書之外的、有關耶穌的證據才算可靠。因此，我首先向山內博士提出了這個問題：「身為一名歷史學家，你能否告訴我，你對福音書本身歷史可靠性的評估？」

「總體來說，福音書是非常優秀的來源。」他回答道：「事實上，它們是關於耶穌最值得信賴、最完整和最可靠的來源。其他的偶然來源並不能提供太多詳細的資訊；然而，它們作為佐證證據仍然很有價值。」

「好的，這正是我想討論的——佐證證據。」我說：「坦白說，有些人嘲笑這些證據的多寡。例如，1979 年查爾斯・坦普頓（Charles Templeton）寫了一部名為《上帝的行動》（Act of God）的小說，其中一個虛構的考古學家說了一段反映很多人信仰的話。」

我拿出書，唸出相關段落。

> 這個〔基督宗教〕教會的信仰主張，主要基於一個默默無聞、自稱彌賽亞的猶太青年所留下的教義；但讓我們面對現實吧，他在世時並沒有給人留下什麼深刻印象。世俗歷史中，沒有一個關於他的字眼。隻字未提。羅馬人沒有提到過他。約瑟夫也隻字未提。[3]

「現在，」我有點尖銳地說：「聽起來好像在聖經之外並沒有太多關於耶穌生平的佐證。」

山內博士笑著搖了搖頭：「坦普頓的考古學家完全錯了，」他用不屑一顧的語氣回答道：「因為我們確實在約瑟夫和塔西佗的著作中，找到了非常非常重要的耶穌參考。

「福音書裡說，許多聽見過他的人——甚至包括他自己的家人——在他在世時並不相信他，但他給人留下如此深刻的印象，以至於今天到處都有人記得耶穌，而大希律王（Herod the Great）、本丟·彼拉多（般雀·比拉多）等古代統治者並不那麼廣為人知。因此，他確實給那些信仰他的人留下極深刻的印象。」

他停頓了一下，然後補充道：「當然，對那些不信他的人，自然是沒有印象的。」

叛徒的見證

坦普頓和山內博士都提到了約瑟夫，這位一世紀的歷史學家在學者之間很有名，但大多數今天的人卻不熟悉他的名字。「給我一些關於他的背景介紹，」我說：「告訴我，他的證詞如何提供關於耶穌的佐證。」

「當然可以，」山內博士一邊回答，一邊翹起二郎腿，深深

---

3. Charles Templeton, *Act of God* (New York: Bantam, 1979), 152.

地坐進椅子裡。「約瑟夫是一世紀非常重要的猶太歷史學家。他出生於西元 37 年，他的四部著作大多寫於西元一世紀末。

「在他的自傳中，他為自己在猶太－羅馬戰爭中的行為辯護，這場戰爭發生在西元 66 年至 74 年。你看，他在喬塔帕塔（Jotapata）圍城戰中向羅馬將軍維斯帕先（Vespasian）投降，儘管他的許多同僚寧願自殺也不願投降。」

教授笑著說：「他說他認為自殺不是上帝的旨意，而後來約瑟夫成了幫羅馬人的辯護者。」

聽起來約瑟夫是個挺豐富多彩的人物；我想了解更多關於他的細節，以便更好地理解他的動機和偏見。「為我畫一幅他的肖像，」我說。

「他是一名祭司，一名法利賽人，並且有些自負。他最雄心勃勃的作品是《猶太古史》(*The Antiquities*)，這是一部從創世紀到他那個時代的猶太人民族史。他可能在西元 93 年左右完成了這部作品。

「你可以想像，約瑟夫與可恨的羅馬人合作，以至於被他的猶太同胞極度厭惡。但他在基督徒中非常受歡迎，因為在他的著作中，他提到了耶穌的兄弟雅各和耶穌本人。」

這是我們在福音書之外首次找到關於耶穌的佐證。「告訴我這些參考資料，」我說。

山內博士回答說：「在《猶太古史》中，他描述了一位名叫亞拿尼亞（阿納尼雅）的祭司如何利用羅馬總督非斯都（斐斯托）的死亡——他在新約中也有提到——來處死雅各。」

他走到書架前，拿出一本厚厚的書，然後翻到了一頁，似乎對這一頁的位置瞭若指掌。他說：「啊，在這裡，『他召集了公會，並帶來一個名叫雅各的人——這個雅各是被稱為基督的耶穌的兄弟——和其他一些人。他指控他們違反了法律，並把他們交

給人用石頭砸死。」」[4]

「據我所知，」山內博士自信地斷言：「沒有學者成功地駁倒對這段經文提出的內容。費爾德曼（L. H. Feldman）指出，如果這段話是後來的基督徒添加到經文中的，那麼它很可能會更加讚揚雅各。因此，這裡提到了耶穌的兄弟——如果比較《約翰福音》7:5 和《哥林多前書》15:7 可以看出，很顯然他是因為基督的復活及顯現而改變了信仰——也證實了一些人認為耶穌是基督的事實，基督的意思是『受膏者』或『彌賽亞』。」

「耶穌曾生活在那裡⋯⋯」

我知道約瑟夫曾寫過一篇篇幅更長的、關於耶穌的文章，被稱為〈弗拉維奧的證詞〉（*Testimonium Flavianum*）。我也知道這段經文是古代文學中最具爭議的部分之一，因為表面上它似乎對耶穌的生活、奇蹟、死亡和復活提供了廣泛的佐證。但這段經文夠正統嗎？還是被支持耶穌的人篡改過？

我請教了山內博士的意見，很明顯我觸及了他高度感興趣的領域。他鬆開雙腿，在椅子上坐直了身體：「這是一段引人入勝的經文，」他熱情地說，向前傾身，手裡拿著書：「但的確是有爭議的。」隨即他讀給我聽。

> 大約在這段時間，耶穌出現了，一位智者，如果確實應該稱他為人的話。因為他行了驚人的事蹟，並教導那些樂於接受真理的人。他贏得了許多猶太人和許多希臘人的追隨。他是基督。當彼拉多聽到我們中最高地位的人指控他

---

4. Josephus, *The Antiquities* 20.200. See also Edwin Yamauchi, "Josephus and the Scriptures," *Fides et Historia* 13 (1980), 42-63.

時，判決將他釘十字架，那些最初愛他的人並沒有放棄對他的感情。第三天他向他們顯現，復活了，因為上帝的先知預言了這些和無數其他關於他的奇妙事蹟。以他命名的基督徒教派，至今仍未消失。[5]

耶穌的佐證證據之豐富，顯而易見。「你同意這是有爭議的，那麼——學者們對這段經文有什麼結論？」我問。

「學術界對此經歷了三個階段，」他說：「出於顯而易見的原因，早期基督徒認為這是一個奇妙且完全正統的耶穌及耶穌復活的證據；他們愛極了。然後在啟蒙時期，至少有一些學者質疑整段經文。

「但今天，猶太教和基督宗教學者已達成顯著共識，即這段經文整體上是真實的，雖然可能有一些插入的部分。」

我揚了揚眉毛：「插入部分——你能解釋一下這是什麼意思嗎？」

山內博士說：「這意思是說，早期的基督徒在抄寫時插入了一些像約瑟夫這樣的猶太作家不會寫的詞句。」

他指著書中的一句話：「比如，在第一行寫道：『大約在這段時間，耶穌出現了，一位智者』，基督徒通常不會用這樣的詞來形容耶穌，所以這似乎是約瑟夫的原話沒錯。但下一句說，『如果確實應該稱他為人的話』。這暗示耶穌不只是人，所以這部分就有可能是旁人添加的」。

我點了點頭，讓他知道我跟上了他的解釋。

「接下來的話是：『因為他行了驚人的事蹟，並教導那些樂於接受真理的人。他贏得了許多猶太人和許多希臘人的追隨。』

---

5. Josephus, *The Antiquities* 18.63-64.

這與約瑟夫在其他地方使用的詞彙相符,一般認為是真實的。但接下來這句直截了當的聲明,『他是基督』似乎又是一段插入的文字——」

「因為,」我插話說:「約瑟夫在提到雅各時說耶穌是『*被稱為基督*』。」

「沒錯,」山內博士說:「約瑟夫不太可能在這裡明確地說耶穌是彌賽亞,而在其他地方提到耶穌時,都只是說耶穌被他的追隨者*認為*是彌賽亞。

「接下來的部分——談到耶穌的審判和被釘十字架,以及他的追隨者依然愛戴他——這些是無可挑剔且被認定是真實的。然後有這句話:『第三天他向他們顯現,復活了。』

「同樣地,這是對復活的明確宣告,因此不太可能是約瑟夫寫的。所以這三處內容看起來都像是插入的段落」。

「底線是什麼?」我問道。

「約瑟夫的這段話可能確實是寫耶穌,但在一開始的原稿,並沒有上述我提到的那三點。但即便如此,約瑟夫還是證實了關於耶穌的重要資訊:他是耶路撒冷教會殉教的領袖、他是一位睿智的導師,儘管他在一些猶太領袖的唆使下被彼拉多釘上十字架,他依然建立了一個廣泛且持久的追隨者群體。」

約瑟夫的重要性

雖然這些參考文獻確實為耶穌提供了一些重要的獨立佐證,但我想知道,像約瑟夫這樣的歷史學家為什麼不對第一世紀如此重要的人物多說幾句。我知道一些懷疑論者,如波士頓大學哲學家邁克爾・馬丁(Michael Martin),也提出了同樣的批評。

因此,我詢問山內博士對馬丁的這番話有何想法,馬丁不相信耶穌曾經活過:「如果耶穌真的存在,人們會期望約瑟夫提到更

多關於他的事。現有的內容不合乎這一點，約瑟夫提到他時只是順便提及，而對其他彌賽亞人物和施洗約翰的描述卻更詳細。」[6]

山內博士的回應出乎意料地強硬。他用一種無奈的語氣說：「有些人不時試圖否認耶穌的存在，但這實在是一個沒有希望的事。耶穌確實存在的證據非常壓倒性，這些假設性的問題實在是非常空泛和謬誤百出的。

「但我有此事的答案：那是因為約瑟夫對政治事件和對抗羅馬的鬥爭更感興趣，所以對他來說，施洗約翰比耶穌更重要，因為他似乎構成了比耶穌更大的政治威脅。」

我插話道：「等一下。有些學者不是把耶穌描繪成一個奮銳黨（熱誠者），或者至少同情奮銳黨人嗎？」我問道。奮銳黨指的是一個存在於西元一世紀、反對羅馬統治的革命團體。

山內博士揮手否定了這個異議。他回答說：「這是福音書本身不支援的立場，因為，記住，耶穌甚至沒有反對向羅馬人繳稅。因此，因為耶穌和他的追隨者沒有構成立即的政治威脅，約瑟夫對這個宗派不感興趣是可以理解的──儘管事後看來這確實非常重要。」

「那在您的評估中，約瑟夫的這兩個參考資料有多重要？」

山內博士回答道：「非常重要，特別是因為他對猶太戰爭的記載被證明是非常準確的。例如，藉由在馬薩達（Masada）的考古發掘以及像塔西佗這樣的歷史學家證實；他被認為是一個相當可靠的歷史學家，他提到的耶穌記載被認為是極其重要的。」

---

6. Michael Martin, *The Case against Christianity* (Philadelphia: Temple University Press, 1991), 49.

「最邪惡的迷信」

山內博士剛剛提到了一世紀最重要的羅馬歷史學家塔西佗，我想討論一下塔西佗對耶穌和基督宗教的看法。「您能解釋一下他證實了什麼嗎？」我問。

山內博士點頭說：「塔西佗記錄了可能是新約之外對耶穌最重要的記載。」西元 115 年，他明確指出尼祿迫害基督徒，把他們當作替罪羔羊，用來轉移自己在西元 64 年羅馬大火中的嫌疑。

山內博士站了起來，走到書架前，掃視著書架上的書。「噢，對了，就是這本書，」他說著，抽出一本厚厚的書翻閱起來，找到正確的段落後讀給我聽。

> 尼祿將罪責推到一個因言行受他深惡痛絕的群體上，對其施以最嚴酷的刑求，這個群體民眾稱為基督徒。基督徒這個名稱的來源是基督，他在提庇留（Tiberius）統治期間已被我們的一位總督本丟·彼拉多處以極刑，此一最惡劣的迷信一度遏制，不久又在猶太這邪惡的源頭死灰復燃，甚至在羅馬爆發⋯⋯於是，起初被捕的是自認基督徒的人；再來根據他們的供詞，無數人遭到定罪，與其說他們犯了燒毀城市的罪行，不如說犯了招人怨恨之罪行。[7]

我對這段話早已耳熟能詳，我想知道山內博士會如何回應一位名叫安德森（J. N. D. Anderson）的著名學者的觀點。「安德森推測，當塔西佗說『此一最惡劣的迷信』被『一度遏制』，但後來『死灰復燃』時，形同無意識地見證早期基督徒的信仰，即耶

---

7. Tacitus, *Annals* 15.44.

穌被釘十字架後從墓中復活。你同意他的觀點嗎？」我說道。

山內博士思考了片刻。「這確實是一些學者的解釋，」他回答道，似乎在迴避我對他個人意見的請求。但隨後他又提出了一個關鍵點：「不管這段文字是否特別指這一點，它確實提供了一些非常值得注意的事實，也就是：釘十字架是任何人能遭受的最可怕殘酷的命運，而以一個被釘十字架的人為根據的信仰，能夠掀起運動，必定是有道理的。

「不然你怎麼解釋一個崇拜遭受最恥辱死亡的人的宗教，為什麼會傳播開來？當然，基督徒的答案是他復活了。而如果不相信，就必須提出一些替代理論。但在我看來，這些替代觀點都沒有說服力。」

我請他評價塔西佗關於耶穌的著作的重要性。

「這是一個心地冷漠的證人對基督宗教的成功及傳播的重要見證，他的觀察根據一個歷史人物——耶穌——在彼拉多的命令下被釘死在十字架上。」他說：「塔西佗的記載內容，使後人窺見有『無數的人』毅然堅持他們的信仰，以至於他們寧願受死也不改變信仰，這一點意義重大。」

「如同對神」吟唱

我知道另一位羅馬人，小普林尼（Pliny the Younger），也在他的著作中提到了基督宗教。「他也證實了一些重要的事情，對嗎？」我問道。

「沒錯。他是著名百科全書編撰者老普林尼（Pliny the Elder）的侄子，老普林尼在西元 79 年維蘇威火山噴發中去世。小普林尼成為比提尼亞（Bithynia，今土耳其西北部）的總督。他與他的朋友，圖拉真皇帝的許多通信一直保存至今。」

山內博士拿出一本書的影印頁，說：「在這些信件的第十卷

中,他特別提到了他逮捕的基督徒。」

> 我問他們是否是基督徒,如果他們承認,我就重複問第二遍和第三遍,並警告他們等待他們的懲罰。如果他們執迷不悟,我就下令把他們帶出去處死;因為,不管他們承認的內容為何,我深信,他們的頑固不化和固執己見,就應該受到懲罰⋯⋯。
>
> 他們宣稱,他們的罪行或錯誤充其量只是:在固定的一天的黎明前定期聚會,互相輪流吟唱詩句,以尊崇基督如同對神一樣;他們還透過宣誓證明,聚集不是為了任何犯罪目的,而是為了約束自己不偷竊、不搶劫、不通姦⋯⋯。
>
> 這讓我更認為有必要對兩個被稱為女執事的女奴嚴刑拷打、逼問真相。而我發現這不過是個墮落的邪教,窮奢極欲。[8]

「這個參考資料有多重要?」我問道。

「非常重要。它大概寫於西元 111 年,證明了基督宗教在城市和農村地區的迅速傳播涉及每個階層的人,女奴以及羅馬公民,因為他還說他將羅馬公民身分的基督徒送到羅馬受審。」

「它還談到了對耶穌如同對神的崇拜,基督徒維持高尚的道德標準,他們的信仰不易被動搖。」

大地黑暗之日

在我看來,新約聖經中最有問題的一處記載是,福音書作者聲稱耶穌掛在十字架上時,天地一片黑暗。這難道不是一種文學手法來強調釘十字架的意義性,而不是指實際的歷史事件嗎?畢

---

8. Pliny the Younger, *Letters* 10.96.

竟，如果當時大地真的被一片黑暗籠罩，難道不會有一些聖經外的資料提到這個不尋常的事件嗎？

然而，蓋瑞‧哈伯馬斯（Gary Habermas）博士曾寫到一位名叫塔盧斯（Thallus）的歷史學家，他在西元 52 年寫了一部從特洛伊戰爭以來的東地中海世界史。儘管塔盧斯的著作已經遺失，但在大約西元 221 年尤利烏斯‧阿弗里卡努斯（Julius Africanus）曾引用其中的內容——提到福音書寫的黑暗大地！[9]

「這會不會是對這個聖經說法的獨立佐證？」我問道。

山內博士解釋說：「在這段文字中，尤利烏斯‧阿弗里卡努斯說：『塔盧斯在他的歷史第三冊中，將黑暗解釋為日蝕——這對我來說是不合理的。』

「所以塔盧斯顯然是說，確實在釘十字架時有黑暗，他推測這是由日蝕引起的。阿弗里卡努斯則稱，考慮到執行十字架刑罰的時間，不可能發生日蝕。」

山內博士伸手到辦公桌前拿起一張紙，「請允許我引用學者保羅‧邁爾（Paul Maier）在他 1968 年的書《本丟‧彼拉多》（Pontius Pilate）中關於黑暗大地的一個註腳是怎麼說的。」他念道：

> 這一現象顯然在羅馬、雅典和其他地中海城市可見。根據特土良（Tertullian）的記載……這是一個「宇宙的」或「世界級事件」。卡里亞的希臘作家弗萊貢（Phlegon）在西元 137 年後不久寫的年表中報告說，在第 202 屆奧林匹克運動會的第四年（西元 33 年），發生了「最大規模的日蝕」，「在白天的第六個小時（即中午）變成了夜晚，以至於星星

---

9. Gary Habermas, *The Historical Jesus* (Joplin, MO: College Press, 1996), 196-97.

在天上出現。比提尼亞發生了一場大地震,許多建築物在尼西亞(Nicaea)被震毀。」[10]

山內博士總結說:「因此,正如保羅・邁爾指出的那樣,確實有來自聖經之外的證據證明在耶穌被釘上十字架時,黑暗籠罩大地。但顯然,有些人仍然想要找到一個解釋,所以說它是大自然形成的日蝕。」

側寫彼拉多

山內博士提到彼拉多,讓我想起一些評論家質疑福音書的準確性,因為福音書對這位羅馬領袖的描述方式與其他處不同。新約聖經中把他描繪成一個優柔寡斷、屈從於猶太暴民的壓力而處死耶穌的人,但其他歷史記載卻把他描繪成一個執而不化、不肯妥協的人。

「這是否代表聖經與世俗歷史學家的描述存在矛盾?」我問。

「不,並非如此,」山內博士回答說:「梅爾(Maier)對彼拉多的研究顯示,他的保護者或贊助人是塞揚努斯(Sejanus),而塞揚努斯於西元 31 年因密謀反對皇帝而下臺。

我百思不得其解。「這和我們討論的有什麼關係?」我問道。

「嗯,這次失勢使得彼拉多在西元 33 年的地位非常脆弱,而這很可能就是耶穌被釘十字架的時期,」教授回應道:「因此,

---

10. Paul L. Maier, *Pontius Pilate* (Wheaton, IL: Tyndale House, 1968), 366, citing a fragment from Phlegon, *Olympiades he Chronika* 13, ed. Otto Keller, *Rerum Naturalium Scriptores Graeci Minores*, 1 (Leipzig: Teurber, 1877), 101. Translation by Maier.
11. See P. Maier, "Sejanus, Pilate, and the Date of the Crucifixion," *Church History* 37 (1968), 1-11.

可以理解彼拉多當時不願得罪猶太人,也不願再給皇帝惹麻煩。這代表聖經中的描述很可能是正確的。」[11]

其他猶太人的記載

在談到主要關於羅馬對耶穌的佐證後,我想轉向另一個話題,討論除了約瑟夫之外,是否還有其他猶太人的記載可以證實耶穌的存在。我問山內博士在《塔木德》(Talmud)中是否有提到耶穌,這部重要的猶太著作於西元 500 年左右完成,包含了約於西元 200 年編撰的《米示拿》(Mishnah)。

「縱觀來說,猶太人不會詳細記述異端,」他回答:「在《塔木德》中有幾段提到耶穌,稱他是施行巫術的虛假彌賽亞,理應被判處死刑。他們還重複了耶穌是由一名羅馬士兵和馬利亞所生的謠言,暗示他的出生別有隱情。」

「所以,」我說:「這些猶太記載以負面的方式證實了一些關於耶穌的事情。」

「是的,沒錯,」他說:「威爾科克斯(M. Wilcox)教授在一篇學術文章中這樣寫道:

> 猶太傳統文獻雖然很少提及耶穌(不管在什麼情況下都必須謹慎使用),但認同福音書關於耶穌是醫治者和奇蹟創造者的說法,儘管它將這些事蹟歸因於巫術。此外,也保留了部分追憶內容,提及耶穌是一位教師,有門徒(五個)在側,至少在猶太拉比時代早期,不是所有的智者都認為他是「異端」或「騙子」。[12]

---

12. M. Wilcox, "Jesus in the Light of His Jewish Environment," *Aufstieg und Niedergang der römischen Welt* 2, no. 25.1 (1982), 133.

聖經之外的證據

雖然我們在福音書之外發現了不少關於耶穌的記載，但我想知道為什麼沒有更多的記載。雖然我知道一世紀的歷史文獻不多，但我還是問：「總的來說，我們難道不應該期待在古代文獻中有更多關於耶穌的資料嗎？」

「當人們發起宗教運動時，往往要過好幾代才會有人開始記錄其事跡，」山內博士說：「事實上，我們對耶穌的歷史記載比任何其他古代宗教創始人都要更早、更詳盡。」

這讓我大吃一驚。「真的嗎？」我說：「你能詳細說明嗎？」

「例如，儘管約於西元前 1000 年的瑣羅亞斯德（Zoroaster）的「迦塔」（Gathas）被認為是真實的，但大部分的瑣羅亞斯德經文直到西元三世紀之後才寫成。最受歡迎的帕西（Parsi）傳記寫於西元 1278 年。

「釋迦牟尼，生活於西元前六世紀，他的經文直到西元後才寫成，最早的佛陀傳記寫於西元一世紀。雖然我們有穆罕默德的箴言，他生活於西元 570 至 632 年，但他的傳記直到西元 767 年才寫成——超過他去世後一個世紀。

「所以耶穌的情況是獨一無二的——而且就我們能從新約之外追蹤到的眾多內容來說，確實非常令人印象深刻。」

我想繼續這個主題，總結我們從聖經之外的來源中所收集的耶穌資料。「假設沒有新約或其他任何基督宗教著作，」我說：「即使沒有它們，我們能從古代非基督宗教來源，如約瑟夫、塔木德、塔西佗、小普林尼等中得出什麼關於耶穌的結論？」

山內博士笑了笑說：「我們仍然會有相當多的重要歷史證據；事實上，這些證據會為耶穌的生平描繪出輪廓。」

然後他繼續說，每提出一點便豎起一根手指強調：「我們會

知道,首先,耶穌是一位猶太導師;第二,許多人相信他進行了治癒和驅魔;第三,有些人認為他是彌賽亞;第四,他受到猶太領袖排斥;第五,他在提庇留皇帝統治時期在彼拉多下令下釘上十字架;第六,儘管他死在羞辱中,他的追隨者們相信他仍然活著,基督信仰傳播到了巴勒斯坦之外,以至於到西元 64 年,羅馬已有不計其數的信徒;第七,所有來自城市和鄉村的各類人——男女、奴隸和自由人——都崇拜他為神。」

這確實是一個令人印象深刻的獨立佐證。不僅可以在聖經之外重構耶穌的生平輪廓,還可以從年代久遠的文獻中,收集到更多關於耶穌的資訊,這些文獻實際上甚至早於福音書本身。

佐證早期的細節

使徒保羅從未在耶穌死前見過他,但他說自己遇見了復活的基督,後來並與一些目擊者確認自己所傳講的資訊與他們一致。因為他在福音書寫成前數年便開始撰寫新約書信,這些書信中包含了極早期關於耶穌的報導——早到沒有人能合理地指控這些記載曾被耶穌的傳說嚴重扭曲過。

「來自埃默里大學的學者盧克・提摩太・強森(Luke Timothy Johnson)認為:保羅的書信是關於耶穌信仰傳統『古老而普遍』的『寶貴外部驗證』[13]。你同意他的觀點嗎?」我對山內博士說。

我們已經聊了好一會。山內博士站起來稍微活動一下腿,然後重新坐下來:「毫無疑問,保羅的著作是新約中最早的,」他說:「且它們確實對耶穌的生平給出了一些非常重要的參考。」

---

13. Luke Timothy Johnson, *The Real Jesus* (San Francisco: Harper San Francisco, 1996), 120.

「你能詳細說明嗎？」我問。

「好吧，他提到耶穌是大衛的後裔，是彌賽亞，他被出賣、被審判，為我們的罪被釘十字架並埋葬，第三天復活，並被許多人看見——包括耶穌的兄弟雅各，他在耶穌被釘十字架前並不相信他。

「有趣的是，保羅並未提及在福音書中極為重要的一些事情——例如，耶穌的比喻和奇蹟——但他專注於耶穌的贖罪之死和復活。對保羅來說，這些是關於耶穌最重要的事——事實上，正是這些事將保羅從一個迫害基督徒的人，轉變成為歷史上最重要的基督宗教傳教士，他願意因為信仰而經歷各種艱難和匱乏。

「保羅還證實了耶穌性格中一些重要的方面——他的謙卑、順服、對罪人的愛等等。在《腓立比書》第二章中，他呼籲基督徒要有基督的心。這是一段著名的經文，保羅很可能引用了一首早期基督宗教讚美詩，歌頌了基督的虛己，他與上帝同等，卻取了人的形象，成為奴僕，並遭受了極刑——十字架刑罰。

「因此，保羅的書信是基督神性的重要見證——他稱耶穌為『神的兒子』和『神的像』。」

我打斷他的話說：「保羅出身於一神論的猶太教，卻把耶穌當作上帝來崇拜，這一點很非同小可，是嗎？」

「是的，」他說：「這推翻了一個主流的理論，即基督的神性是後來由外邦人的信仰移植到基督宗教的。事實上並非如此。保羅即使在非常早期的時候，他也崇拜耶穌為神。」

「我不得不說，保羅的這些佐證是最重要的。而且，我們還有其他早期目擊者，如雅各和彼得的其他信件，例如，雅各就回憶了耶穌的登上寶訓（Sermon on the Mount）。」

真正從死裡復活

我們還有大量使徒教父的著作，他們是新約後最早的基督宗教作家。他們撰寫了《羅馬的革利免書信》(Epistle of Clement of Rome)、《伊格那丟書信》(Epistles of Ignatius)、《波利卡普書信》(Epistle of Polycarp)、《巴拿巴書信》(Epistle of Barnabas)等。在許多地方，這些著作證實了有關耶穌的基本事實，特別是他的教義、他的受難、他的復活和他的神性。

「您認為這些著作中哪一部最重要？」我問道。

山內博士為這個問題陷入思考。雖然他沒有明確指出哪一個最重要，但他提到伊格那丟的七封書信是使徒教父著作中最重要的之一。伊格那丟是敘利亞安提阿（安提約基雅）的主教，在圖拉真統治期間，即西元 117 年前殉道。

「伊格那丟的重要性在於，他強調了耶穌的神性和人性，反對幻影說異端 (Docetic heresy)，他們否認耶穌是真正的人。他還強調基督宗教的歷史基礎；在一封信中，他在被處決的路上寫道，耶穌確實在彼拉多手下受難、確實被釘十字架、確實從死裡復活；並且，相信他的人也會復活。」[14]

把所有這些拼湊在一起——約瑟夫、羅馬歷史學家和官員、猶太著作、保羅的書信和使徒教父的著作——你會得到一個令人信服的證據，證實耶穌生平的所有基本要素。即使你丟掉福音書的每一個副本，你仍然會得到一個非常有力的耶穌形象——事實上，這是一幅獨一無二的上帝之子的畫像。

我站起來，感謝山內博士分享他的時間和專業知識。「我知道我們可以談的還有很多，因為關於這個話題已經寫了整整一本

---

14. Ignatius, *Trallians* 9.

書，」我說：「但在結束之前，我想問你最後一個問題。這是一個個人的問題，如果可以的話。」

教授站了起來說：「好的，沒問題。」

我環顧了一下他簡陋的辦公室，裡面堆滿了書籍和手稿、記錄和期刊、電腦磁盤和論文，這些都是他窮盡一生對古代世界學術研究的成果。

「你花了四十年研究古代歷史和考古學，」我說：「這對你的靈性生活有什麼影響？你的研究是增強了還是削弱了你對耶穌基督的信仰？」

他低頭看了一會兒地板，然後抬起眼睛直視我。他以堅定但真誠的聲音說：「毫無疑問——我的研究極大地增強和豐富了我的靈性生活。它們讓我更好地理解事件的文化和歷史背景。

「這不代表我不去承認還存在一些問題，在有生之年，我們不可能完全了解這些問題；但這些問題不會削弱我對福音書和新約其他部分在基本的可信度上的信心。

「我認為試圖用社會學或心理學原因解釋基督宗教傳播的替代理論非常薄弱，」他搖了搖頭說：「非常薄弱。」

然後他補充說：「對我來說，歷史證據鞏固了我對耶穌基督是神之子的信仰，祂愛我們，為我們而死，並從死裡復活。就是這麼簡單。」

讓我們得到自由的真理

當我從山內博士的辦公室裡出來，看到一群大學生正匆匆忙忙地趕往下一堂課，我回顧了這次來到俄亥俄州小小的牛津市之行是多麼令人滿足。我來這裡尋找耶穌的證據，帶著豐富大量的證據離開，這些證據證實了耶穌生平的每一個重要面向、他的奇蹟、神性和對死亡的勝利。

我知道我們的簡短對話只觸及了表面。在我的腋下夾著《歷史的判決》(The Verdict of History)，這是我為準備這次訪談而重讀的書。[15]在這本書中，歷史學家蓋瑞·哈伯馬斯（Gary Habermas）博士詳細記錄了 39 個記載耶穌生平的古代來源，當中他列舉了關於耶穌生平、教義、受難和復活的 100 多個報告事實。[16]

更重要的是，哈伯馬斯博士引用的來源中有 24 個，包含了 7 個世俗來源和幾個最早的教會信條，這些來源特別涉及耶穌的神性。哈伯馬斯博士寫道：「這些信條顯示，教會並不是在一代之後才教導耶穌的神性，因為這一教義確實出現在最早的教會中。」他的結論是：「這些信條最好的解釋是，它們正確地代表了耶穌自己的教義。」[17]

這是有史以來最有影響力的人對最重要論斷的驚人佐證。

一邊拉上外套的拉鏈，一邊向汽車走去時，我回頭看了一眼，十月的陽光照亮了我走進這所煙火人間的大學校園時，最先注意到的那座拱門，上面銘刻著：「你們必曉得真理，真理必叫你們得以自由。」

思辨時間　思考或小組討論的問題

一、在你的生活中，是否有過這樣的經歷：你懷疑過某人的說法，直到他或她提供了一些確切的佐證？這種經歷和山內博士教授提出的那種佐證有什麼相似之處？

二、你認為山內博士所說的最有說服力的佐證是什麼？為什麼？

---

15. *The Verdict of History* was later retitled: *The Historical Jesus: Ancient Evidence for the Life of Christ*, by Gary Habermas (Joplin, MO: College Press, 1996).
16. See Gary Habermas, *The Verdict of History* (Nashville: Thomas Nelson, 1988).
17. 同上，第 169 頁。

三、古代資料顯示，早期基督徒堅持自己的信仰，而不是在酷刑面前放棄這些信仰。你認為他們為什麼會有如此堅定的信念？

其他證據 ◆ 更多相關資源

Bruce, F. F. *Jesus and Christian Origins Outside the New Testament*. Grand Rapids: Eerdmans, 1974.

France, R. T. *The Evidence for Jesus*. Vancouver, Canada: Regent College Publishing, 2006.

Habermas, Gary. *The Historical Jesus: Ancient Evidence for the Life of Christ*. Joplin, MO: College Press, 1996.

McDowell, Josh, and Bill Wilson. *He Walked Among Us*. Nashville: Thomas Nelson, 1994.

Schäfer, Peter. *Jesus in the Talmud*. Princeton, NJ: Princeton University Press, 2009.

Van Voorst, Robert E. *Jesus Outside the New Testament*. Grand Rapids: Eerdmans, 2000.

Yamauchi, Edwin M. "Jesus Outside the New Testament: What Is the Evidence?" In *Jesus Under Fire*, Michael J. Wilkins and J. P. Moreland, eds., 207-230. Grand Rapids: Zondervan, 1995.

第 5 章

科學證據

考古學證實了或推翻了耶穌的傳記？

訪談對象—約翰・麥克雷博士（Dr. John McRay）

我和傑弗瑞・麥克唐納博士（Dr. Jeffrey MacDonald）共進午餐時，有一種超現實的感覺。他就這樣悠閒地在北卡羅來納州法院的一間會議室裡吃著鮪魚三明治和洋芋片，愉快樂觀的發表著評論，整個人顯得自得其樂。在附近的一個房間裡，十幾名陪審員在聽取了麥克唐納如何殘忍殺害妻子和兩個年幼女兒的可怕證據後，正在休息。

當我們快吃完時，我忍不住問了麥克唐納那個顯而易見的問題。「你怎麼能表現得若無其事似的？」聲音裡夾雜著驚訝和憤慨。「難道你一點都不擔心那些陪審員會判你有罪嗎？」

麥克唐納隨手把吃了一半的三明治朝陪審室的方向揮了揮。「他們？」他笑道。「他們絕對不會判我有罪！」

然後，他顯然意識到這些話聽起來有多玩世不恭，趕緊補充道：「我是無辜的，你知道的。」

那是我最後一次聽到他笑。沒過幾天，這位前綠扁帽特種部隊成員和急診室醫生就被認定犯有刺殺妻子科萊特（Colette）和兩個女兒，五歲的金伯利及兩歲的克莉絲汀的罪行。他隨即被判終身監禁，並被戴上手銬押走。

麥克唐納的案件被喬・麥金尼斯（Joe McGinniss）寫成了劇情精彩的暢銷書和電視影集《致命幻象》（Fatal Vision），他自信

滿滿地認為,自己的不在場證明能逃過謀殺罪責。

他告訴調查員,當時他正在沙發上睡覺,突然被嗑藥的嬉皮士驚醒。他說自己與他們搏鬥,過程中被刺傷並失去意識。當他醒來時,家人已慘遭殺害。

警探一開始就對此抱持懷疑態度。客廳裡幾乎沒有生死搏鬥的痕跡,麥克唐納的傷口很淺。雖然他視力很差,卻能在沒有戴眼鏡的情況下,詳細記住並描述出襲擊者的特徵。

然而,僅憑懷疑並不能定罪;這需要確切的證據。在麥克唐納的案件中,警探們依靠科學證據揭開他編織的謊言,判定他犯有謀殺罪。

審判中常用的科學證據種類繁多,從 DNA 分型到法醫人類學再到毒理學,不一而足。在麥克唐納的案件中,是血清學(血液證據)和痕跡證據將他送進了監獄。

一個非同尋常的巧合是,麥克唐納家的每個成員都有不同血型。藉由分析發現血跡的地方,調查人員得以重建那個致命夜晚的過程順序,而這直接與麥克唐納的說法相互矛盾。

散落在不同位置的細小藍色睡衣纖維,在經過科學研究後也推翻了他的不在場證明。顯微鏡分析顯示,他睡衣上的洞不可能像他說的那樣,由入侵者揮舞冰錐造成。簡而言之,麥克唐納被定罪的真正幕後黑手是身穿白色外衣的聯邦調查局技術人員。[1]

對於新約中關於耶穌的記載是否準確的問題,科學證據也能做出重要貢獻。雖然血清學和毒理學無法釐清這個問題,但另一類科學證據——考古學——對福音書的可靠性有很大的影響。

考古學有時也被打趣地稱為耐久垃圾研究學,它涉及發掘文

---

1. 完整故事可見 Joe McGinniss, *Fatal Vision* (New York: New American Library, 1989)。關於科學證據的描述可見 Colin Evans, *The Casebook of Forensic Detection* (New York: John Wiley & Sons, 1996), 277-80。

物、建築、藝術品、錢幣、紀念碑、文獻和其他古代文化遺存。專家們研究這些遺跡來了解耶穌行走在古巴勒斯坦塵土飛揚的道路上的生活情景。

鑑於來自一世紀的數百項考古發現出土，我很好奇：這些發現是否削弱或支持了關於耶穌的目擊者記載？與此同時，我的好奇心也受到了懷疑主義的影響，畢竟我聽過太多基督徒誇誇其談，說考古學能證明的東西比它真正能證明的多，但實際上言過其實。我對這類同樣的論調不感興趣。

於是，我開始尋找一位親自挖掘過中東遺址、對古代發現有百科全書般知識，並擁有足夠科學謹慎態度的公認權威，既能承認考古學的侷限性，又能解釋考古學如何照亮一世紀的生活。

第四份訪談
約翰・麥克雷 哲學博士

當學者和學生們研究考古學時，許多人都會翻閱約翰・麥克雷博士長達 432 頁的教科書《考古學與新約》(Archaeology and the New Testament)。當藝術與娛樂電視網希望確保旗下節目《聖經之謎》(Mysteries of the Bible) 的準確性時，他們也找來了麥克雷博士。當《國家地理雜誌》需要一位科學家來解釋錯綜複雜的聖經世界時，麥克雷博士位於芝加哥郊區備受尊敬的惠頓學院 (Wheaton College) 裡的辦公室電話，就會沒有意外地再次響起。

麥克雷博士曾就讀希伯來大學 (Hebrew University)、耶路撒冷法蘭西聖經和考古學學院 (Ecole Biblique et Archeologique Francaise in Jerusalem)、范德堡大學神學院 (Vanderbilt University Divinity School) 和芝加哥大學（1967 年在此獲得博士學位）。他在惠頓大學擔任新約和考古學教授超過 15 年。他的文章出現在 17 部百科全書和字典中，他的研究發表於《近東考古學會會

刊》（*Bulletin of the Near East Archaeology Society*）等學術期刊上，並在專業協會上提交了 29 篇學術論文。

麥克雷博士還曾是耶路撒冷奧爾布賴特考古研究所（W. F. Albright Institute of Archaeological Research）的前研究助理和理事；美國東方研究學院（American Schools of Oriental Research）的前理事；近東考古學會（Near East Archaeological Society）的理事；以及《聖經世界考古學》（*Archaeology in the Biblical World*）和《聖經研究會會刊》（*Bulletin for Biblical Research*）的編輯委員會成員，該會刊由聖經研究學會出版。

儘管麥克雷博士喜歡撰寫和教授古代世界的知識，他也喜愛親自探索考古挖掘的機會。在八年的時間裡，他在以色列的凱撒利亞（Caesarea）、塞弗里斯（Sepphoris）和希律堡（Herodium）監督挖掘隊。他還研究了英格蘭和威爾士的羅馬考古遺址，分析了希臘的挖掘，並親身溯行了使徒保羅的大部分旅程。

現年 66 歲的麥克雷博士，頭髮已現斑白，眼鏡也逐年增厚，但他仍然散發著冒險的氣息。在他辦公室的書桌上──事實上在他家中的床頭──掛著一幅精細的耶路撒冷橫向照片。「我活在它的陰影下，」他指著特定的挖掘地點和重要發現的位置時，語氣中帶著一絲嚮往。

他的辦公室裡擺放著鄉間別墅前廊上那種舒適的沙發。我坐在沙發上，而麥克雷博士穿著隨意的開領襯衫和一件看起來很舒適的運動夾克，靠在他的辦公桌椅上。

為了測試他是否會誇大考古學的影響力，我決定訪談一開始就問他，考古學在證實新約聖經的可靠性方面，力有不及之處。畢竟，正如麥克雷博士在他的教科書中指出的，即使考古學能證實麥地那（Medina）和麥加（Mecca）在六、七世紀的西阿拉伯存在，也不能證明穆罕默德曾住在那裡或《古蘭經》是真實的。

「考古學做出了一些重要貢獻，」他帶著他在奧克拉荷馬州東南部成長時養成的慢語調開始說道，「但考古學當然無法證明新約是上帝的話。如果我們在以色列挖掘，發現與聖經所述地點一致的古代遺址，那顯示它的歷史和地理是準確的。然而，這並不能證實耶穌基督所說的話是正確的。屬靈的真理不能藉由考古發現來證明或否認。」

他講述了海因裡希・施裡曼（Heinrich Schliemann）的故事來做為例子，為了證明荷馬史詩《伊利亞特》的歷史準確性，施裡曼動身尋找特洛伊城。「而他確實找到了特洛伊，」麥克雷博士溫和地笑著說，「但這並不能證明《伊利亞特》是真實的。它只證明了在特定地理參考上的準確性。」

在我們設定了考古學無法確立的界限後，我急於開始探索它能告訴我們新約的什麼。我決定從身為一名具有法律背景的調查記者的經驗出發，提出自己的看法，正式開啟這個話題。

挖掘真相

想要確定證人的證詞是否屬實時，記者和律師會測試其證詞中所有可以測試的元素。如果調查發現該證人在這些細節上出錯，就會在整份證詞的真實性上形成相當大的懷疑空間。但如果這些細枝末節都查證屬實，這就代表——雖然不是確切的佐證，但至少有一些證據顯示證人的整體陳述，可能具有一定的可信度。

例如，如果一個人描述了他從聖路易斯到芝加哥的旅行，提到他在伊利諾伊州春田市停留看了《鐵達尼號》（*Titanic*）電影，並在賣場買了一大塊克拉克巧克力棒吃掉，調查人員可以確認春田市是否有這樣的劇院，是否在他說的時間放映這部電影，是否出售這種特定品牌和大小的巧克力棒。如果他們的發現與這人的

描述互相矛盾，這會嚴重損害他的可信度。如果細節檢查無誤，仍不能證明他整個敘述是真實的，但確實提高了他在真實準確敘述上的評價。

從某種意義上說，這就是考古學的目的。前提是，如果古代歷史學家的偶然細節一次又一次地被證實是準確的，這就增加了我們對其所寫的、其他無法輕易交叉檢證的資訊的信心。

所以我請麥克雷博士提供他的專業意見。「當考古學檢查這些敘述中的細節時，它是確認還是削弱了新約聖經？」

麥克雷博士很快回答道。「哦，毫無疑問地，新約聖經的可信度得到了提高，」他說：「就像其他任何古代文獻一樣，當你發掘並發現作者在談論某個地方或事件時是準確的，那麼它的可信度都會提高。」

舉個例子，他提到自己在以色列海岸的凱撒利亞的挖掘工作，他和其他人挖掘了大希律王的港口。

「很長一段時間，人們質疑一世紀歷史學家約瑟夫所說的這個港口與雅典的主要港口比雷埃夫斯（Piraeus）一樣大。人們認為約瑟夫錯了，因為當你看到現今那港口處浮出水面上的石頭時，它的體積並不大。

「但當開始進行水下挖掘，我們發現港口的範圍向水下延伸得很遠，多年來它已經向下坍塌，其總尺寸確實與比雷埃夫斯港相當。所以，結果證明約瑟夫是對的。這是另一個證據，證明約瑟夫所說的確有根據。」

那新約的作者們呢？他們真的知道自己在說什麼嗎？我想在下一個問題中檢驗一下這個問題。

路加身為歷史學家的準確性

醫生兼歷史學家的路加撰寫了以他的名字命名的福音書和使

徒行傳，這兩部書加起來約占整個新約聖經的四分之一。因此，關鍵問題在於，路加是否是一個可以信賴的歷史學家，他能否把事情寫對。我問：「考古學家檢查他所寫的細節時，發現他是小心謹慎還是馬虎草率的呢？」

「自由派和保守派學者的普遍共識是，以一個歷史學家而言，路加記載非常準確，」麥克雷博士回答：「他博學多才，文筆優美，他的希臘語接近古典文學水準，他的寫作顯示出他是一個受過教育的人；而考古結果一次又一次地顯示，路加所記載的內容是準確的。

他補充說，事實上，有幾個例子與海港的故事類似，學者們最初認為，路加在某個參考資料上是錯的，但後來的發現證實，他所寫的是正確的。

例如，在《路加福音》3:1 中，他提到在約西元 27 年時，呂撒聶（呂撒尼雅）是亞比利尼（阿彼肋乃）的分封王。多年間學者們以此為證據，指出路加不懂他在說什麼，因為大家都知道呂撒聶不是分封王，而是在半個世紀前的查爾西斯（Chalcis）統治者。如果路加連這個基本事實都搞錯了，那他所寫的任何東西都不可信。

這時考古學介入了。「後來發現了一個來自提庇留時代的銘文，從西元 14 年至 37 年，其中提到呂撒聶是大馬士革附近亞比拉（Abila）的分封王，就像路加所寫的一樣，」麥克雷博士解釋道。「結果證明，有兩位名叫呂撒聶的政府官員！再次證明路加完全正確。」

另一個例子是路加在《使徒行傳》17:6中出現了「politarchs」這個詞，在新國際版聖經中被翻譯為「地方官」，位於帖撒羅尼迦（得撒洛尼）城。「很長一段時間，人們認為路加錯了，因為在任何古羅馬文件中，都沒有找到『politarchs』這個詞的證據，」

麥克雷博士說。

「然而，後來在一座一世紀的拱門上發現了一段銘文，開頭便寫道：『在 politarchs 時代……』你可以去大英博物館親眼看看。接著，考古學家又發現了 35 處提到『politarchs』的碑文，其中有幾處正是在帖撒羅尼迦，與路加所說的時期相同。批評者再一次錯了，而路加被證明是對的。」

我心中冒出一個異議。「是的，但在他的福音書中，路加說耶穌在治癒盲人巴底買（巴爾提買）時正在走進耶利哥（耶里哥），而馬可說他是走出耶利哥。[2]這難道不是一個明顯的矛盾之處，足以讓人對新約聖經的可靠性產生質疑嗎？」

麥克雷博士並沒有被我直截了當的問題刺傷。「一點也不，」他回答道：「你之所以看它是矛盾，那是因為你從現代的角度來思考這個問題，現今我們的城市是固定不動的建築群；但在很久以前，所謂的城市未必如此。

「耶利哥在古代至少有四個不同的位置，相距多達四分之一英里。城市被摧毀後，可能會在另一個水源或新的道路或靠近山脈的地方重新定居。重點是，你從耶利哥的某個區域出來，但也等於同時進入耶利哥的另一個區域，就像從芝加哥郊區某處移動到芝加哥郊區的另一處。」

「你的意思是，路加和馬可都可能是對的？」我問道。

「沒錯，耶穌可能同時走出耶利哥的一個區域，又進入了另一個區域。」

考古學再次回答了對路加的另一個挑戰。鑑於新約聖經中很大一部分是由他所撰寫，路加被確立為一個在最小細節上都非常精確的歷史學家，這是非常重要的。一位著名的考古學家仔細檢

---

2. 路加福音 18:35，馬可福音 10:46。

查了路加提到的 32 個國家、54 個城市和 9 個島嶼,沒有發現一個錯誤。[3]

重點來了:一本有關這個主題的書寫道,「如果路加在他的歷史報導中力求精確到這種程度,那麼我們基於什麼邏輯基礎能夠假設他在記載對他和其他人都如此重要的事情時,會輕信傳言或不顧準確與否呢?」[4]

例如,耶穌的復活是最有影響力的神性證據,路加說這是透過「許多的憑據」(使徒行傳 1:3)牢牢確立的。

約翰福音和馬可福音的可靠性

考古學可能肯定了路加的可信度,但他並不是《新約全書》的唯一作者。我想知道科學家們會如何評價約翰,他的福音書有時被認為是可疑的,因為他談到的一些地點無法核實。一些學者指責,認為既然約翰沒有弄清楚這些基本細節,那麼他一定沒有那麼靠近耶穌生前的重要事件。

然而,這一結論近年來被顛覆了。「有幾個發現顯示,約翰非常準確,」麥克雷博士指出:「例如,《約翰福音》5:1-15 記載了耶穌在畢士大(貝特匝達)池治癒一個病人的事。約翰詳細描述了這個池子有五個柱廊。很長時間以來,人們都認為這是約翰不準確的一個例子,因為沒有找到這樣的地方。

「但最近,畢士大池被挖出來了——它在地下大約 40 英尺處——果然,它有五個柱廊,也就是有柱子的走廊或走道,完全如約翰所描述的。還有其他眾多發現——《約翰福音》9:7 的

---

3. Norman Geisler and Thomas Howe, *When Critics Ask* (Wheaton, IL: Victor, 1992), 385.
4. John Ankerberg and John Weldon, *Ready with an Answer* (Eugene, OR: Harvest House, 1997), 272.

西羅亞（史羅亞）池、《約翰福音》4:12 的雅各井、《約翰福音》19:13 中耶穌在彼拉多面前出現的石鋪地的可能位置，甚至彼拉多本人的身分——所有這些都為約翰的《約翰福音》提供了歷史角度上的可信度。」

「所以這等於駁斥了《約翰福音》寫於耶穌之後很久，不可能準確的指控。」我說。

「毫無疑問地，」他回答道。

事實上，麥克雷博士重申了布魯斯・梅茨格博士告訴我的事，考古學家發現了一片《約翰福音》第 18 章的手稿碎片，專業前沿的古文學家把手稿日期追溯至約西元 125 年。既然證明這麼早就有《約翰福音》的副本存在，並遠在埃及；這相當於考古學有效地推翻了《約翰福音》是二世紀晚期寫成，這段時間距離耶穌的生活太久，所以不可靠的種種猜測。

普遍認為《馬可福音》是最早記載耶穌生平的作品，但也有其他學者對《馬可福音》進行了攻擊。無神論者邁克爾・馬丁指責馬可對巴勒斯坦的地理環境一無所知，認為這證明他不可能在耶穌時代生活在該地區。具體來說，他引用了《馬可福音》7:31：「耶穌又離開了推羅地區，經過西頓，就從低加坡里境內來到加利利海。」

「這指出，」馬丁說，「根據這些方向，耶穌將會直接離開加利利海。」[5]

當我向麥克雷博士提出馬丁的批評時，他皺了皺眉頭，然後開始忙活起來，從書架上取下希臘語版本的《馬可福音》，抓起一些參考書，展開古代巴勒斯坦的大地圖。

---

5. Michael Martin, *The Case against Christianity* (Philadelphia: Temple University Press, 1991), 69, emphasis added.

「這些批評者似乎認為耶穌像現代人一樣開車在高速公路上四處奔馳，但顯然他不是這樣，」他說。

閱讀原文，考慮到該地區的山地地形和可能的道路，以及「低加波利（十城區）」這一名稱在不同時期對十個城市聯盟的不同指稱，麥克雷博士在地圖上勾勒出一條與馬可描述完全吻合的合理路線。

他總結說：「如果把一切都放到適當的背景中看，馬可的敘述就不會有問題。」

考古學的洞察力再次幫助解釋了新約聖經中乍看之下棘手的問題。我向麥克雷博士提出了一個廣泛的問題：他是否曾遇到過任何考古發現明確與新約記載互相矛盾？

他搖了搖頭。「考古學至今並沒有發現任何明確與聖經相互矛盾之處，」他自信地回答道：「反之，正如我們所見，許多懷疑論者的觀點在多年來被當作『事實』來看待，但考古學已經證明這些觀點是錯誤的。」

然而，我還有一些問題需要解答。我拿出筆記，準備向麥克雷博士提出三個我認為考古學可能難以解釋的長期謎題。

謎題 1：人口普查

在關於耶穌誕生的敘述中，提到馬利亞和約瑟因為人口普查需要返回約瑟的故鄉伯利恆（白冷）。「我直接一點說，這看起來很荒謬，」我說：「政府怎麼可能強迫所有公民返回他們的出生地？是否有任何考古證據顯示這種人口普查曾經發生過？」

麥克雷博士冷靜地拿出一本書。「事實上，發現的古代人口普查用表格，對我們理解這項措施有相當大的幫助。」他一邊翻書一邊說。找到要引用的內容後，他念了一段西元 104 年的官方政府命令：

埃及總督該尤斯・維比烏斯・馬克西姆斯（Gaius Vibius Maximus）說：由於已經到了戶口普查的時候，有必要強迫所有因任何原因居住在外省的人返回他們的家鄉，以便他們既能完成正常的普查順序，又能認真耕作他們分配的土地。[6]

「如你所見，」他闔起手上的書。「這份文件確認了這種做法，儘管這種計算人口的方式對你來說看起來可能很奇怪。而另一份西元48年的紙莎草文件顯示，整個家庭都參與了普查。」

此外，有學者指出，為了避免激怒民眾，羅馬人有時會根據當地習俗進行人口普查。在猶太文化，這表示馬利亞和約瑟必須在他們的祖籍地進行登記。[7]

不過，這並沒有完全解決這個問題。路加說，促使約瑟和馬利亞前往伯利恆的普查是在居里扭（季黎諾）治理敘利亞期間進行的，並且是在大希律王統治期間。

「這裡形成了一個重大問題，」我指出：「因為希律王在西元前4年去世，而居里扭直到西元6年才開始治理敘利亞，並在那之後進行了普查。這中間有很大的時間差，你如何解釋這個重大的時間差異？」

麥克雷博士知道我提出的是學者們多年來一直在研究的問題。他告訴我一位考古學家的最新報告，該報告稱他在硬幣上發現了非常小的字樣，或「微縮」（micrographic）字母，這些字顯示居里扭在西元前11年至希律王去世後，在敘利亞和基利家（基里基雅）擔任統治者。這意思就是，當代有兩位不同的官

---

6. John McRay, *Archaeology and the New Testament* (Grand Rapids: Baker, 1991), 155, emphasis added.
7. See: Darrell L. Bock, *Luke 1:1-9:50: Baker Exegetical Commentary on the New Testament* (Grand Rapids: Baker, 1994), 905.

員名叫居里扭，普查是在早期的那一位居里扭在希律王統治期間進行的。

我覺得這聽起來有點匪夷所思，但為了不使對話陷入僵局，我決定把這個問題留待以後再分析。

結果，麥克雷博士提到的那位考古學家，在我們談話後不久就去世了。他從未在同行評審的期刊上發表過他的發現，也沒有人重複他的發現。最後，專家們駁回了他這份主張。

當我做了一些補充研究後，我發現已故考古學家、英國牛津大學和劍橋大學的教授威廉・拉姆齊爵士（Sir William Ramsay）認為，居里扭在兩個不同的時期擔任敘利亞的統治者，這將涵蓋較早普查的時間，拉姆齊將其時間定在大約西元前8或7年。[8]

然而，歷史記錄中並沒有提到這次早期的普查。不過，如果當時沒有引起約瑟夫或其他古代歷史學家注意的動亂，沒有被記載到也不足為奇。

也有人質疑羅馬人是否可能對尚未完全納入羅馬帝國的敘利亞下令進行人口普查的想法。但是，羅馬在附庸國下令進行人口普查是有前例的。[9]

在劍橋大學獲得博士學位的哈羅德・W・霍納（Harold W. Hoehner）指出，希律王在西元前8或7年左右病重，並與羅馬皇帝奧古斯都發生衝突。「在這種不穩定和健康狀況不佳的情況下，奧古斯都進行人口普查以評估希律王去世前的情況是非常合適的。」他說。「因此，在希律王統治的最後一年或兩年進行人

---

8. William Mitchell Ramsay, *The Bearing of Recent Discovery on the Trustworthiness of the New Testament* (London: Forgotten Books, 2012, reprint of 1909 edition), 277.
9. 例如：見 Harold W. Hoehner, *Chronological Aspects of the Life of Christ* (Grand Rapids: Zondervan, 1977), 16.

口普查是合理的,事實上是非常可能的。」[10]

新約教授達雷爾‧L‧博克(Darrell L. Bock)說:「在希律王時期進行一次普查,要求約瑟和馬利亞進行一次旅行,根據我們對羅馬實踐的了解,這是可能的。沒有其他來源提到這次普查並不是一個重大問題,因為許多古代來源提到的事件並未在其他地方得到證實,而且路加在處理可以核對的事實方面被發現是可信的。由於這次普查的細節符合羅馬的稅收政策,因此沒有必要質疑它可能發生在希律王時期。」[11]

但路加關於居里扭的說法呢?一些學者指出,路加的文本可以翻譯為「這次普查發生在居里扭統治敘利亞之前」,這將解決問題。[12]霍納說:「這替這段經文提供了一個很好的理解。」[13]儘管有些學者不同意這個譯法。

還有其他可能性被討論過。「對居里扭問題的解決方案多種多樣,」博克說:「沒有哪個候選方案足夠優越到可以被視為唯一的解決方案。當時面對的是多種解決方案,任何一種都可能是正確的。」[14]

但另有一個事實特別讓我信服:路加指的不可能是西元 6 年的人口普查,因為這樣會與他自己的記述相矛盾。

---

10. Harold W. Hoehner, *Chronological Aspects of the Life of Christ* (Grand Rapids: Zondervan, 1977), 22, 23.
11. Darrell L. Bock, *Luke 1:1-9:50: Baker Exegetical Commentary on the New Testament* (Grand Rapids: Baker Academic, 1994), 906.
12. Norman Geisler and Thomas Howe, *When Critics Ask* (Wheaton, IL: Victor, 1992), 386.
13. Harold W. Hoehner, *Chronological Aspects of the Life of Christ*, 22. See also: A. J. B. Higgins, "Sidelights on Christian Beginnings in the Greco-Roman World," *The Evangelical Quarterly* 41 (October, 1969), 200-201.
14. Darrell L. Bock, *Luke 1:1–9:50: Baker Exegetical Commentary on the New Testament*, 909.

怎麼說呢？霍納指出，路加清楚地知道西元 6 年的人口普查，他在《使徒行傳》5:37 中提到了這一點。[15]但路加也知道耶穌不可能那麼晚出生，因為他和馬太一致認為，耶穌是在大希律王統治時期出生的（見《路加福音》1:5 和《馬太福音》2:1）。此外，路加說耶穌在開始傳道時大約 30 歲（《路加福音》3:23）。這應該是在施洗約翰開始傳道後不久，而路加將其時間定在大約西元 27 至 29 年（見《路加福音》3:1-2）。[16]

這個推論很明確：如果人口普查是在西元 6 年進行的，那麼耶穌開始傳道時年僅 21 至 23 歲。但路加知道耶穌比這個年齡大。因此，霍納說，路加在寫耶穌的出生時，不可能指的是西元 6 年的那次人口普查。他說：「當然，路加在他的作品中對時間年代是非常有意識的。」[17]

我覺得這很有道理。路加是一位精明的歷史學家，他不會犯這種自相矛盾的根本性錯誤。一定有一次早期的人口普查促使約瑟和馬利亞前往伯利恆——這次人口普查應該發生在希律王統治期間，正如路加所記載的。

在評估了各種情況後，博克得出結論：「顯然，將《路加福音》中的人口普查記述歸類為錯誤歷史是過早且不正確的。」[18]

謎題 2：拿撒勒的存在

許多基督徒不知道，懷疑論者長期以來一直堅信新約中所說的耶穌在拿撒勒度過童年是虛構的，因為拿撒勒從未存在過。

---

15. 約瑟夫在《猶太古史》(*Antiquities of the Jews*) 中也有提到西元 6 年的普查。
16. Harold W. Hoehner, *Chronological Aspects of the Life of Christ*, 19.
17. Harold W. Hoehner, *Chronological Aspects of the Life of Christ*, 19.
18. Darrell L. Bock, *Luke 1:1-9:50: Baker Exegetical Commentary on the New Testament*, 909。有關普查相關問題的深入討論，見第 903-909 頁，以及 Harold W. Hoehner, *Chronological Aspects of the Life of Christ*, 11-23.

無神論者弗蘭克‧辛德勒（Frank Zindler）在一篇名為〈耶穌從未行走過的地方〉（Where Jesus Never Walked）的文章中指出，舊約、使徒保羅、塔木德經（雖然引用了其他 63 個加利利城鎮）或約瑟夫（他列舉了加利利的其他 45 個村莊和城市，包括距今天的拿撒勒僅一英里多的雅法），但以上出處全都沒有提到拿撒勒。在西元四世紀初之前，沒有古代歷史學家或地理學家提到過拿撒勒。[19] 這個名字首次出現在猶太文學作品，是在一首寫於西元七世紀的詩中。[20]

這種缺乏證據的情況無法不令人生疑。因此，我直接向麥克雷博士提出了這個問題：「有任何考古證據證明拿撒勒在第一世紀存在過嗎？」

這個問題對麥克雷博士來說並不新鮮。「南佛羅里達大學的詹姆斯‧斯特蘭奇博士（Dr. James Strange）是這個領域的專家，他描述拿撒勒是一個非常小的地方，約六十英畝，在第一世紀初期最多有大約 480 名居民。」[21]

1962 年，考古學家報告發現了一份用亞拉姆語寫的清單，描述了耶路撒冷聖殿在西元 70 年被毀後重新被安置的 24 個祭司「班次」或家族。其中一個班次安置在拿撒勒，這顯示這個村莊當時必定存在。然而，其他考古學家後來對這一發現提出質疑。

麥克雷博士還提到，在拿撒勒附近的考古挖掘中發現了第一世紀的墳墓。兩座墳墓中發現的物品如陶燈、玻璃器皿和一到四

---

19. Frank Zindler, "Where Jesus Never Walked," *American Atheist* (Winter 1996-1997), 34.
20. Frank Zindler, "Where Jesus Never Walked," *American Atheist* (Winter 1996–1997), 34.
21. See: Eric M. Meyers and James F. Strange, *Archaeology, the Rabbis, and Early Christianity* (Nashville: Abington, 1981) and article on "Nazareth" in *The Anchor Bible Dictionary* (New York: Doubleday, 1992).

世紀的花瓶。

麥克雷博士拿起了考古學家傑克·菲尼根（Jack Finegan）所著的一本由普林斯頓大學出版社出版的書。他翻閱了幾頁，讀出了菲尼根的分析：「從這些墳墓可以得出結論，拿撒勒在羅馬時期是一個牢固的猶太人聚居地。」[22]

麥克雷博士抬起頭看著我。「人們一直在討論一世紀一些遺址的位置，比如耶穌墳墓的確切位置；但在考古學家中，拿撒勒的位置從未真正引起過很大的懷疑。質疑其存在的人才應該負起舉證的責任。」

隨後幾年，在發現了兩座一世紀拿撒勒的房屋後，這項質疑就更難以立足了。2006 年，拿撒勒考古專案（Nazareth Archaeological Project）開始在拿撒勒修道院（Sisters of Nazareth Convent）地下進行挖掘，該地點自 1880 年以來就為人所知。該專案負責人、雷丁大學的肯·達克（Ken Dark）描述了發現的一世紀住宅遺跡。達克說：「整體來看，這些牆壁符合所謂四合院的平面圖，而四合院是古羅馬早期加利利地區定居點的典型建築形式之一。」[23]

考古學家發現了門窗、烹飪用的陶器和紡線用的紡錘。此外，還發現了石灰石器皿的碎片，猶太人認為這種器皿不會受到污染，這代表這裡曾居住過一個猶太家庭。

「這座房屋必定是西元一世紀或更早的建築，」達克總結道：「在與這座房屋相關的層裡，未發現早於或晚於早期羅馬時期的分層陶器。」[24]

---

22. Jack Finegan, *The Archaeology of the New Testament* (Princeton, NJ: Princeton University Press, 1992), 46.
23. See: Ken Dark, "Has Jesus' Nazareth House Been Found?" *Biblical Archaeology Review* 41.2 (March/April 2015).

2009年，以色列文物管理局的雅爾德娜・亞歷山大（Yardenna Alexandre）在附近的挖掘中發現了另一座結構相似的一世紀房屋。[25]

「這些證據與其他地方的羅馬外省考古學家通常所說的『小鎮』相符，」達克說：「證據顯示，耶穌的童年是在一個保守的猶太社區度過，這個社區與希臘或羅馬文化很少接觸。」

有些人想知道達克的團隊是否真的找到了耶穌成長的那個家。雖然後世的一些線索顯示拜占庭人可能認為這是耶穌度過童年的房屋，但達克總結道：「從考古學角度來說，很難確定。然而，也沒有充分的考古學理由否定這種辨識。」

無論如何，隨著時間的推移，關於拿撒勒在第一世紀存在的證據變得越來越有力。

謎題3：伯利恆的大屠殺

《馬太福音》描繪了一個血腥的場景：猶太王希律大帝感受到一個新生嬰兒的威脅，擔心這個嬰兒將來會奪取他的王位，於是派兵屠殺伯利恆所有兩歲以下的男孩。然而，約瑟受到天使的警告，帶著馬利亞和耶穌逃往埃及。希律死後，他們回到拿撒勒定居，這整個事件應驗了關於彌賽亞的三個古代預言（見《馬太福音》2:13-23）。

問題是：沒有任何獨立的證據能證實這起大屠殺曾經發生過。約瑟夫或其他歷史學家的著作中沒有任何記載。沒有考古學支持，也沒有任何相關紀錄或文獻。「這麼大規模的事件絕對會

---

24. See: Ken Dark, "Early Roman-Period Nazareth and the Sisters of Nazareth Convent," *The Antiquaries Journal* 92 (2012).
25. See: Y. Alexandre, "Mary's Well, Nazareth: The Late Hellenistic to the Ottoman Periods" *Israel Antiquities Authority Report* 49 (2012).

有馬太之外的其他人注意吧，」我堅持道：「在完全沒有歷史或考古佐證的情況下，認為這次屠殺從未發生不是合情合理嗎？」

「我明白你為什麼會這麼說，」麥克雷博士回答道：「因為今天這樣的事件可能會被 CNN 和其他新聞媒體炒得沸沸揚揚。」

我表示同意。事實上，在 1997 年和 1998 年，新聞不斷地報導穆斯林極端分子在阿爾及利亞多次發動突擊，幾乎屠殺了整個村莊，包括婦女和兒童。全世界都在關注這些事件。

「但是，」麥克雷博士補充道：「你必須回到一世紀，並記住幾件事。首先，伯利恆可能不比拿撒勒大，所以在一個有五百或六百人的村莊裡，有多少這個年紀的嬰兒呢？不會是成千上萬，也不會是數百，也就是幾個的程度。

「其次，希律大帝是一個血腥的國王：他殺了自己家族的成員，他處決了很多他認為可能挑戰他的人。所以，他在伯利恆殺死幾個嬰兒的事件，其實並不會引起羅馬世界群眾的注意。

「第三，那時沒有電視、沒有收音機、也沒有報紙。尤其是要從一個偏僻的小村莊傳出這樣的消息需要很長的時間，而歷史學家有更大的故事要寫。」

作為一名記者，這仍然讓我難以想像。「所以這只是一樁沒什麼大不了的事？」我有點難以置信地問道。

「我認為在那個時代確實如此，」他說：「一個瘋子殺死所有對他可能造成潛在威脅的人，這對希律王來說是家常便飯。當然，後來隨著基督宗教的發展，這件事變得更加重要；但如果這件事在當時引起轟動，我反而會感到很驚訝。」

或許如此，但對於一個在高度技術化、全球通信快速時代下受訓的記者來說，這種情報窒塞的程度仍然難以想像。同時，我也必須承認，從我所知的古代巴勒斯坦的血腥背景來看，麥克雷博士的解釋似乎是合理的。

這讓我有一個問題還想要了解。對我來說，這是最有趣的。

死海古卷之謎

不可否認，考古學具有一股特別的吸引力。古墓、石碑上的銘刻、紙莎草紙上的神祕銘文、碎陶片、磨損的錢幣——這些都是極為誘人的線索，吸引調查員們難以自拔地投入。但是，很少有什麼歷史遺留物能像死海古卷那樣引起人們的好奇；1947 年，在耶路撒冷以東 20 英里的洞穴中發現了數百份西元前 250 年至西元 68 年的手稿。推測它們是由一個名叫愛色尼派（Essenes）的嚴格猶太教派隱藏起來的，這個教派在羅馬人摧毀他們的定居點之前，將這些手稿藏匿起來。

關於這些古卷，有一些離奇的說法，比如約翰‧馬可‧阿萊格羅（John Marco Allegro）荒誕的理論，他在書中提出基督宗教是從一個信徒服用致幻蘑菇的生育崇拜中誕生的！[26] 紙莎草紙專家何塞‧奧卡拉漢（Jose O'Callaghan）的說法較為合理，但仍然備受質疑，他認為其中一片死海古卷是迄今為止發現的最早的《馬可福音》手稿，距耶穌被釘十字架僅 17 至 20 年。然而，學者們對他的主張依然持懷疑態度。[27]

無論如何，任何對一世紀考古學的探究都不能不涉及這些古卷。「這些古卷對耶穌有什麼直接描述嗎？」我問麥克雷博士。

「嗯，沒有，這些古卷中沒有特別提到耶穌，」他回答道。「主要是這些文獻讓我們了解猶太人的生活和習俗。」隨後，他拿出一些文件，指著一篇於 1997 年底發表的文章說，「不過，有一個非常有趣的發展涉及到一份名為 4Q521 的手稿，這可能

---

26. Wilkins and Moreland, *Jesus under Fire*, 209.
27. Wilkins and Moreland, *Jesus under Fire*, 211.

告訴我們一些關於耶穌認知自己是誰的資訊。」

這激起了我的興趣。「請告訴我這件事。」我急切地說。

麥克雷博士揭開了這個謎團。《馬太福音》描述了施洗約翰，他被囚禁並對耶穌的身分心存疑慮，於是派他的追隨者去問耶穌這個重大的問題：「那將要來的是你嗎？還是我們等候別人呢？」（馬太福音11:3）。他在尋求一個關於耶穌是否真的是長久以來所期盼的彌賽亞的明確答案。

幾個世紀以來，基督徒們一直對耶穌那頗具神祕色彩的回答感到困惑。耶穌並沒有直接說是或不是，而是回答說：「你們去，把所聽見、所看見的事告訴約翰。就是瞎子看見，瘸子行走，長大痲瘋的潔淨，聾子聽見，死人復活，窮人有福音傳給他們。」（馬太福音11:4-5）。

耶穌的回答暗指《以賽亞書》（依撒意亞）第 35 章。但耶穌出於某種原因加入了「死人復活」這一短語，而舊約文本中明顯沒有這個短語。

這就是 4Q521 的作用所在。這份來自死海古卷的非聖經手稿，以希伯來文書寫，年代可追溯到耶穌出生前三十年。它包含了《以賽亞書》第 61 章的一個版本，其中包括了這句缺失的短語「死人復活」。

「〔古卷學者克雷格〕埃文斯（Evans）指出，4Q521 中的這句話毫無疑問是包含在彌賽亞的語境中的，」麥克雷博士說：「它指的是彌賽亞來臨時將要行的奇蹟，當他來臨時，天地都將服從他。因此，當耶穌給約翰這個回答時，他根本不是在含糊其辭；約翰聽了立刻就會明白，耶穌的話是明確宣告自己就是彌賽亞。」

麥克雷博士給了我一篇文章，其中引用埃文斯的話說：「4Q521 清楚地顯示〔耶穌〕對《以賽亞書》第 35 章的引用確實是彌賽亞式的。本質上，耶穌透過他的使者告訴約翰，彌賽亞的

事正在發生。這是在回答〔約翰〕的問題：*是的，他就是要來的那一位*」。[28]

我坐回椅子上。對我來說，埃文斯的發現是對耶穌自我身分的一次不同凡響的承認。現代考古學終於揭開了耶穌在近兩千年前大膽宣稱他確實是那個神所膏立者的這句話的神祕面紗，這讓我震驚不已。

「一本極為準確的資料手冊」

考古學反覆確認新約聖經的準確性，為其可靠性提供了重要佐證。這與考古學對摩門教的破壞形成了鮮明的對比。

儘管摩門教創始人約瑟・斯密（Joseph Smith）聲稱他的《摩門經》（*Book of Mormon*）是「地球上最正確的書」，[29]但考古學反覆未能證實其關於美洲古代事件的說法。

我記得曾寫信給史密森學會（Smithsonian Institute），詢問是否有任何證據支持摩門教的說法，卻被明確告知其考古學家認為「新大陸的考古學與這本書的內容之間沒有直接關聯」。

正如作者約翰・安克伯格（John Ankerberg）和約翰・威爾登（John Weldon）在一本書的總結中寫道：「換句話說，從未找到過《摩門經》中的任何城市，從未找到過《摩門經》中的任何人物、地點、民族或名稱，從未找到過《摩門經》的任何文物，從未找到過《摩門經》的任何經文，從未找到過《摩門經》的任何銘文……沒有任何證據能夠證明《摩門經》不是神話或虛構的

---

28. Kevin D. Miller, "The War of the Scrolls," *Christianity Today* (October 6, 1997), 44, emphasis added.
29. Joseph Smith, *History of the Church*, 8 vols. (Salt Lake City: Deseret, 1978), 4:461, cited in Donald S. Tingle, *Mormonism* (Downers Grove, IL: InterVarsity Press, 1981), 17.

東西曾被發現」[30]

然而,《新約》的情況卻完全不同。麥克雷博士的結論得到了許多其他科學家的贊同,包括澳大利亞著名考古學家柯利弗德·威爾遜(Clifford Wilson),他寫道:「那些了解事實的人現在認知到,《新約》必須被認定為一個極其準確的資料來源。」[31]

在克雷格·布隆伯格博士確立了新約聖經文件的基本可靠性,布魯斯·梅茨格博士證實了它們在歷史中的準確傳遞,埃德溫·山內博士展示了古代歷史學家和其他人的廣泛佐證,現在約翰·麥克雷博士透過考古學證實了它們的可信度之後,我不得不同意威爾遜的觀點。基督的證據雖然遠未完成,但已經建立在堅實的基石之上。

與此同時,我知道有一些知名度很高的教授會反對這個評斷。你一定在《新聞週刊》上看到過他們的文章,也在晚間新聞中看到過他們接受採訪,高談闊論他們如何對耶穌徹底重新評估。在我進一步調查之前,是時候正面對抗他們的批評了;這代表著我必須先前往明尼蘇達,訪問受耶魯教育的格雷戈里·博伊德(Gregory Boyd)博士,一位精力充沛的學者。

思辨時間　思考或小組討論的問題

一、你認為使用考古學來佐證新約聖經有什麼缺點和優點?

二、如果《路加福音》和其他新約聖經作者在報導細節上被證明是準確的,這是否會增加你對他們在記錄更重要事件時同樣

---

30. John Ankerberg and John Weldon, *The Facts on the Mormon Church* (Eugene, OR: Harvest House, 1991), 30, emphasis in original.
31. Clifford Wilson, *Rocks, Relics and Biblical Reliability* (Grand Rapids: Zondervan; Richardson, TX: Probe, 1977), 120, cited in Ankerberg and Weldon, *Ready with an Answer*, 272.

謹慎的信心?為什麼會或為什麼不會?
三、為什麼你認為麥克雷博士對於人口普查、拿撒勒的存在以及伯利恆屠殺的分析普遍可信或不可信?
四、在考慮了基督證據中的目擊證人、文獻、佐證和科學證據之後,停下來評估一下你目前的結論。在零到十分的範圍內,零表示對福音書基本可靠性「完全沒有信心」,十分表示「完全信任」,你會給自己打多少分?你選擇這個分數的原因有哪些?

其他證據◆更多相關資源

Evans, Craig A. *Jesus and His World: The Archaeological Evidence*. Louisville, KY: Westminster John Knox Press, 2012.

Free, Joseph P., and Howard F. Vos. *Archaeology and Bible History*. Revised edition. Grand Rapids: Zondervan, 1992.

Hoerth, Alfred, and John McRay. *Bible Archaeology*. Grand Rapids: Baker, 2006.

Holden, Joseph M., and Norman Geisler. *The Popular Handbook of Archaeology and the Bible*. Eugene, OR: Harvest House, 2013.

Kaiser, Walter C. Jr., and Duane Garrett, eds. *NIV Archaeological Study Bible*. Grand Rapids.: Zondervan, 2006.

McRay, John. *Archaeology and the New Testament*. Grand Rapids: Baker Academic, 2008.

第6章

反證

歷史上的耶穌與信仰中的耶穌是同一人嗎?

訪談對象—格雷戈里·博伊德博士(Dr. Gregory Boyd)

這種情況經常在*電視劇*和通俗小說中出現,但在現實生活中的法律劇中卻極為罕見。因此,當一名謀殺案的目擊者拒絕指認被告為兇手,卻當庭坦白說他自己正是兇手時,整個法庭上的人都驚愕得說不出話來,我也得以《芝加哥論壇報》寫下這篇驚人的報導。

理查·莫斯(Richard Moss)被指控在芝加哥西北區的一家酒館外槍殺了一名 19 歲的年輕人。莫斯的終身好友埃德·帕塞里(Ed Passeri)被叫上證人席描述導致這次殺戮的爭鬥。帕塞里描述了鏽釘酒吧(Rusty Nail Pub)外發生的場景,然後辯護律師問他受害者發生了什麼事。

帕塞里不假思索地回答說,在受害者用剪刀刺傷他之後,「我開槍打死了他。」

法庭記錄員的下巴都掉了下來,檢察官立刻舉起手,法官隨即中止了庭審,提醒帕塞里他有憲法保護下不自證其罪的權利。然後,被告上證人席,他說是,這是對的——犯罪的是帕塞里。

「帕塞里的坦白是勇敢的行為」,辯方律師自豪地說。

但檢察官們不以為然,「這算什麼勇氣?」其中一名檢察官說。「帕塞里知道他不會被起訴,因為州政府認定的唯一證據,

指向的是理查‧莫斯！」

　　檢察官仍然堅信莫斯有罪，但他們知道必須提供有力的證詞來反駁帕塞里的說法。用法律術語來說，他們需要的是「反證」，即任何用來「解釋、反駁或推翻」證人陳述的證據。[1]

　　第二天，檢察官詢問了另外三名目擊證人，他們都說毫無疑問是莫斯幹的。果然，根據這些證據和其他證據，陪審員認定莫斯有罪。[2]

　　檢察官的做法是正確的。當證據壓倒性地明確指向被告有罪時，面對一個站在不敗地位上的既得利益者，為了幫朋友脫罪而做出的無證據證詞，他們自始至終都明智地保持懷疑態度。

耶穌研討會能被駁倒嗎？

　　反駁證據的法律概念能怎樣運用在我對耶穌的調查中呢？

　　既然聽到了本書中學者們提供的強而有力且有理有據的證據，我需要將注意力轉向一小群學者的、完全相反的觀點，他們一直都是新聞報導的熱門人物。

　　我相信你一定看過這類文章。近年來，新聞媒體充斥著來自耶穌研討會無的放矢的言論，這是一個自發性聚集的團體，成員只占了新約學者中的極少數；但他們所做出的言論，聲量之大，遠遠超出了這些學者本身的分量。

　　該研討會的宣傳高手用彩色球投票來吸引媒體關注，這個遊戲用來統計他們認為耶穌說過哪些福音書中引用的話。紅色球表

---

1. Henry Campbell Black, *Black's Law Dictionary*, 5th ed. (St. Paul: West, 1979), 1139.
2. Lee Strobel, "His 'I Shot Him' Stuns Courtroom," *Chicago Tribune* (June 20, 1975) and "Pal's Confession Fails; Defendant Ruled Guilty," *Chicago Tribune* (June 21, 1975).

示耶穌無疑說過這句話或類似的話;粉紅色球表示他可能說過;灰色球表示他沒有說過,但這些想法類似於他的;黑色球表示他根本沒有說過這些話。

最終,他們得出結論,福音書中耶穌的記載,82% 的話語耶穌沒有說過。剩下的大部分,18% 被認為有些可疑,只有 2% 的耶穌話語被他們確信為真。[3] 一向極力想引起爭議、招來注目,但又缺乏專業知識審查研討會方法的記者們,投入了大量筆墨來報導此事。

隨後,研討會出版了《第五福音》(The Five Gospels),其中包括四本傳統福音書和一本內容存疑的《多馬福音》,並將耶穌的話語用顏色標注出來,用以表現符合該組織的研究成果。翻開這本書你會發現,裡面有大量的黑色字體,但紅色字體卻少之又少。例如,研討會主張耶穌在「主禱文」(Lord's Prayer)中說過的唯一一句話是「我們的父(Our Father)」。

但我想跳過這個頭條新聞主題,挖掘故事的其餘部分。我需要知道的是:是否有可信的反駁證據能夠駁斥這些令人不安且廣為流傳的觀點?耶穌研討會的研究結果是建立在公正的學術研究基礎之上,還是像帕塞里的證詞一樣,自認用心良苦,但追根究柢後發現,只是無憑無據?

為了尋求答案,我驅車六小時來到明尼蘇達州聖保羅市,與格雷戈里‧博伊德博士進行討論。博伊德博士是一位常春藤盟校出身的神學教授,他在著作和文章中都對耶穌研討會提出過正面挑戰。

---

3. Gregory A. Boyd, *Jesus under Siege* (Wheaton, IL: Victor, 1995), 88.

第五份訪談
格雷戈里・博伊德 哲學博士

博伊德博士首次與耶穌研討會發生衝突是在 1996 年，他寫了一本名為《犬儒智者還是上帝之子？在修正主義回應時代中找回真實的耶穌》(*Cynic Sage or Son of God? Recovering the Real Jesus in an Age of Revisionist Replies*) 尖銳批評的書。這本有大量注釋的 416 頁書籍，被《今日基督教》(*Christianity Today*) 的讀者評為年度最喜愛的書籍之一。他的暢銷平裝書《被圍困的耶穌》(*Jesus under Siege*) 以更入門的角度延續了這些主題。

博伊德博士的其他書籍包括獲獎的《信心的跳躍》(*Letters from a Skeptic*)，在這本書中，他和當時還心存猶疑的父親探討涉及基督宗教的艱澀問題（最後他的父親成為一名虔誠的基督徒），以及《戰爭中的上帝：聖經與靈性衝突》(*God at War: The Bible and Spiritual Conflict*)。此外，他還合著了《耶穌傳說：對觀福音傳統歷史可靠性的案例分析》(*The Jesus Legend: A Case for the Historical Reliability of the Synoptic Jesus Tradition*)。他還是《探索聖經》(*The Quest Study Bible*) 的貢獻學者，該書專為對基督宗教信仰有智識性問題的人設計。[4]

博伊德博士獲得明尼蘇達大學哲學學士學位後，又以優異成績獲得耶魯大學神學院神學碩士學位和普林斯頓神學院博士學位。

然而，他並不是一個典型的象牙塔學霸。博伊德博士留著波浪狀的黑髮，身材瘦長，笑容詼諧，看起來像學術版的喜劇演員

---

4. 博伊德博士後來因為倡導「開放神論」(open theism) 而聞名；該理論認為，儘管上帝是全知的，但他不知道我們將自由決定的未來。我並不接納這種神學。

豪伊・曼德爾。而且像曼德爾一樣，他充滿了動力。

他口若懸河，滔滔不絕。他以令人眼花繚亂的速度闡述著複雜的思想和神學概念。他靜不下來，時而用手比劃著，在椅子上不停變換姿勢。他沒有時間把襯衫紮進皮帶裡，沒有時間把散落在辦公室裡的文件歸檔，也沒有時間把堆放在地板上雜亂無章的書籍放回書架。他忙於思考、辯論、質疑、琢磨、夢想、沉思、發明，忙於處理一個又一個的專案。

事實上，他的職業生涯不侷限於此。除了在貝塞爾大學（Bethel University）擔任神學兼職教授外，他還是伍德蘭山教會（Woodland Hills Church）的牧師，在他熱情的講道下，該教會的出席人數從 1992 年的 42 人增長到今天的 2,500 人。這種真實世界的環境有助於將他拉進現實的日常生活中。

為了樂趣，他與無神論者辯論。他曾與已故的戈登・斯坦（Gordon Stein）就「上帝存在嗎？」這一話題進行過激烈的討論。他和從牧師轉變為懷疑論者的丹・巴克（Dan Barker）就「耶穌復活了嗎？」展開辯論。而在明尼蘇達伊斯蘭中心（Islamic Center of Minnesota）贊助的節目，他與一位穆斯林辯論「上帝是三位一體嗎？」。博伊德博士頭腦靈活、機智敏捷、善於換位思考、深厚的聖經和哲學知識儲備，使他成了一個強大的對手。

更重要的是，他能夠將流行文化與嚴肅的學術研究完美融合；從足球（football）到腳注（footnotes）都瞭若指掌。他可以從對一部新電影的隨意評論開始聊天，最後以對深奧哲學難題的高遠引用結束。他閱讀當代漫畫或觀看時下流行的情境肥皂劇，就跟撰寫他那本令人印象深刻的《三位一體與過程：對哈特索恩雙極有神論的批判性評估和重構》（*Trinity and Process: A Critical Evaluation and Reconstruction of Hartshorne's Di-Polar Theism towards a Trinitarian Metaphysics*）一樣得心應手。

他隨意而口語化的風格（還有哪位聖經學者會使用像「funky」和「wacko」這樣的詞語？），很快就讓我有賓至如歸的感覺，我們擠進了他二樓的辦公室。很快就會明白，博伊德博士已經蓄勢待發。

來自激進邊緣者的著作

我決定從一般新聞用戶的角度出發。「人們拿起雜誌或報紙，讀到耶穌研討會的結論，就會認為這代表了新約學術研究的主流觀點。」我說：「但事實真的如此嗎？」

「不，」他說，臉皺成一團好像剛咬到了什麼酸東西。「不，不，不是這樣的。但你說得對，人們會有這種印象。」

他在椅子上搖晃著，直至找到舒服的位置，然後開始講故事。「當《時代》雜誌首次刊登關於耶穌研討會的主要文章時，我碰巧正在和一個與我建立互動的人討論基督宗教。他生性十分多疑，還相當著迷於新時代（New Age）思想。

「我們有一個共同的朋友住院，當我去探望他時，這個人已經在那裡讀《時代》雜誌。當我走進房間時，他對我說，『好吧，格雷戈里，看來學者們不同意你的看法，』然後把雜誌扔給了我！」

博伊德博士搖了搖頭，既悲傷又不敢相信。「你看，那篇文章讓他有理由不再認真對待我。儘管他知道我是學者，但他把那篇文章解釋為大多數學者——至少不是那些古裡古怪的基本教義派的學者——都持有這些觀點。」

我對博伊德博士的故事感同身受，因為我聽過太多的人以為，耶穌研討會等同於所有的聖經研究學者。「你認為這種印象是偶然形成的嗎？」我問道。

「耶穌研討會當然是這樣描述自己的，」博伊德博士回答說：

「事實上，這是它最令人光火的一面，不僅對福音派，對其他學者也是如此。

「如果你看他們的《第五福音》，他們提出了『學術智慧的七根支柱』（seven pillars of scholarly wisdom）概念，好像你必須遵循他們的方法才能成為真正的學者。但很多學者，包括來自不同背景的學者，都會對其中一根甚至大部分支柱抱持嚴重的保留態度。耶穌研討會稱其翻譯的聖經為『學者版本』（The Scholars Version）──這是想說什麼？其他版本就不是學者版本？」

他停頓了片刻，然後切入問題的核心。他說：「情況是這樣的。耶穌研討會只代表了極少數心態激進的邊緣學者，他們是新約思想的極極極左翼。這不代表主流學術觀點。

「諷刺的是，他們有自己的一套基本教義。他們說他們有自己正確做事的方法，僅此而已。」他笑著補充道，「打著多樣性的旗號，但實際上他們可以非常狹隘。」

發現「真正的」耶穌

「至少，」我說：「耶穌研討會的學員們對他們的目標非常坦誠，是不是？」

「是的，沒錯。他們明確表示，他們要從基本教義派的思想中解放聖經，讓美國人不再『天真地』相信聖經中的耶穌才是『真正的』耶穌。他們說他們想要一個適合當今時代的耶穌。其中一個人說，傳統的耶穌並不能解決生態危機、核危機、女權危機，所以我們需要一個新的耶穌形象。另一個人說，我們需要『一個新的虛構形象（a new fiction）』。

「其中一個轉折點是，他們的訴求很直接地朝向大眾，而不是其他學者。他們想把他們的發現帶出象牙塔，進入市場，影響公眾輿論。他們構思的是一種全新的基督宗教形式。」

新耶穌、新信仰、新基督宗教的想法很吸引人。「那麼告訴我，耶穌研討會的參與者們所發現的這個耶穌，」我說：「他是怎麼樣的？」

「基本上，他們發現了他們設法找到的東西。有些人認為他是政治革命家，有些人認為他是宗教狂熱分子，有些人認為他是奇蹟工作者，有些人認為他是女權主義者，有些人認為他是平等主義者，有些人認為他是顛覆者──有很多不同的觀點。」他說。

然後他把注意力集中到關鍵問題。「但有一個形象是他們都同意的：首先，耶穌必須是一個自然主義的（naturalistic）耶穌。

「換句話說，無論其他人怎麼說，耶穌和你我一樣是個人。也許他是一個非凡的人，也許他挖掘了我們內在潛能、無人能及；但他不是超自然的。

「所以他們說，耶穌和他的早期追隨者不認為他是上帝或彌賽亞，他們不認為他的死亡有任何特別的意義。他被釘死在十字架上是不幸也不合道理的，關於他復活的故事是後來才出現，單純只是追隨者為了對應這個悲慘的現實發展所編造的。」

讓證據得到公平的對待

我站起來，走到他的書架邊，思考下一個問題。「好吧，但你個人相信耶穌復活，也許是你的信仰使你的觀點過於偏頗，」我說：「耶穌研討會把自己描繪成一個不帶偏見、尋求真理的組織，對比於有神學傾向的宗教信仰的人──也就是像你這樣的人。」

博伊德博士在座位上轉過身來面對我。「啊，但事實並非如此，」他堅持說：「耶穌研討會的參與者至少和福音派一樣有偏見──我甚至可以說得更白一點，他們在學術研究中，只有鋪天蓋地的假設，當然我們每個人都有一些。

「他們的主要假設——順帶說一句，這不是不帶偏見的學術研究的產物——是他們認為福音書根本不可靠。他們一開始就認定這個結論，因為福音書中包含一些在歷史上看似不可能的事情，比如奇蹟——在水上行走、讓死人復活。他們說，這些事情不可能會發生。這就是自然主義，認為自然或物理世界中的每一個效應都有其自然原因。」

「是的，但這不就是人們通常生活的方式嗎？」我問：「你的意思是，我們應該尋找所有事件背後的超自然解釋嗎？」

「每個人都會認同，如果沒必要就不會訴諸超自然原因，」博伊德博士說：「但這些學者超越了這一點，說你絕對不應該。他們假定歷史上的一切只會照他們自己有過的體驗發生，由於他們從未見過超自然現象，所以他們認為歷史上從未出現過奇蹟。

「他們這樣做：一開始就先排除了超自然的可能性，然後才說，『現在拿出關於耶穌的證據吧。』難怪他們只會得到這樣的結論！」[5]

我想轉變一下話題。「好吧，那你會怎麼做呢？」我問。

「我同意，不到萬不得已，你不應該訴諸超自然現象。確實，首先要尋找自然的解釋，我在生活中也是這樣做的。一棵樹倒了——好吧，也許是白蟻造成的。現在，會不會是天使把它推倒的呢？在沒有確切證據之前，我不會得出這樣的結論。

「所以我同意這一點。但我不能認同的是一個過於浩瀚的假設，就好比假設我們對宇宙有足夠的了解，我們就開口說上帝——如果真有上帝的話——永遠不會以超自然的方式進入我們的世界。這是一個非常自以為是的假設。這不是基於歷史的假設，你現在是在做形而上學的假設。

---

5. 更多關於這個問題的訊息，請參見本書後面的訪談。

「我認為，在歷史調查中應該有一定程度的謙卑，像是說『你知道嗎？耶穌基督的確有可能從死裡復活。他的門徒有可能真的看到了福音書中所說的景象。如果沒有其他方法能充分解釋證據，那就讓我們調查這種可能性吧。』

「我認為，這是對證據進行公平檢視的唯一途徑。」

批評標準

為了得出耶穌從未說過福音書中大多數話語的結論，耶穌研討會的成員使用了一套自己的假設和標準。但這些標準是否合理和適當？還是它們從一開始就攙入偏見，就像動過手腳的骰子一樣，終究會發生被設定好的結果？

「他們的假設和標準存在諸多問題，」博伊德博士首先分析該小組做法。「像他們假定這些話是後來的教會假借耶穌之口說的，除非有很充分的證據證明不是假傳箴言。這種假設根植於對福音書的懷疑，來自他們認為超自然現象不可能發生的假設。

「歷史學家通常會承擔舉證責任，證明歷史的虛假性或不可靠性，畢竟人們多數情況下不是非撒謊不可。如果沒有這個假設，我們對古代歷史將會不得其門而入。

「耶穌研討會顛覆了這種概念，他們說你必須要能證明某句話確實出自耶穌之口。然後，他們提出的是一些值得商榷的標準。確實，學者們在考慮耶穌是否說過某句話時，可以使用一些適宜的標準來檢驗，但我反對的是拿一些自訂的標準說，如果耶穌不符合這些標準，他就一定沒有說過那些話。這種否定式的結論可能會造成問題。」

在這理論領域的討論，讓我越來越感到模糊而不是清晰。我需要一些具體的例子來跟上博伊德博士的觀點。「談談他們使用的一些具體標準，」我說。

「有一個叫做雙重不相似性（double dissimilarity）的條件，」他回答：「這意思是指，如果某句話不像拉比或後來的教會會說的那樣，他們才相信耶穌說過。否則，他們就假定這句話一定是猶太或基督宗教的誰混進福音書裡的。

「顯而易見的問題是，耶穌是猶太人，他創立了基督教會，因此，如果他聽起來既像猶太人又像基督徒，一點也不突兀啊！然而，他們卻用這種標準得出了否定的結論，沒有多少話是出自耶穌的口中。

「然後，還有一個『多重證據』（multiple attestation）標準，就是說我們必須在多個來源中找到同一句話，才能確信耶穌說過這句話。好，這個標準在檢驗某句話是誰說的時，可能是有幫助的。但是，為什麼要反過來認定——如果只在一個來源中找到，它就一定是假的？事實上，大多數古代歷史都是基於單一來源。通常，如果一個來源被認為是可靠的——比方說有很多理由足以讓人相信福音書是可靠的——那麼即使福音書裡面的某句話找不到其他來源確認，也應該被認為是可信的。

「即使耶穌的話語在兩三個福音書中找到，他們也不認為這符合『多重證據』標準。如果某句話在《馬太福音》、《馬可福音》和《路加福音》中找到，他們認為這只有一個來源，因為他們假設《馬太福音》和《路加福音》在寫作時使用了《馬可福音》。他們沒有認識到，越來越多的學者對《馬太福音》和《路加福音》使用《馬可福音》的理論，表示嚴重保留的態度。按照這種思路，你可以看到，多重證據證明是極其困難的。」

博伊德博士開始繼續，但我告訴他，他已經說明了自己的觀點：有偏見的標準，就像動了手腳的骰子，必然會產生設定好的結果。

耶穌──行奇蹟的人

自然主義學者採取的一種方法是，尋找耶穌與古代歷史上其他人的相似之處，以此證明耶穌的主張和行為並非真的獨一無二。他們的目的是駁倒耶穌是獨一無二的觀點。

「你怎麼看待這個問題？」我問博伊德博士。「例如，有古代拉比進行驅魔或祈雨並成功，所以有一些學者說，耶穌僅僅是另一個猶太奇蹟製造者的例子。這些相似之處成立嗎？」

當博伊德博士開始逐點回應這個複雜問題時，我看到了他作為辯手的風采，完全不用筆記。我很慶幸錄下了我們的對話，僅憑我的筆記速度根本跟不上他快如閃電的說話速度。

「其實，如果你仔細看，這些相似之處很快就崩解了，」他開始加速說道：「首先，超自然現象在耶穌生活中的核心地位在猶太歷史上是無可比擬的。

「其次，他的奇蹟本質上非常獨特。他不僅是祈雨就下雨，我們在談的是治癒盲人、聾人、痲瘋病和啞子，他能平息風暴，餅和魚無端地變多，讓死去的兒子和女兒復活。這程度遠遠超出了任何所謂的相似之處。

「第三，耶穌最大的特點在於他以自己的權柄行奇蹟。他說：『我若靠着上帝的靈趕鬼，那麼，上帝的國就已臨到你們了。』──他指的是他自己。他說：『我受膏抹是為了釋放被擄的』。他確實把功勞歸於天父，但你從沒見過他祈求天父來做──他是靠天父的能力來做的。對此，同樣是無人可以比擬。

「這和耶穌描述自己與眾不同的內容相符合──『所有的權柄都賜給我了』、『叫人都尊敬子如同尊敬父一樣』、『天地要廢去，我的話卻不能廢去』，你不會在其他拉比的話語中，找到這種說法。」

我成了他快速論述的受眾，忍不住笑著說：「那你的重點是什麼？」

博伊德博士笑了。「要說耶穌所帶來的奇蹟和哪個拉比有任何相似之處，都非常非常地牽強。」

耶穌與驚人的阿波羅尼烏斯

我不會被博伊德博士高超絕倫的辯論技巧嚇倒。我決定提出一個更棘手的問題：耶穌和一個提亞納的阿波羅尼烏斯（Apollonius of Tyana）的歷史人物之間似乎有更多相似點。

「你和我一樣了解這些證據，」我對博伊德博士說：「這是個一世紀的人，被說成治癒了人並驅逐了惡魔；可能將一個小女孩從死裡復活；在他死後還顯現給一些追隨者。有人指著這些說：『啊哈！如果你認為阿波羅尼烏斯的故事是傳說，為什麼不說耶穌的故事也是傳說呢？』」

博伊德博士點頭表示他在跟著我的話。「我承認，最初這聽起來很有說服力，」他說：「當我第一次在大學聽說阿波羅尼烏斯時，我真的很震驚。但如果你冷靜客觀地進行歷史研究，你會發現所謂的相似之處同樣不成立。」

我需要具體的內容，不是概括。「繼續說，」我說：「火力全開吧。」

「好。首先，他的傳記作者菲羅斯特拉圖斯（Philostratus）是在阿波羅尼烏斯死後一個半世紀才寫，而福音書是在耶穌之後的一代內寫成的。事件的時間越接近，傳說發展、錯誤或記憶混淆的可能性就越小。

「還有，我們有四部福音書跟保羅的書信，可以在一定程度上與非聖經作家如約瑟夫等進行交叉核對；而阿波羅尼烏斯的故事只有一個來源。再加上，福音書通過了評估歷史可靠性的標準

測試,但阿波羅尼烏斯的故事就沒有這樣的底氣了。

「此外,菲羅斯特拉圖斯是受一位皇后委託寫傳記,以便奉獻一座神廟給阿波羅尼烏斯。她是阿波羅尼烏斯的追隨者,所以菲羅斯特拉圖斯有財政動機去潤色故事,滿足皇后的期望。另一方面,福音書的作者在寫耶穌的故事時,沒有任何利益可圖——甚至面臨許多損失——他們沒有經濟利益等隱藏於背後的動機。

「再者,菲羅斯特拉圖斯的寫作方式與福音書大不相同。福音書有非常自信的目擊者視角,好像有一台相機在那裡。而菲羅斯特拉圖斯則包括許多不確定的陳述,如『據說……』或『有些人說這個小女孩死了,有些人說她只是病了。』值得稱讚的是,他退而求其次,把故事當成故事。

「這裡有一個大問題:菲羅斯特拉圖斯是三世紀初在卡帕多奇亞(Cappadocia)寫作,那裡基督宗教已經存在了很長一段時間。所以,任何引用都是他抄襲基督宗教,而不是基督徒抄襲他。你可以想像阿波羅尼烏斯的追隨者把基督宗教看作競爭,以及說:『哦,是嗎?我們的阿波羅尼烏斯也能做耶穌做過的事!』有點像『我爸爸可以打敗你爸爸!』

「最後一點。我願意承認阿波羅尼烏斯可能做了一些驚人的事情,或至少讓人們相信他做到了。但這並不會在任何方面損害耶穌的證據。不管你認同了阿波羅尼烏斯的真或假,你還是必須面對耶穌的鐵證如山。」

耶穌與「神祕宗教」

好吧,我心想,讓我們給這多一點試驗。許多大學生被教導說,耶穌生活中的許多事蹟只不過是古代「神祕宗教」的投射,這類宗教信仰裡,大多充斥著關於神靈死亡和復活的故事,或是

洗禮和聖餐等儀式。「這些相似之處又如何說呢？」我問道。

「這在本世紀初是一個非常流行的論點，但它已經因為被廣泛駁斥而逐漸消失。首先，考慮到涉及的時間，如果你要爭論抄襲，應該是神祕宗教引用基督宗教，而不是反過來。

「此外，神祕宗教是一種隨心所欲的宗教，隨意從各個地方借鑑引用觀念。但猶太人卻是小心翼翼地嚴格保護自己的信仰不受外界影響。他們認為自己是一個獨立的民族，強烈抵制異教的觀念和儀式。」

對我來說，最有趣的潛在相似之處是，神話中的神靈死亡和復活的故事。「那些故事與基督宗教信仰不相似嗎？」我問。

「雖然確實有些神祕宗教有關於神靈死亡和復活的故事，但這些故事總是圍繞著自然的生命週期，死亡和重生。」博伊德博士說：「作物在秋天死去，春天復活。人們藉由神話故事表達對這種更迭現象的驚奇，這些關於神靈死亡和復活的故事，絕大多數以傳說的形式出現。他們描繪的是那種『從前從前，在一個遙遠的……』類型的事件。

「這與福音書中對耶穌基督的描述形成鮮明對比。福音書談論的是一個幾十年前實際存在的人，並且指名道姓——例如，他在本丟·彼拉多手下被釘十字架，當時該亞法（蓋法）是大祭司，亞歷山大和魯孚（魯富）的父親替他背十字架。這些都是具體的歷史事件，與那些所謂的『很久以前發生的事情』的故事毫無共同之處。

「而且，基督宗教與生命週期或豐收無關。它涉及的是一個非常猶太的信仰——這在神祕宗教中是不存在的——關於死人復活、永生和與上帝和解。

「至於新約聖經中的洗禮和聖餐教義來自神祕宗教的說法，這簡直是無稽之談。首先，這些所謂相似之處的證據都出現在二

世紀之後，所以任何借鑑都是神祕宗教借鑑自基督信仰，而不是反過來。

「如果你仔細觀察，這些相似性就會消失了。例如，在密特拉教（Mithra cult）中，追隨者為了達到更高層次，必須站在被宰殺的公牛下方，以便被其血液和內臟沐浴，然後他們會與其他人一起吃這頭公牛。

「現在，要說猶太人會覺得這有什麼吸引人的地方，還可能想仿效這種野蠻的做法來設計洗禮和聖餐，是極其不可能的事，這也是為什麼大多數學者不支持這種說法。」[6]

神祕的福音書和會說話的十字架

儘管他的辦公室混亂無序，但博伊德博士的思維卻十分敏銳和有條理。他對這些被大肆宣傳的相似性分析，幾乎沒有留下任何可供置疑的空間。因此，我決定轉向媒體經常報導的另一個領域：「新發現」——耶穌研討會的會員出版的書大多都是以此為主題。

「關於《多馬福音》、《祕密〈馬可福音〉》（Secret Mark）、《十字架福音》和 Q 典，大眾媒體上已經寫了很多，」我說：「真的有什麼新發現能改變我們對耶穌的看法嗎？」

博伊德博士無奈地嘆了口氣。「沒有，沒有任何新發現能告訴我們關於耶穌的新信息。《多馬福音》早就被發現了，只是現在被運用來創造一個替代性質的耶穌形象。一些關於《多馬福音》的理論可能是新的，但福音本身並不是。

「至於 Q 典，它不是一個發現，而是一個早已存在一個半世

---

6. 見：李・施特博，《認識基督－如何辨別真偽》（*The Case for the Real Jesus*）第四個挑戰：基督教對耶穌的信仰是抄襲自異教的（Grand Rapids: Zondervan, 2007），第 157-187 頁。

紀的理論，試圖解釋《路加福音》和《馬太福音》中的共通內容。所謂新的部分，只是一些左翼學者將這個假設的 Q 典劃分出各種傳說發展的層級，用以支持他們先入為主的觀點及預設的理論，這種做法有待商榷。」

我知道，約翰・多明尼克・克羅桑（John Dominic Crossan）可能是耶穌研討會中最具影響力的學者，他曾對一部名為《祕密〈馬可福音〉》的福音書發表了一些強烈的主張。直白地說，他聲稱《祕密〈馬可福音〉》可能實際上是《馬可福音》未經審查的初稿，其中包含了給高階靈修人士的機密事項。[7] 一些人以它為根據，主張耶穌實際上是一個魔法師，或者一些早期基督徒是同性戀者。這種陰謀論式的設想，吸引了媒體的想像力。

「有什麼證據支持這個說法？」我問博伊德博士。

他的回答來得很快。「沒有。」他說。

雖然他似乎覺得這根本不需要詳細說明，但我還是請他解釋他所指的內容。

「聽好了，」他說：「事實上並沒有《祕密〈馬可福音〉》。我們有的只是一位學者（也就是克羅桑）稱「亞歷山大的革利免（Clement of Alexandria）的某封信件曾引用一段經文，而這段話經文出現於二世紀晚期，來自所謂的《祕密〈馬可福音〉》」。結果呢，最扯的是，這個所謂引用了某段經文的某封信件，到頭來是失傳的，根本沒人見過。

「我們沒有這個文件，我們也沒有這段傳說中的引文內容，即使我們有這段引文，我們也沒有任何理由認為它提供了關於歷史耶穌或早期基督徒對耶穌的觀點是如何的有效情報。此外，我

---

7. John Dominic Crossan, *The Historical Jesus* (San Francisco: HarperSanFrancisco, 1991), 329.

們卻已經知道革利免在面對偽經方面,有過輕信流言的前例。

「所以,《祕密〈馬可福音〉》是一部不存在的作品,據說一封現在已不存在的信件文本曾引用過裡面的經文,這個信件文本出自二世紀末的一位作家,這位作家已知在考證方面是廣為人知地「天真」。所以絕大多數學者都不認同《祕密〈馬可福音〉》的存在。但不幸的是,那些認為它存在的得到了很多媒體的關注,因為媒體就是愛那些聳人聽聞的事情。」

克羅桑還認同所謂的《十字架福音》。「這一個會好一點嗎?」我問。

「不,大多數學者都不認為這有可信度,因為它包括了許多荒誕至極的傳說。例如,耶穌從墳墓中出來,他的身形變得巨大無比——他飛上了高空——而且十字架也從墳墓裡出來,它甚至會說話!顯然,內容嚴謹的福音書比起這段天馬行空的記載中的任何內容都更可靠。它更近似於後來的偽經著作。事實上,它仰賴於聖經裡的內容,所以它應該寫於更晚的時期。」

與絕大多數聖經專家不同,耶穌研討會給予《多馬福音》極高的地位,將其提升到與四本傳統福音書並列的位置。在第三章中,布魯斯・梅茨格博士強烈批評這種立場是沒有根據的。

我問博伊德博士他的看法。「為什麼《多馬福音》不應該得到這種榮譽?」

「每個人都承認,這本福音書受到了諾斯底主義(Gnosticism)的重大影響,這是一個在二世紀、三世紀和四世紀的宗教運動,據說擁有祕密的見解、知識或啟示,可以讓人們知道宇宙的鑰匙。救恩在於你所知道的——諾斯底主義中的『*gnosis*』在希臘語中意為『知道』,」他說。

「因此,大多數學者將《多馬福音》的年代定為第二世紀中葉,這與當時的文化環境十分吻合。讓我舉個例子:有人引用耶

穌的話說：『凡女人若自立為男，就必進天國』。這句話與我們所知的耶穌對女性的態度相悖，但卻非常符合諾斯底思想。

「然而，耶穌研討會任意選擇《多馬福音》中的某些段落，並聲稱這些段落是早期耶穌的正統記述，比正典福音書還要早。

「因為這些段落中沒有提到耶穌宣告自身的崇高或做出超自然的壯舉，他們認為最早的耶穌只是一位偉大的導師。但這種推理完全是循環論證。他們認定《多馬福音》中的這些經文是早期經文的唯一原因就是，其內容裡對耶穌的描繪，符合這些學者早先預設好的耶穌原型。事實上，與新約聖經裡第一世紀的福音書相比，我們沒有充分的理由親近第二世紀的《多馬福音》。」

歷史 vs. 信仰

歷史上的耶穌和信仰中的耶穌：耶穌研討會認為這兩者之間存在著巨大的鴻溝。在他們看來，歷史上的耶穌是一個聰明、機智、反文化的人，他從未宣稱自己是上帝之子；而信仰中的耶穌只是一系列讓人感到舒適的教義，這些教義看似在幫助人們活得更正直良善，但最終卻只是在建立自我感覺良好的同溫層。

「歷史上的耶穌和信仰中的耶穌之間不僅僅是有鴻溝，」當我提到這個話題時，博伊德博士說。「如果你抹煞一切關於耶穌是神聖的並與上帝和解的說法，那這兩者間就存在著直接矛盾。

「一般來說，他們這樣定義信仰中的耶穌：有一些對人們來說非常有意義的宗教象徵——耶穌是神聖的、十字架、自我犧牲的愛、死後復活。即使人們並不真正相信這些事情實際上發生過，它們仍然可以激勵人們過更正確的生活，克服存在的焦慮，實現新的潛能，在絕望中重燃希望——劈哩啪啦諸如此類的。」

他聳了聳肩。「抱歉，」他說：「這些話我聽得太多，耳朵都聽到長繭了！

「所以這些自由派學者說,歷史研究不可能發現信仰中的耶穌,因為信仰中的耶穌並非根植於歷史,他只是個象徵,」博伊德博士繼續說:「但聽著:耶穌不是任何東西的象徵,除非他根植於歷史。《尼西亞信經》(Nicene Creed)沒有說,『我們希望這些事情是真的。』而是說,『耶穌基督在本丟‧彼拉多手下被釘死在十字架上,第三天他從死裡復活,』然後繼續往下記述。

「神學的真理是建立在歷史真理之上的。這就是新約的發聲方式。看看《使徒行傳》第二章中彼得的布道。他站起來說:『你們各位就是這些事的見證人,這些事可不是遮遮掩掩的來,大衛的墳墓還矗立在我們眼前,但上帝已經讓耶穌從死裡復活了。這就是為什麼我們宣告他是神的兒子。』

「除去奇蹟,你就除去了復活,那麼你就沒什麼可以宣告的。保羅說,基督若沒有復活,你們的信就是枉然。」[8]

博伊德博士停了一會兒。他的聲音降低了一個階,從講道模式轉變成一種強烈的個人信念表達。

「我不想把我的生命建立在一個象徵上,」他堅定地說:「我要的是現實,而基督宗教信仰一直是根植於現實的。不根植於現實的是自由派學者的信仰,他們才是在追隨一個白日夢,而基督宗教不是白日夢。」

歷史與信仰的結合

我們花了很多時間討論耶穌研討會的耶穌——一個象徵化的耶穌,但除了希望的幻覺之外,無法給世界帶來任何東西。但在離開之前,我想聽聽格雷戈里‧博伊德博士的耶穌。我需要知道,他作為神學教授研究和寫學術書籍的耶穌,是否與他週日早

---

8. 哥林多前書15:17。

晨在教堂中講道的耶穌是同一個。」

「讓我直白一點地說，」我說：「你的耶穌——和你建立起關係的耶穌——既是歷史上的耶穌，也是信仰中的耶穌。」

博伊德博士握緊了拳頭，就好像我剛剛成功進球得分一樣。「沒錯，就是他！李！」他激動地說。他移到椅子的邊緣，精確地闡述了他的學術研究和他的心靈所帶給他的信念。

「這就像這樣：如果你愛一個人，那麼你的愛其實超越了與那個人相關的事實，但這份愛仍然是根植於那個人的事實的。例如，你愛你的妻子，因為她美麗、她善良、她溫柔、她友好。所有這些都是關於你妻子的事實，而你愛她。

「但你的愛是超越這些的。即使你知道所有這些關於你妻子的事實，這並不代表著你就一定會愛上她並信任她，但你這麼做了。因此，你的所為超越了證據，但它也是出發自證據的。

「愛上耶穌也是如此。我與耶穌基督的關係超越了只是知道關於他的歷史事實，但這份關係仍然是根植於關於他的歷史事實的。我根據歷史證據相信耶穌，但我與耶穌的關係遠遠超越了這些證據。我會每天信任他，與他同行。」

我插話說：「是的，但你是否認同：基督宗教在關於耶穌生平上所做出的一些宣告，是很難讓人相信的？」

「是的，當然，」他回答：「但那也是為什麼我很高興我們有這麼強而有力的證據來證明那些不可思議的事是真實的。」

「對我來說，」他補充說：「事情的結論是：根本從來無從競爭起。耶穌是門徒們所說的那個人——或者說他行了神蹟，從死裡復活，提出了自己的主張——這些證據的說服力，遠遠超出了耶穌研討會的左翼學術觀點。

「這些學者有什麼依據呢？嗯，有一段短短地提到失傳的「祕密」福音的影射，出現在一封只有一人看過而現在本身也已

遺失的第二世紀末信件中。有一個記載於第三世紀的耶穌受難與復活的故事，主角是一根會說話的十字架，只有少數學者認為它可能早於福音書。有一份第二世紀的諾斯底文獻，部分學者現在希望日期的鑑定結果能夠往前提一點，好支持他們預設好的觀念。還有一份建立在岌岌可危假設之上的假設性文件，使用循環推理正被切成越來越細。」

博伊德博士重新坐回椅子上。「不了，抱歉，」他搖著頭說。「我不吃這一套。比起去期待耶穌研討會的人說得有道理，我更願意相信福音書——它們在歷史考證中順利通過了重重驗證——真金不怕火煉」。

批評的聲浪

回到旅館，我在腦海中重播了與博伊德博士的訪談。我和他感受一樣：如果信仰中的耶穌不是歷史上的耶穌，那麼他既無力又毫無意義。除非他扎根於現實、除非他藉由死而復活來證明自己的神性，否則他就只是個讓人感覺生活舒適的象徵性存在，就像聖誕老人一樣無關緊要。

但有充分證據顯示，他不僅止於此。我已經得到了能支持新約聖經關於他是上帝化身說法的見證、文獻、佐證和科學證據，準備再次上路，挖掘更多關於他的品格和復活的歷史資料。

與此同時，格雷戈里・博伊德博士並不是孤軍奮戰地在反駁耶穌研討會。來自不同神學背景的眾多備受尊敬的學者紛紛表態，對耶穌研討會的批評聲浪越來越大，形成了一個不斷擴大的合唱。

一個例子就在我旅館床頭櫃上的一本書中，這本書叫《真正的耶穌》(*The Real Jesus*)，是我最近購買的。作者是盧克・提摩太・強森博士，他是埃默里大學坎德勒神學院（Candler School of Theology of Emory University）新約聖經和基督宗教起源的著名教授。強森是一位羅馬天主教徒，曾是本篤會修士，後來成為聖經學者，並撰寫了許多有影響力的書籍。

強森系統性地批評耶穌研討會，稱其「絕不是新約聖經研究的精華」，它遵循的過程「對福音傳統的真實性存有偏見」，其結果「早已事先確定」。[9]他總結道：「這不是負責任的學術研究，甚至不是批判性研究，而是一場自我放縱的鬧劇。」[10]

他還引用了其他著名學者的相似觀點，包括霍華德·克拉克·基（Howard Clark Kee）博士，他稱這個研討會「是一種學術恥辱」，以及杜克大學的理查·海耶斯（Richard Hayes），他在評論《第五福音》時說，「這本書所提出的論點在任何法庭上都站不住腳。」[11]

我闔上書，關掉燈。明天，我將繼續尋找那些能夠經得起考驗的證據。

思辨時間　思考或小組討論的問題

一、你讀過關於耶穌研討會觀點的新聞報導嗎？你對報導的內容有何反應？這些文章是否給你留下了這樣的印象：研討會的研究成果代表了大多數學者的觀點？你認為任由新聞媒體來報導這類主題有什麼危險？

二、在你對耶穌進行調查時，你會一開始就排除任何超自然現象的可能性？還是就算不可思議，但考慮了所有的歷史證據，且這些證據指向奇蹟確已發生後，願意去相信它？為什麼？

三、博伊德博士說：「我不想把我的生活建立在一個象徵上，我

---

9. Johnson, *The Real Jesus*, 3, 5, 8.
10. Johnson, *The Real Jesus*, 26.
11. Johnson, *The Real Jesus*, 26.

想要的是現實。」你同意或不同意？為什麼？耶穌只是一個希望的象徵，這就足夠了嗎？對你來說，確信他的生命、教誨和復活扎根於歷史，這重要嗎？為什麼？

其他證據◆更多相關資源

Bock, Darrell L. *Studying the Historical Jesus: A Guide to Sources and Methods*. Grand Rapids: Baker Academic, 2002.

Boyd, Gregory A. *Cynic Sage or Son of God? Recovering the Real Jesus in an Age of Revisionist Replies*. Wheaton, IL: BridgePoint, 1995.

Boyd, Gregory A., and Paul Rhodes Eddy. *The Jesus Legend: A Case for the Historical Reliability of the Synoptic Jesus Tradition*. Grand Rapids: Baker Academic, 2007.

_____. *Lord or Legend: Wrestling with the Jesus Dilemma*. Grand Rapids: Baker, 2007.

Evans, Craig A. *Fabricating Jesus: How Modern Scholars Distort the Gospels*. Expanded Edition. Downers Grove, IL: InterVarsity Press, 2006.

Johnson, Luke Timothy. *The Real Jesus*. San Francisco: HarperSanFrancisco, 1996.

Wilkins, Michael J., and J. P. Moreland, eds. *Jesus Under Fire*. Grand Rapids: Zondervan, 1995.

Witherington, Ben III. *What Have They Done With Jesus?* Reprint Edition. New York: HarperOne, 2007.

第二部

解析耶穌

第 7 章

身分證據

耶穌真的確信自己是聖子嗎？

訪談對象——本‧威瑟林頓三世博士（Dr. Ben Witherington III）

約翰‧道格拉斯（John Douglas）具有一種神奇的能力，能洞悉他從未見過的人的內心。

身為聯邦調查局（FBI）最初的「心理側寫師」（psychological profiler），道格拉斯會在犯罪現場收集資訊，然後利用他的洞察力來窺探尚未被捕的犯罪者性格。

舉個例子：道格拉斯預測「公路殺手」（Trailside Killer），這位 1979 年至 1981 年間在舊金山附近的森林地帶作案的連環殺手，將是一個有語言障礙並有虐待動物、尿床和縱火傾向的人。果然，最終被逮捕並定罪的人，完全符合這些描述。[1]

道格拉斯擁有心理學博士學位，多年偵探經驗，以及對人類行為的天賦理解能力，使他在側寫技術方面享有盛名。他合著了多本暢銷書，而且茱蒂‧福斯特（Jodie Foster）在因《沉默的羔羊》（Silence of the Lambs）的演出獲得奧斯卡獎時，她公開感謝道格拉斯，因為他是她角色中 FBI 導師的真實原型。

道格拉斯如何理解他從未交談過的人的思維過程呢？「行為反映性格，」他在接受《傳記》（Biography）雜誌訪問時解釋。[2]

---

1. Marjorie Rosen, "Getting Inside the Mind of a Serial Killer," *Biography* (October 1997), 62-65.

換句話說，道格拉斯會仔細檢查犯罪現場留下的證據，並在可能的情況下採訪受害者，以確定犯罪者到底說了什麼、做了什麼。從這些線索——也就是這個人的行為所留下的產物——他推斷出個人的心理特徵。

現在來談談耶穌：不與耶穌對話，我們如何能深入他的內心，確定他的動機、意圖和自我認知呢？我們如何知道他認為自己是誰，他理解的自己的使命是什麼？

道格拉斯會說，觀察他的行為。如果我們想弄清楚耶穌是否認為自己是彌賽亞或上帝之子，還是僅僅認為自己是拉比或先知，我們需要看他做了什麼、說了什麼，以及他如何與他人相處。

耶穌對自己的看法是個關鍵問題。一些教授堅持認為，耶穌神性的神話是他死後多年，被過於狂熱的支持者強加在耶穌的原始記述上的。這些教授認為，真正的耶穌如果知道人們在崇拜他，他會難受的在墳墓裡打滾。他們說，如果剝去傳說的外衣，追溯到有關耶穌的最早資料，你會發現，他從未想過要成為巡遊導師和偶爾的煽動者之外的任何角色。

但歷史證據是否站在他們那一邊呢？為了找到答案，我飛往肯塔基州萊克星頓（Lexington, Kentucky），沿著蜿蜒的道路穿過多個風景如畫的馬場，追尋那位在其著名著作《耶穌的基督論》（*The Christology of Jesus*）中，探討這一主題的學者。

第六份訪談
本・威瑟林頓三世 哲學博士

肯塔基州威爾莫爾（Wilmore）是一個不起眼的小鎮，除了阿斯伯里神學院（Asbury Theological Seminary）之外，這裡並沒

---

2. Marjorie Rosen, "Getting Inside the Mind of a Serial Killer," *Biography* (October 1997), 64.

有太多特別之處。我在小鎮主街旁的一棟殖民風格建築四樓找到了本‧威瑟林頓博士的辦公室。這位北卡羅來納州土生土長的學者，以南方紳士的熱情接待了我，為我準備了一把舒適的椅子和一些咖啡，我們坐下來討論拿撒勒人耶穌自認為是誰。

這個話題對威瑟林頓博士來說非常熟悉，他的著作包括《耶穌的基督論》、《智慧者耶穌》(Jesus the Sage)、《基督的多重面貌》(The Many Faces of the Christ)、《耶穌探尋》(The Jesus Quest)、《耶穌、保羅與世界末日》(Jesus, Paul, and the End of the World)、《閱讀與理解聖經》(Reading and Understanding the Bible)、《新約歷史》(New Testament History)，以及對《馬可福音》、《約翰福音》、《使徒行傳》和《羅馬書》的注釋。他的文章曾刊登在專門字典和學術期刊上。

威瑟林頓博士在戈登康維爾神學院(Gordon-Conwell Theological Seminary)獲得神學碩士學位（優等生畢業），並在英國杜倫大學獲得神學博士學位（專攻新約）。他曾在阿斯伯里、愛許蘭神學院(Ashland Theological Seminary)、杜克大學神學院(Divinity School of Duke University)和戈登康維爾任教。他是新約聖經研究學會、聖經文學學會和聖經研究學會的成員。

威瑟林頓博士說話清晰有條理，用詞謹慎，聽起來絕對是一位學者，但他聲音中流露出的那種迷戀和敬畏是無法忽視的。當他帶我參觀一個高科技工作室時，這種態度更加明顯。在那個工作室裡，他將耶穌的形象與歌曲結合在一起，這些歌曲的歌詞彰顯了耶穌的慈悲、犧牲、人性以及他生命和事工的威嚴。

對於一位在耶穌相關專門問題上寫作謹慎且學術嚴謹的學者來說，這種將視頻和音樂結合的藝術創作，是探索耶穌形象的詩意出口，而只有透過創意藝術才能接近這個形象。

回到威瑟林頓博士的辦公室後，我決定從讀者第一次接觸福

音書時經常會想到的一個問題開始，探討耶穌的自我理解問題。

「事實上，耶穌對自己的身分有點神祕，不是嗎？」我問道，威瑟林頓博士在我對面拉了一把椅子坐下。「他傾向於迴避直接宣稱自己是彌賽亞或上帝之子，這是因為他不認為自己是這些身分，還是有其他原因？」

「不是因為他不認為自己是這些身分，」威瑟林頓博士坐定並翹起二郎腿說：「如果他只是宣布『大家好，我是上帝』，那會被理解為『我是耶和華』，因為他那個時代的猶太人沒有三位一體的概念。他們只知道天父上帝，他們稱之為耶和華，而不是上帝之子或聖靈。

「所以，如果有人說他是上帝，那對他們來說是毫無意義的，反而會被視為明顯的褻瀆。這對耶穌來說也會適得其反，因為他正在努力讓人們聽見他的訊息。

「此外，關於彌賽亞的期待已經很多，耶穌不想被困在別人的範疇裡。因此，他對公開場合的言辭非常謹慎，在與門徒私下談話時——那是另一回事；但福音書主要告訴我們，他在公開場合的言行。」

探索最早的傳統

1977 年，英國神學家約翰・希克（John Hick）和六位志同道合的同事出版了一本書，引起了巨大爭議，他們聲稱耶穌從未認為自己是道成肉身的上帝或彌賽亞。他們說，這些概念是後期發展起來並寫入福音書中，使其看起來像耶穌在宣稱這些身分。

為了探索這一指控，威瑟林頓博士回到關於耶穌最早的信仰傳統——那些最原始的材料，毫無傳奇色彩——並發現了一些令人信服的線索，揭示了耶穌真正如何看待自己。

我想深入探討這些研究，從這個問題開始：「我們可以從耶

穌與他人的關係中，找到什麼關於他自我理解的線索？」

威瑟林頓博士想了想，然後回答：「看看他與門徒的關係。耶穌有十二個門徒，但注意，他不是十二人之一。」

雖然這聽起來像是一個無關緊要的細節，但威瑟林頓博士認為這非常重要。

「如果十二使徒代表著一個更新的以色列，那麼耶穌在其中處於什麼位置？」他問道：「他不僅僅是以色列的一部分，不僅僅是被救贖的群體的一部分，他正在組建這個群體——就像上帝在舊約中組建他的子民，建立以色列的十二個支派一樣。這是關於耶穌對自己的理解的線索之一。」

威瑟林頓博士接著描述了耶穌與施洗約翰關係中的一個線索。「耶穌說：『所有人中，施洗約翰是地上最偉大的人。』說完這話後，他在他的事工中比施洗約翰走得更遠——例如行神蹟。這說明了他對自己的看法是什麼？

「他與宗教領袖的關係也許最能說明問題。耶穌做出了一個真正激進的聲明：玷汙一個人的不是進入他身體的東西，而是從他心裡流露出來的東西。坦白說，舊約利未記中有大量關於潔淨的嚴謹規定，而耶穌的這番話形同否定了這些規定。

「法利賽人不喜歡這個資訊。他們希望保持現狀，但耶穌說：『不，上帝有進一步的計畫。他正在做一件新事。』我們不禁要問：什麼樣的人認為自己有權力把受神啟示的猶太經典（Jewish Scriptures）擱置一邊，用自己的教導取而代之？」

「那他與羅馬當局的關係呢——如果可以這麼說的話？我們要問他們為什麼要把他釘在十字架上。如果他只是一個無傷大雅的聖人，講述一些美好的寓言，那他怎麼會被釘在十字架上，尤其是在逾越節（Passover）期間，當時沒有猶太人希望任何猶太人被處決？為什麼他的頭上寫著『這是猶太人的王』？」

威瑟林頓博士讓最後一句話懸在半空中，然後自己解釋道：「要麼是耶穌自己聲稱過，要麼是有人明確認為他聲稱過。」

靠著上帝的能力

雖然耶穌的關係提供了一個他自我理解的窗口，威瑟林頓博士認為耶穌的行為——特別是他的神蹟——提供了更多的見解。然而，我舉手打斷了他。

「你不能說耶穌的神蹟證明了他認為自己是上帝，」我說：「因為後來他的門徒也出去做了同樣的事——而他們顯然沒有宣稱自己是神。」

「不，耶穌行神蹟的事實並不能說明他的自我理解，」威瑟林頓博士回答道：「重要的是他如何解釋他的神蹟。」

「這是什麼意思？」我問道。

「耶穌說：『我若靠著上帝的能力趕鬼，這就是上帝的國臨到你們了。』[3] 他不像其他行神蹟者那樣，做了奇蹟後生活照常進行。不——對耶穌來說，他的神蹟是標誌著神的國度臨到的徵兆，是對國度將會是什麼樣子的預示。而這使耶穌與眾不同。」

我再次打斷了他。「請詳細說明一下，」我說。「這怎麼使他與眾不同？」

威瑟林頓博士回答說：「耶穌認為他的神蹟帶來了前所未有的東西——上帝統治的降臨。他不僅僅把自己看作是創造奇蹟的人；他還把自己看作是上帝的應許在他身上並透過他實現的那個人。這也是一種不加掩飾的超然主張。」

我點了點頭，現在他的觀點對我來說變得清晰了。於是，我轉向耶穌的言語，尋找更多關於他自我認知的線索。

---

3. 路加福音 11:20。

「他的追隨者稱他為拉波尼（Rabbouni），或『拉比』，」我說道：「這難道不是意味著他只是像當時其他的拉比一樣教導嗎？」

威瑟林頓博士笑了笑。「其實，」他說：「耶穌以一種激進的新方式教導。他開始教導時使用『我實實在在地告訴你們（Amen I say to you）』這句話，意思是『我提前向你們保證，我即將說的是真理。』這是絕對革命性的。」

「怎麼說？」我問道。

他回答：「在猶太教中，你需要兩個見證人的證詞，見證人 A 可以證明見證人 B 的真實性，反之亦然。但耶穌為自己的話語作見證。與其根據他人的權威來教導，他依靠自己的權威教導。

「因此，這是某個自認擁有超越舊約先知的權威的人。他相信自己，不僅擁有像大衛王那樣的神聖啟示，還擁有神聖權威和直接神聖言論的力量。」

除了在教導中使用「阿門（Amen）」這個詞外，耶穌在與上帝交流時還使用「阿爸（Abba）」這個詞。「這告訴我們他對自己的看法是什麼？」我問道。

「『阿爸』表示父子關係中的親密感，」威瑟林頓博士解釋道：「有趣的是，在早期猶太教中，門徒們也用這個詞來稱呼心愛的老師。但耶穌用這個詞來稱呼上帝——據我所知，只有他和他的追隨者用這種方式向上帝祈禱。」

當我請威瑟林頓博士進一步解釋這個詞的重要性時，他說：「在耶穌所處的背景下，猶太人通常會避免說出上帝的名字。祂的名字是你能說出的最神聖的詞語，他們甚至害怕讀錯。如果他們要稱呼上帝，他們可能會說『聖者，願祂受祝福』，但他們不會用祂的個人名字。」

「『阿爸』是一個個人的用語，」我說。

「非常個人化，」他回答道：「這是孩子對父母說『親愛的父親，我該做什麼？』的親昵用語。」

然而，我注意到一個明顯的矛盾。「等一下，」我插話道：「祈禱『阿爸』不應該意味著耶穌認為自己是上帝，因為他教導門徒在他們自己的祈禱中也使用這個詞，而他們不是上帝。」

「實際上，」威瑟林頓博士回答道：「『阿爸』的重要性在於耶穌是親密關係的創始者，而這種關係以前是無法實現的。問題是，什麼樣的人能改變與上帝的關係條件？什麼樣的人能開創與上帝的新約關係？」

他的區分讓我明白了。「那麼，你認為耶穌使用『阿爸』的意義有多大？」我問道。

「相當重要，」他回答道：「這意味著耶穌與上帝有著猶太教中無與倫比的親密關係。而且，聽著，這裡有一個關鍵：耶穌說，只有透過與他的關係，這種『阿爸』的祈禱語言——這種與上帝的『阿爸』關係——才有可能。這充分說明了他對自己的看法。」

威瑟林頓博士開始補充另一個重要線索——耶穌反覆自稱為「人子」——但我讓他知道，之前的專家克雷格·布隆伯格博士已經解釋過，這是指《但以理書》第7章。威瑟林頓博士同意，這個術語在揭示耶穌的彌賽亞或超越自我認知方面極為重要。

此時，我停下來整理威瑟林頓博士所說的內容。當我把耶穌的關係、神蹟和言語的線索結合起來時，看來耶穌對自己身分的認識變得清晰起來。

根據最早的證據，毫無疑問，耶穌認為自己不僅僅是一個行大事的人，不僅僅是一個教師，也不僅僅是眾多先知中的一位。有充分的證據能得出結論，他以獨特和至高的方式看待自己——但這種自我認識到底有多全面？

約翰對耶穌的描繪

《約翰福音》一開篇就使用了宏偉而明確的語言大膽地宣稱耶穌的神性。

> 太初有道,道與上帝同在,道就是上帝。這道太初與上帝同在。萬物是藉著他造的;凡被造的,沒有一樣不是藉著他造的……道成了肉身,住在我們中間,充充滿滿地有恩典有真理。我們也見過他的榮光,正是父獨生子的榮光。
> ——約翰福音 1:1-3, 14

我記得第一次讀《約翰福音》時,看到那莊嚴的介紹。我記得我問自己,如果耶穌看到約翰對他的描述,會作何反應?他會退縮並說:「哇,約翰完全誤解了我!他把我過度裝飾和神話化,以至於我都認不出自己了?」還是會點頭認同並說:「是的,我就是這樣——甚至我還不只如此?」

後來,我讀到了學者雷蒙德 · 布朗(Raymond Brown)的話,他得出了自己的結論:「如果耶穌能夠讀到《約翰福音》,他會發現這本福音書恰如其分地表達了他的身分,我對這一論點沒有異議。」[4]

現在,我有機會直接聽到威瑟林頓博士的回答,他花了一生的時間去分析有關耶穌自我認知的學術細節,看看他是否同意布朗的評估。

「是的,我同意。」他毫不猶豫地回答:「我對此沒有異議。

---

4. R. E. Brown, "Did Jesus Know He Was God?" *Biblical Theology Bulletin* 15 (1985), 78, cited in Ben Witherington III, *The Christology of Jesus* (Minneapolis: Fortress, 1990), 277.

當你閱讀《約翰福音》時，你看到的是一幅經過詮釋的耶穌畫像，但我相信這也是對歷史上的耶穌所隱含的資訊最合乎邏輯的描繪。

「我要補充的是，即使你排除《約翰福音》，也無法在其他三本福音書中構建出一個非彌賽亞的耶穌。這樣的耶穌根本不存在。」

我立刻想到《馬太福音》中記載的那段著名對話，耶穌在一次私下會面中問門徒：「你們說我是誰？」彼得明確地回答說：「你是基督，是永生上帝的兒子。」耶穌沒有迴避這個問題，而是肯定了彼得的看法。他說：「你是有福的！因為這不是屬血肉的啟示你的，而是我在天上的父啟示的。」（見《馬太福音》16:15-17）。

即便如此，流行文化中一些關於耶穌的描述，如電影《基督的最後誘惑》（*The Last Temptation of Christ*）中，將耶穌描繪成一個基本上對自己的身分和使命不確定的人。他的內心充滿了曖昧和焦慮。

「有任何證據顯示耶穌曾有身分危機？」我問威瑟林頓博士。

「這並不是一場身分危機，儘管我相信他曾經有過確認身分的時刻。」教授回答說：「在他的受洗、在他的試探、在他的變貌時刻、在客西馬尼（革賣瑪尼）園裡——這些都是神向他確認他是誰以及他的使命的關鍵時刻。」

「例如，我不認為他的事工開始於他受洗後是偶然的，當他聽到那聲音說：『你是我的愛子，我所喜愛的。』」

「他認為他的使命是什麼？」

「他認為他的任務是來解放神的子民，所以他的使命是針對以色列的。」

「特別是針對以色列的？」我強調道。

「是的,沒錯,」威瑟林頓博士說:「他在事工中很少接觸外邦人——那是後來教會的使命。你看,先知的應許是給以色列的——所以他必須去以色列。」

「我與父原為一」

威廉・萊恩・克雷格博士在其著作《理性信仰》(Reasonable Faith)中指出,有大量證據顯示,在耶穌受難後的二十年內,基督宗教的神學已經完全形成,並宣告耶穌是道成肉身的神。

教會歷史學家雅羅斯拉夫・佩利坎(Jaroslav Pelikan)指出,最古老的基督宗教講道、最古老的基督宗教殉道者記載、最古老的異教報告以及最古老的禮拜祈禱(哥林多前書16:22)都稱耶穌為主和神。佩利坎說:「顯然,教會所信和所教導的信息是,『神』是耶穌基督的一個合適名稱。」[5]

基於此,我問威瑟林頓博士:「如果耶穌從未對自己提出超越性和彌賽亞的主張,這一切有可能發展——尤其是這麼快——嗎?」

威瑟林頓博士堅定地回答:「除非你準備好爭論說門徒們完全忘記歷史上的耶穌是什麼樣的,並且他們與那些在他死後二十年內出現的信仰傳統毫無關聯,否則這不可能發生。坦白說,作為歷史學家,這完全沒有任何意義。」

他補充說,在處理歷史時,各種事情都有可能發生,但並非所有可能的事情都同樣地可能。

「有可能嗎,」他問:「在耶穌死後的二十年內,當時仍有

---

5. Jaroslav Pelikan, *The Christian Tradition: A History of the Development of Doctrine*, vol. 1, *The Emergence of the Catholic Tradition (100–600)* (Chicago: University of Chicago Press, 1971), 173, cited in William Lane Craig, *Reasonable Faith* (Westchester, IL: Crossway, 1994), 243.

見證者活著,能夠證明歷史上的耶穌是什麼樣子,這些所有東西都是憑空捏造出來的?我認為這幾乎是最不可能的歷史假設。

「真正的問題是,耶穌被釘十字架後,發生了什麼?改變了那些曾否認、違背和拋棄耶穌的門徒的心意?很簡單,他們經歷了一些類似於耶穌在受洗時的經歷——對他們來說,確認了他們所希望的耶穌是誰。」

那麼,他到底是誰?當我結束與威瑟林頓博士的對話時,我希望他能給我一個總結。考慮到他的所有研究,對於耶穌如何看待自己,他的個人結論是什麼?我提出了這個問題,坐回去,讓他娓娓道來——他以優雅和堅定的語氣講述了這一切。

「耶穌認為他是上帝指定的人,在人類歷史上,將上帝的拯救行動推向高潮。他認為自己是上帝的代理人,他得到上帝的授權,上帝賦予了他權力,他代表上帝說話,上帝指示他完成這項任務。因此,耶穌所說的,就是上帝所說的;耶穌所做的,就是上帝的工作。」

「根據猶太人的代理概念,『人的代理人如同本人』。記住耶穌如何派遣他的使徒並說:『無論他們對你們做了什麼,就是對我做了什麼』。一個人和他派遣的代理人之間有著強烈的連繫。

「耶穌認為自己肩負著神聖的使命,而這個使命就是救贖上帝的子民。言下之意,上帝的子民迷失了方向,上帝必須做些什麼——就像他一直以來所做的那樣——進行干預,讓他們回到正軌上。但這次有所不同。這是最後一次。這是最後一次機會。

「耶穌是否相信自己是上帝的兒子,是神所膏立的那一位?答案是肯定的。他是否認為自己是人子?答案是肯定的。他是否認為自己是最後的彌賽亞?是的,這就是他對自己的看法。他是否相信任何不及上帝的人能拯救世界?不,我不認為他有這樣的想法。

「矛盾就在這裡變得令人費解：上帝拯救世界的方式就是讓他的兒子死去。死是人類最人性化的概念。

「現在，神在他的神性中不會死去。所以上帝要怎麼做才能完成這一任務呢？上帝必須以人的身分來完成這一任務。耶穌相信他就是那個人。

「耶穌在《馬可福音》10:45 說：『我來，並不是要受人的服事，乃是要服事人，並且要捨命作多人的贖價。』這要麼是最高形式的自大狂，要麼就是一個人真正相信，正如他所說的，『我與父原為一』。[6] 換句話說，『我有權代表父說話；我有權為父行事；如果你拒絕我，你就是拒絕了父』。

「即使你排除了《約翰福音》，只讀三部福音書，你仍然會得出這個結論。如果我們進行聖經學習並向耶穌提出這個問題，耶穌會引導我們得出這樣的結論。

「我們不禁要問：為什麼沒有其他第一世紀的猶太人能夠在今日還擁有數以億萬計的追隨者？為什麼沒有施洗約翰運動？為什麼在包括羅馬皇帝在內的所有第一世紀人物中，耶穌至今仍受人崇拜，而其他人卻已湮沒在歷史的塵埃中？

「這是因為這位耶穌──歷史上的耶穌──就是活著的主。這就是為什麼。他還在，而其他人早已不在。」

上帝的立地

像威瑟林頓博士一樣，許多其他學者也仔細分析了耶穌的早期證據，並得出了相同的結論。

克雷格博士寫道：「這個人在獨特的意義上將自己視為上帝之子，他聲稱自己的行為和言語具有神聖的權威，他認為自己是

---

6. 約翰福音 10:30。

神蹟製造者，他相信人們永恆的命運取決於他們是否信服他。」[7]

然後，他還提了一句特別令人吃驚的話：「即使是在被耶穌研討會成員認定為真實的那僅有 20% 的耶穌言論中，也存在足夠的證據，足以讓人們相信耶穌確實有對自己神聖身分的自我認識和理解。」[8]

神學家羅伊斯·戈登·格魯恩勒（Royce Gordon Gruenler）也認為，耶穌有意站在上帝位置上的這一結論的證據，「絕對令人信服。」[9]

克雷格博士表示，耶穌這一主張如此不同凡響，以至於必然會引發關於他精神狀態的問題。他指出，詹姆斯·鄧恩（James Dunn）在完成他自己的史詩研究後，被迫評論道：「最後一個問題無法忽視：耶穌是瘋了嗎？」[10]

在萊克星頓機場等待飛回芝加哥的航班時，我投了些硬幣進入公共電話，打電話預約與國內一位頂尖心理學專家進行面談。

是時候找出答案了。

思辨時間　思考或小組討論的問題

一、你認為耶穌對公眾隱瞞自己身分的原因有哪些？你能想像早期宣告自己的神性可能會如何損害他的使命嗎？

二、我們在確定歷史人物對自己看法時，會面臨哪些困難？哪些線索對你確定這一點最有幫助？威瑟林頓博士提供的線索為

---

7. Craig, *Reasonable Faith*, 252.
8. Craig, *Reasonable Faith*, 244.
9. Royce Gordon Gruenler, *New Approaches to Jesus and the Gospels* (Grand Rapids: Baker, 1982), 74.
10. James D. G. Dunn, *Jesus and the Spirit* (London: SCM Press, 1975), 60, cited in Craig, *Reasonable Faith*, 252, emphasis added.

何能或不能說服你相信耶穌認為自己是神和彌賽亞？

三、耶穌教導門徒在稱呼上帝時使用「阿爸」（Abba）或「親愛的父親」（Dearest Father）。這告訴你關於耶穌與父之間的關係的什麼信息？這種關係對你有吸引力嗎？為什麼會或為什麼不會？

其他證據◆更多相關資源

Bauckham, Richard. *Jesus and the God of Israel: God Crucified and Other Studies on the New Testament's Christology of Divine Identity*. Grand Rapids: Eerdmans, 2008.

Bird, Michael F. "Did Jesus Think He was God?" In *How God Became Jesus: The Real Origins of Belief in Jesus' Divine Nature*, by Michael F. Bird, Craig A. Evans, Simon J. Gathercole, Charles Hill, and Chris Tilling, 45-70. Grand Rapids: Zondervan, 2014.

Bock, Darrell L. *Who Is Jesus? Linking the Historical Jesus with the Christ of Faith*. New York: Howard Books, 2012.

Craig, William Lane. "The Self-Understanding of Jesus." In *Reasonable Faith*, Third edition, by William Lane Craig, 287-332. Wheaton, IL: Crossway, 2008.

Hurtado, Larry W. *How on Earth Did Jesus Become a God? Historical Questions about Earliest Devotion to Jesus*. Grand Rapids: Eerdmans, 2005.

Marshall, Howard I. *The Origins of New Testament Christology*. Downers Grove, IL: InterVarsity Press, 1976.

Moule, C. F. D. *The Origins of Christology*. Cambridge: Cambridge University Press, 1977.

Witherington III, Ben. *The Christology of Jesus*. Minneapolis:

Fortress Press, 1990.

Wright, N. T. *Christian Origins and the Question of God.* 3 vols. Minneapolis: Fortress Press, 1992, 1996, 2003.

第8章

心理學證據

耶穌自稱是聖子,他會不會是瘋了?

訪談對象—蓋瑞・柯林斯博士(Dr. Gary R. Collins)

心理學家或精神病學家作證時,應戴一頂不低於兩英尺高、表面印有星星和閃電的圓錐形帽子。此外,還必須穿戴不短於 18 英寸長的白鬍子,用魔杖在空中比劃,標示證詞的關鍵內容。每當心理學家或精神病學家提供證詞時,法警應同時調暗法庭燈光,並敲兩下銅鑼。

1997 年,當新墨西哥州參議員鄧肯・史考特(Duncan Scott)提出這項對州法律的修正案時,他對那些聲稱被告精神失常,因此對其罪行不須負法律責任的心理學專家,表現出毫不掩飾的鄙夷態度。顯然,史考特的譏諷得到了多數同事的認同——他們投票通過了這個諷刺性的提案!這個笑話甚至一路進了眾議院,但最終止步於此,被否定在成為法律之前。[1]

不可否認,精神科醫生和心理學家就被告的精神狀態評估他們是否有足夠能力與律師合作辯護,以及為被告在犯罪時就法律上精神認定是否失能等問題作證,從法庭的角度來看,總是讓人無法不去質疑。但即使如此,大多數律師還是承認心理健康專業人士為刑事司法系統作出了重要的貢獻。

---

1. Leland H. Gregory III, "Top Ten Government Bloopers," *George* (November 1997), 78.

記得有個案件，一位溫和的家庭主婦被控謀殺了她的丈夫。乍看，她和任何人的母親沒有區別——衣著得體、態度和藹、慈祥，看起來就像剛為鄰居的孩子們烤了盤新鮮的巧克力餅乾。我在心理學家作證說她精神狀態不適合受審時，嗤之以鼻。

然後，她的律師讓她上了證人席。起初，她的證詞清晰、理性且明瞭。然而，隨著她冷靜而嚴肅地描述自己如何被一連串名人襲擊，包括德懷特·艾森豪威爾（Dwight Eisenhower）和拿破崙的幽靈，她的證詞變得越來越離奇怪誕。當她說完時，法庭上沒有人懷疑她已經完全脫離了現實。法官將她送入精神病院，直到她的病情好轉，能夠面對她的指控為止。

外表是會欺騙人的。心理學家的工作就是透過被告的表象，深入探討他的精神狀況，作出結論。這是一門不精確的科學，這意味著可能會出現錯誤甚至濫用；但總體而言，心理學證詞為被告提供了重要的保障。

那麼，這與耶穌有什麼關係呢？在前一章中，本·威瑟林頓三世博士提供了令人信服的證據，即使最早的耶穌資料也顯示他聲稱自己是道成肉身的神。這自然引出了耶穌在做出這些主張時，是否精神失常的問題。

為了尋求專家對耶穌精神狀態的評估，我開車到芝加哥郊區的一座辦公大樓，向國內心理問題的權威之一請教。

第七份訪談
蓋瑞 R·柯林斯 哲學博士

柯林斯博士擁有多倫多大學心理學碩士學位和普渡大學臨床心理學博士學位，近半個世紀以來，一直從事有關人類行為的研究、教學和寫作。他曾在三一福音神學院擔任心理學教授長達20年，其中大部分時間擔任該學院心理學系主任。

柯林斯博士精力充沛、熱情洋溢，是一位多產的作家。他為雜誌和其他期刊撰寫了近 150 篇文章，曾擔任《今日基督宗教輔導》（*Christian Counseling Today*）的編輯，並是《心理學與神學期刊》（*Journal of Psychology and Theology*）的特約編輯。

他還出版了 45 本與心理學相關的書籍，包括《卓越的心靈》（*The Magnificent Mind*）、《家庭震撼》（*Family Shock*）、《你能相信心理學嗎？》（*Can You Trust Psychology?*）以及經典教材《心理輔導面面觀》（*Christian Counseling: A Comprehensive Guide*）。此外，他還擔任了 30 卷《基督宗教輔導資源》（*Resources for Christian Counseling*）的總編輯，這是一套為心理健康專業人士撰寫的叢書。

我在美國基督宗教輔導協會（American Association of Christian Counselors）明亮而通風的辦公室裡找到柯林斯博士，他是這個擁有 15,000 名會員協會的主席。柯林斯博士有著鹽和胡椒色的頭髮及銀邊眼鏡，穿著栗色高領毛衣、人字紋運動夾克和灰色長褲，看起來瀟灑穩健（但很遺憾，沒有尖頂帽或飄逸的白鬍子）。

採訪開始時，我指了指窗外，常青樹上正輕輕飄著雪花。「那邊幾英里遠的地方有一個州立精神病院，」我說：「如果我們去那裡，我相信我們會找到一些聲稱自己是神的人。我們會說他們是瘋子。耶穌也說他是神──那他也瘋了嗎？」

「如果你想要簡短的答案，」柯林斯博士笑著說：「那就是『不』。」

但我堅持認為，這是個值得進一步分析的合理話題。專家們說，妄想性精神病患者可能很多時候都表現得很理性，但卻會自大妄想，認為自己是超凡脫俗的人物。有些甚至能吸引信徒，讓人們相信他們是天才。也許耶穌就是這樣，我提出這個可能。

「嗯，確實有心理問題的人常常會聲稱自己是他們不是的人，」柯林斯博士一邊把手放在頭後，一邊回答。「他們有時候會聲稱自己是耶穌本人，或者是美國總統，或者是其他名人——比如李‧施特博，」他調侃道。

「然而，」他繼續說：「心理學家不會只看一個人說了什麼，他們會更深入研究。他們會觀察一個人的情緒，因為精神失常的人經常會表現出不合理的抑鬱，或者他們可能會激烈地暴怒，或飽受焦慮困擾。但看看耶穌：他從未表現出不合時宜的情緒。例如，他在朋友拉撒路（拉匝祿）死時哭了——這對情感健康的人來說是很自然的。」

「我敢說他有發怒的時候。」我篤定地說。

「是的，他確實有，但那是一種健康的憤怒，因為有人在聖殿裡中飽私囊，占落魄者的便宜。他並非因為有人惹惱他而失去理智地發火，而是一種對不公和明顯虐待他人的正義反應。

「其他妄想的人會有錯誤的認知，」他補充道：「他們認為有人在監視他們或試圖抓住他們，但實際上並沒有。他們與現實脫節。他們誤解了他人的行為，並指責他們做了從未打算做的事情。同樣地，我們在耶穌身上看不到這一點。他顯然與現實牢牢接軌。他不是偏執狂，儘管他清晰地理解周圍有一些非常現實面的危險。

「或者有心理問題的人可能有思維障礙——他們無法進行邏輯對話、他們會得出錯誤的結論、他們是不理性的，我們在耶穌身上看不到這一點。他講話清晰、有力且雄辯滔滔。他聰明絕頂，對人性有著驚人的洞察力。

「另一個精神障礙的跡象是不合理的行為，比如穿著奇怪的衣服或無法與他人社交應對。耶穌的行為完全符合預期，他與來自不同生活背景的各種人有深厚而持久的關係。」

他停頓了一下，雖然我感覺他還沒說完。我問他：「你還觀察到他什麼？」

柯林斯博士凝視著窗外美麗而寧靜的雪景。當他繼續說話時，彷彿是在回憶一位老朋友。

「他充滿愛心，但沒有讓他的同情心束縛住他的手腳；他沒有膨脹的自我，儘管他經常被崇拜的人群包圍；儘管他常常嚴格要求的生活方式，他仍然保持著心態平衡；他總是知道自己在做什麼，要去哪裡；他深切地關心人們，包括婦女和兒童，在當時，這些族群並不被重視；他能夠接納人們，但並不是對他們的罪視而不見，而是根據每個人的實際情況和獨特需求做出回應。

「那麼，醫生，你的診斷是什麼？」我問道。

「總的來說，我看不出耶穌患有任何已知精神疾病的跡象，」他總結道，並帶著微笑補充說：「他比我認識的任何人——包括我在內——都要健康多了！」

「徹底瘋了」

確實，回顧歷史，我們在耶穌身上看不到明顯的妄想症跡象。但那些與他直接接觸的人呢？從他們更近的觀察角度看，他們看到了什麼？

「有些在第一世紀現場的人會強烈反對你的看法，」我指出：「他們確實認為耶穌瘋了。《約翰福音》10:20 告訴我們，許多猶太人認為他是『被鬼附了，而且瘋了』，這些是很激烈的評價！」

「是的，但這不是受過訓練的心理健康專業人士的診斷，」柯林斯博士反駁道：「看看是什麼促使他們說出這些話——耶穌關於成為好牧人的感人而深刻的教誨。他們的反應是因為耶穌對自己的斷言遠遠超出了他們正常人的理解，而不是因為耶穌真的精神失常。

「請注意,他們的評論立刻受到其他人質疑,他們在第 21 節說:『這不是被鬼附的人所說的話。鬼豈能開盲人的眼睛呢?』」

「這代表什麼意義?」我問道。

「因為耶穌不僅對自己做出了驚人的宣告。他還用奇蹟般的憐憫行為來為自己的宣告背書,比如醫治盲人。

「你看,如果我聲稱自己是美國總統,那就是瘋狂的。你會看著我,發現我沒有任何總統的象徵。我看起來不像總統。人們不會接受我作為總統的權威,也不會有特勤局特工保護我。但如果真正的總統聲稱自己是總統,那就不是瘋狂的,因為他確實是總統,並且有大量證據證明這一點。

「同樣地,耶穌不僅聲稱自己是神——他還以驚人的治癒事蹟、令人震驚的駕馭自然的能力、超凡脫俗和前所未有的教導、對人的神聖洞察力,以及最終以自己的死而復生來證明自己是神。因此,當耶穌聲稱自己是神時,這並不瘋狂,這是事實。」

然而,柯林斯博士提到耶穌的奇蹟為其他反對意見打開了大門。「有些人試圖否認這些據說證明耶穌是上帝之子的奇蹟,」我說,從公事包裡拿出一本書。我讀了懷疑論者查爾斯·坦普頓的話。

> 許多疾病,無論是那時還是現在,都是身心疾病,可以用改變患者的認知來『治癒』。就像今天,患者信任的醫生所開的安慰劑可以產生明顯的治療效果一樣,在早期,對治療者的信任可以驅除不良症狀。隨著每一次成功,治療者的名聲會增長,因而他的治療效果也會變得更有效。[2]

---

2. Charles Templeton, *Farewell to God* (Toronto: McClelland & Stewart, 1996), 112.

「這會不會就是那些據說能證明耶穌是上帝之子的奇蹟背後的真相？」我問道。

柯林斯博士的反應讓我大吃一驚。柯林斯博士回答說：「我對坦普頓寫的東西沒有什麼異議。」

「你沒有？」

「真的沒有。你說耶穌有時可能使用心理暗示來治癒病人嗎？我對此沒有疑問。有時人們會因為心理狀態引發疾病，如果他們找到新的生活目標和方向，他們就不再需要這些疾病了。

「要說安慰劑效應？如果你認為自己會好起來，你往往真的會好起來，這是一個確立的醫學事實。當人們來到耶穌面前時，他們相信他能治癒他們，所以他就做到了。但事實仍然存在：無論他是怎麼做到的，耶穌確實治癒了他們。

「當然，」他迅速補充道：「這並不能解釋所有耶穌的治癒。通常心理性治癒需要時間，而耶穌的治癒是自然發生的。許多心理性治癒的人幾天後症狀會復發，但我們沒有看到這樣的證據。而且耶穌治癒了終生失明和痲瘋等疾病，這些疾病用心理性解釋並不太可能。

「除此之外，他讓人們從死裡復活——死亡不是一種心理引發的狀態！再加上他對自然的奇蹟——平靜海浪，將水變成酒。這些都無法用自然主義的答案來解釋。」

嗯……也許吧。不過，柯林斯博士提到的「化水為酒」的神蹟，又為耶穌的驚人事蹟提供了另一種可能的解釋。

催眠師耶穌

你是否見過舞台催眠師給被催眠的人喝水，然後暗示他們那是酒？他們會咂咂嘴，變得興奮，開始感到醉意，就像喝了一杯廉價的波爾多紅酒。

英國作家伊恩·威爾森（Ian Wilson）提出了一個問題，耶穌是否以這種方式讓迦拿（加納）婚宴的賓客相信他將水變成了最上等的發酵飲料。

事實上，威爾森討論了耶穌可能是一位高超的催眠師，這可以解釋他生活中那些據說是超自然的方面。例如，催眠可以解釋他的驅魔、他的變容（在變容過程中，他的三個追隨者看到他的臉在發光，他的衣服像光一樣發白），甚至他的治癒。作為證據，威爾森引述了一個現代例子，一位十六歲的男孩藉由催眠暗示，神奇地治癒了嚴重的皮膚病。

也許拉撒路不是真的死而復生。難道他不會是在催眠術的誘導下，處於類似死亡的恍惚狀態嗎？至於復活，耶穌「可能有效地讓門徒在某些預先安排的提示下（比如掰開餅）產生幻覺，在他死後的一段預定時間內，看到他的顯現，」威爾森推測。[3]

這甚至可以解釋為什麼福音書中神祕地提到，耶穌無法在他的家鄉拿撒勒創造許多奇蹟。威爾森說：

> 耶穌的失敗恰恰發生在催眠師最有可能失敗的地點，也就是在那些最了解他的人、在那些見證他作為普通孩子長大的人之間。催眠師成功的關鍵在於他所營造的神祕感和令人敬畏的高深莫測，而這些基本因素在耶穌的故鄉完全缺乏。[4]

「你不得不承認，」我對柯林斯博士說：「就解釋耶穌奇蹟來說，這是一個相當有趣的的說法。」

---

3. Wilson, *Jesus: The Evidence*, 141.
4. Wilson, *Jesus: The Evidence*, 109, emphasis in original.

他的臉上露出難以置信的表情。「這傢伙對催眠的信任比我多得多！」他驚呼道：「雖然這是一個機伶的論點，但它經不起分析，漏洞百出。」

柯林斯博士開始逐一列舉這些漏洞。「首先要面對的是，催眠一大群人的問題，並不是每個人都同樣容易受催眠影響。

「舞台催眠師會用某種舒緩的語調對觀眾說話，觀察那些似乎有反應的人，然後挑選這些人作為志願者，因為他們容易受催眠影響。在大群體中，很多人對催眠有抗拒。當耶穌使餅和魚增多時，有五千個見證人。他怎麼可能讓他們全部被催眠呢？

「其次，催眠術一般對懷疑論者和懷疑者不起作用。那麼，耶穌是如何催眠他的兄弟雅各的呢？雅各曾懷疑耶穌，但後來見到了復活的基督。他是如何催眠大數的掃羅（塔爾索的掃祿）的？掃羅是基督宗教的反對者，他甚至從未見過耶穌，直到耶穌復活後才見到他。他是如何催眠多馬的？多馬對耶穌的復活持懷疑態度，直到他把手指伸進耶穌手上的釘子孔裡，他才相信耶穌復活了。

「第三，關於復活，催眠無法解釋空墳墓。」

我插話說：「我想有人會聲稱門徒們被催眠，以為墳墓是空的。」

「即使那是可能的，」柯林斯博士回答：「耶穌肯定無法催眠法利賽人和羅馬當局，如果耶穌的屍體還在墳墓裡，他們會很樂意拿出來；事實是他們沒有。這告訴我們，墳墓真的空了。

「第四，看看把水變成酒的奇蹟。耶穌從未對婚宴的賓客說話。他甚至沒有暗示僕人水變成了酒──他只是告訴他們，把水拿給宴會總管。他嘗了一口，說那是酒，沒有任何事先提示。

「第五，威爾森提到的皮膚治療不是自發的，對吧？」

事實上，我說：「根據《英國醫學期刊》（*British Medical*

Journal）說，進行催眠後第五天，稱為魚鱗癬的皮蛇才從青少年的左臂上脫落，又過了幾天，皮膚才恢復正常。在幾週的時間裡，對他身體其他部位的催眠治療成功率為 50% 至 95%。」[5]

「相比之下，」柯林斯博士說：「耶穌在《路加福音》第 17 章治癒了十個痲瘋病人。他們立即被治愈——而且是百分之百，這不能僅用催眠來解釋。耶穌在《馬可福音》第 3 章治癒了手枯乾的人也不能。如果人們只是在催眠狀態下認為他的手已經治癒，最終他們會發現真相。催眠不會持續很長時間。

「最後，福音書記載了耶穌所說和所做的各種細節，但從未描繪他說過或做過任何暗示他在催眠人們的事情。我可以繼續說下去。」

我笑了。「我告訴你這是一個有趣的解釋，但我沒說它有說服力！」我說：「然而，仍有書籍在推廣這種觀點。」

「這倒是真的讓我感到意外了，」柯林斯博士回答：「通常人們會抓住任何機會來試圖否定耶穌的奇蹟。」

驅魔人耶穌

在結束訪談之前，我想借助柯林斯博士的心理學專業知識，探討另一個令懷疑論者困惑的領域。

「耶穌是一個驅魔師，」我說：「他與惡魔對話，並將它們從據說被附身的人身上驅逐出去。但相信某些疾病和怪異行為的罪魁禍首是邪靈，這真的合理嗎？」

柯林斯博士對這個問題並不困擾。「從我的神學信仰來看，我接受惡魔的存在，」他回答：「我們生活在一個許多人相信天

---

5. "A Case of Congenital Ichthyosiform Erythrodermia of Brocq Treated by Hypnosis," *British Medical Journal* 2 (1952), 996, cited in Wilson, *Jesus: The Evidence*, 103.

使的社會。他們知道靈界力量存在,因此接受某些力量可能是惡意的,並不困難。在上帝工作的地方,有時這些力量會更活躍,而這可能就是那時候耶穌碰到的情況。」

我注意到柯林斯博士提到的是他的神學信仰,而不是他的臨床經驗。「身為心理學家,你曾見過明顯的惡魔證據嗎?」我問。

「我個人沒有,但我也沒有在臨床環境中度過整個職業生涯,」他說:「我的臨床工作朋友有時會看到這種情況,而這些人並不傾向於把每個問題都看作是惡魔的影響。他們往往持懷疑態度。精神病學家 M·史考特·派克(M. Scott Peck)在他的書《說謊之徒》(*People of the Lie*)中寫過一些這類事情。」[6]

我指出,伊恩·威爾森在暗示耶穌可能用催眠術治癒了那些只相信自己被附身的人時,語帶輕蔑地說,沒有一個「真實的個體(realistic individual)」會把附身狀態解釋為「真正來自惡魔所為」。[7]

「在某種程度上,人都能發現自己一心想找到的東西,」柯林斯博士回答:「否認超自然存在的人會找到某種方法,無論多麼牽強,用來解釋一個情況而不涉及惡魔。他們會繼續給藥,繼續給人調高劑量,但他或她並沒有好轉。正常的醫療或精神治療對有些案例無效。」

「耶穌的驅魔真的可能是精神治療嗎?」我問。

「是的,在某些情況下,但你還是必須看整個背景。例如那個鬼附身的事件,耶穌把惡魔趕進豬群,然後豬群跌下山崖該怎麼看待?如果那是一個身心疾病,又怎麼會是這樣發展的呢?我認為耶穌確實驅過鬼,我也認為今天仍有人在做這件事。

---

6. M. Scott Peck, *People of the Lie* (New York: Touchstone, 1997).
7. Wilson, *Jesus: The Evidence*, 107.

「同時，當我們面對一個無法排除的狀況時，我們不應該太快得出這是惡魔所為的結論。正如魯益師（C. S. Lewis）所說，我們對惡魔的看法可能會犯兩種相等且相反的錯誤：『一是斷然不相信它們的存在；另一是相信它們，並對它們產生過度和不健康的熱衷。而它們對這兩種錯誤都同樣樂見其成。』」[8]

「你知道嗎，蓋瑞，這個想法或許在美國基督宗教輔導協會內行得通，但世俗的心理學家會認為，相信惡魔的存在是合理的嗎？」我問。

我本以為柯林斯博士會對我的問題感到不快，因為我的問題聽起來比我想的還要高高在上，但他沒有。

「有趣的是，風氣改變了，」他沉思道：「我們的社會今天沉迷於『靈性』話題。這是一個能意味任何東西的詞，但它確實承認了超自然的存在。當今心理學家相信的東西非常有趣。有些沉迷於東方神祕主義；有些談論薩滿影響人們生活的力量。

「25 年前，任何關係到邪靈活動的說法都會被立即否定，而現在許多心理學家開始認識到，也許天地間有更多我們的哲學所無法解釋的東西。」

「荒謬的想像！」

柯林斯博士和我的談話有點偏離了採訪的初衷。當我在開車回家的路上回想我們的談話時，我又回到了促使我來找他的核心問題上：耶穌自稱是神。沒有人說他是在蓄意行騙。而現在，柯林斯博士根據 35 年的心理學經驗得出結論，耶穌並不存在精神障礙。

然而，這讓我產生一個新的問題：耶穌是否具備神的屬性？

---

8. C. S. Lewis, *The Screwtape Letters* (London: Collins-Fontana, 1942), 9.

畢竟,聲稱自己是神是一回事,而體現神的特徵又是另一回事。

在一個紅綠燈路口,我從公事包裡拿出一本筆記,給自己潦草寫了一張便條:追蹤 D. A. 卡森博士(D. A. Carson)。我知道,這件事接下來一定要找一位國內頂尖的神學家談談。

與此同時,與蓋瑞‧柯林斯博士的談話促使我那天晚上仔細重讀耶穌的講道。我看不出任何癡呆、妄想或偏執的跡象。反倒是,我再次被他的深刻智慧、非凡洞察力、詩意的雄辯和深厚的同情心所感動。歷史學家菲利普‧沙夫(Philip Schaff)說得比我更好。

> 這樣一個睿智——且如天空般澄澈,如山風般清新,如利劍般鋒利且穿透,徹底健康而力量飽滿,總是胸有成竹且自持自制——的他,會對自己的性格和使命產生本質上最嚴重的妄想錯覺嗎?荒謬至極![9]

思辨時間　思考或小組討論的問題

一、精神病院中的病人聲稱自己是神,這和耶穌對自己做出同樣主張之間有什麼不同?

二、閱讀《馬太福音》5:1-12 中耶穌的教導——天國八福(真福八端)。你能對他的智慧、雄辯、同情心、對人性的洞察力、教導深刻真理的能力和整體心理健康做出什麼觀察?

三、閱讀柯林斯博士對催眠能解釋耶穌奇蹟的理論的回應後,你認為這是一個可行的假設嗎?為什麼是或為什麼不是?

---

9. Philip Schaff, *The Person of Christ* (New York: American Tract Society, 1918), 97, cited in McDowell, *Evidence That Demands a Verdict*, 107, emphasis added.

其他證據 ◆ 更多相關資源

Collins, Gary R. *Can You Trust Psychology?* Downers Grove, IL: InterVarsity Press, 1988.

Cramer, Raymond L. *Psychology of Jesus and Mental Health*. Grand Rapids: Zondervan, 1987.

Keener, Craig S. *Miracles: The Credibility of New Testament Accounts*. 2 volumes. Grand Rapids.: Baker Academic, 2011.

Twelftree, Graham H. *Jesus the Exorcist: A Contribution to the Study of the Historical Jesus*. Reprint edition. Eugene, OR: Wipf & Stock, 2011.

_____. *Jesus the Miracle Worker: A Historical and Theological Study*. Downers Grove, IL: InterVarsity Academic, 1999.

第9章

形象證據

耶穌是否符合神的條件？

訪談對象—D. A. 卡森博士（Dr. Donald A. Carson）

在芝加哥的一間公寓裡，八名護士學校的學生被謀殺後不久，唯一倖存的學生渾身顫抖，與一名警察素描畫家擠在一起，詳細描述了她從床下隱密而有利的位置觀察到的兇手模樣。

很快，這幅畫被傳遍了全市——員警、醫院、車站、機場。不久，一位急診室醫生給警探打了電話，說他正在治療一名男傷患，疑似就是素描中那個眼神冷酷的逃犯。

就這樣，警方逮捕了一名叫理查德・斯派克的流浪漢，很快地他就被判定犯下令人髮指的謀殺案，30年後死在獄中。[1]

自1889年蘇格蘭場（Scotland Yard）首次將目擊者的回憶繪製成謀殺嫌疑犯的素描以來，法醫藝術家在執法過程中發揮了重要作用。如今有三百多名素描藝術家在美國警察機構工作，越來越多的部門開始依賴一種名為EFIT（電子面部識別技術，Electronic Facial Identification Technique）的電腦系統。

1997年，距離我芝加哥郊區的家幾英里遠的一家購物中心發生了一起綁架案。受害者向技術人員提供了綁匪的詳細外貌特徵，技術人員利用電腦從不同風格的鼻子、嘴巴、髮際線等中進行選擇，製作出罪犯的電子肖像。

---

1. Marla Donato, "That Guilty Look," *Chicago Tribune* (April 1, 1994).

就在這幅畫傳真給整個地區的警察機構後不久，另一個郊區的一名調查員就認出這幅畫與他之前遇到的一名罪犯如出一轍。幸運的是，這使得綁架嫌疑人很快被逮捕。[2]

奇妙的是，藝術家繪畫的概念可以提供一個粗略的類比，幫助我們探尋關於耶穌的真貌。這是因為舊約提供了許多關於上帝的細節，具體描繪了祂的形象。例如，上帝被描述為無所不在，存在於宇宙的每個角落；無所不知，知曉永恆中的一切；全能，擁有無限的力量；永恆，即超越時間，又是所有時間的源頭；以及不變，在祂的屬性中始終如一。祂是慈愛的、聖潔的、公義的、智慧的、正直的。

現在，耶穌雖然宣稱是神，但他符合這些神性特徵嗎？換句話說，如果我們仔細觀察耶穌，他的相貌是否與我們在聖經其他地方找到的神的素描十分吻合？如果不符，我們就可以得出結論，他宣稱是神是假的。

這是一個極其複雜且令人費解的問題。例如，當耶穌在迦百農（葛法翁）外的山坡上講授「登山寶訓」時，他並沒有同時出現在耶利哥的主街上，那麼他怎麼能被稱為無所不在？如果他在《馬可福音》13:32 中坦承他對未來並非全知，那麼他怎麼能被稱為無所不知？如果他是永恆的，為什麼《歌羅西書》1:15 稱他為「是首生的，在一切被造的以先」？

表面看來，這些問題似乎顯示耶穌與上帝的素描並不相似。然而，多年來我學會了：初步印象可能帶有欺騙性。因此，我很高興能與 D. A. 卡森博士討論這些問題，他是近年來基督宗教中最傑出的思想家之一。

---

2. Denny Johnson, "Police Add Electronic 'Sketch Artist' to Their Bag of Tricks," *Chicago Tribune* (June 22, 1997).

第八份訪談
唐納德 A. 卡森 哲學博士

卡森博士,是三一福音神學院的新約研究教授,撰寫跟編輯了超過 40 本書,包括《主耶穌與神的國度》(*The Sermon on the Mount*)、《再思解經錯謬》(*Exegetical Fallacies*)、《約翰福音註釋》(*The Gospel According to John*)及獲獎作品《神的掩口》(*The Gagging of God*)。

他能閱讀十二種語言(他精通的法語源自在魁北克的童年時光),是丁道爾聖經研究會(Tyndale Fellowship for Biblical Research)、聖經文學學會和聖經研究學會的成員。他的專業領域包括歷史上的耶穌、後現代主義、希臘語語法以及使徒保羅和約翰的神學。

卡森博士起初學習化學專業(獲得麥基爾大學理學士學位),後來獲得神學碩士學位,隨後前往英國,在著名的劍橋大學獲得新約博士學位。他在加入三一學院之前,曾在其他三所學院和神學院任教。

在驅車前往伊利諾伊州迪爾菲爾德(Deerfield)的三一學院進行採訪之前,我從未見過卡森博士。坦白說,我原以為會見到一位拘謹的學者;但是,當我發現卡森博士完全是我想像中的學者時,我卻被他熱情、真誠和牧師般的口吻嚇了一跳,因為他在回答我的問題時,某些情況下是相當尖刻的。

我們的對話在聖誕假期期間、一個空蕩蕩的教師休息室進行。卡森博士穿著一件白色的風衣外套,裡面是扣領襯衫、藍色牛仔褲和愛迪達運動鞋。在我們就對英國的共同欣賞(卡森博士多年來斷斷續續地住在英國,他的妻子喬伊也是英國人)進行了簡短的寒暄閒聊之後,我拿出筆記本,打開錄音設備,提出了一

個前置背景問題,好幫助我們確定耶穌是否「具備」成為上帝的「條件」。

像上帝一樣生活和寬恕

我最初的問題集中在為什麼卡森博士認為耶穌是上帝。「他說了什麼或做了什麼,」我問道:「讓你相信他是神聖的?」我不確定他會如何回答,雖然我預期他會專注於耶穌的超自然壯舉。但我錯了。

「人們可以指出他所創造的奇蹟,」卡森博士靠在舒適的軟墊椅上說:「但其他人也創造過奇蹟,所以這雖然可以回答問題,但並不是決定性的答案。當然,復活最終證明了他的身分。但在他所做的許多事情中,最讓我印象深刻的是,他對罪的寬恕。」

「真的嗎?」我說著,挪了挪椅子的方向,更直接地面對他。「怎麼說?」

「重點是,如果你做了什麼對不起我的事,我有權原諒你。然而,如果你對我做了什麼,然後有另外一個人過來說:『我原諒你』,這臉皮未免也太厚了吧。唯一以這種立場說這句話的人是上帝本人,即使一個人的罪行是針對其他人的,但從神學的角度來看,這些罪行首先是對上帝和祂的律法的違抗。

「大衛犯了姦淫罪並安排殺死那女人的丈夫,他最終在《詩篇》(聖詠集)第 51 篇對上帝說:『我向你犯罪,惟獨得罪了你,在你眼前行了這惡。』他認識到,儘管他傷害了別人,但歸根結柢,他是對按自己的形象造他的上帝犯了罪,他需要上帝寬恕他。

「所以耶穌來了,對罪人說:『我寬恕你。』猶太人立刻意識到這是對神的褻瀆。他們反應道:『除了上帝,誰能赦罪?』

對我來說，這是耶穌所做的最引人注目的事情之一。」

「耶穌不僅赦免了罪，」我說：「他還宣告他自己是無罪的。當然，無罪是神性的一種屬性。」

「是的，」他回答道：「在西方歷史上，被認為最聖潔的人也最清楚自己的失敗和罪孽。他們會意識到自己的缺點、欲望和怨恨，並在上帝的恩典下，誠實地與之抗爭。事實上，他們成功地對抗了自我，而別人注意到後就會說：『這是個聖人或聖女』。

「但耶穌來了，他能夠堂堂正正地說：『你們中間誰能指證我有罪呢？』」[3]如果是我這麼說，我的妻子和孩子以及所有認識我的人都會樂於站起來作證；而如果面對的是基督，沒有人能夠這麼說。」

雖然道德上的完美和罪的寬恕無疑是神性的特徵，但耶穌還必須滿足其他一些屬性，才能與上帝的素描相匹配。現在是時候進一步討論這些屬性了。在向卡森博士投出幾個簡單的好球之後，我準備投曲線球了。

道成肉身之謎

我用隨身攜帶的一些筆記，接二連三地向卡森博士提出了耶穌聲稱自己是神的一些最大障礙。

「卡森博士，如果耶穌不能同時出現在兩個地方，怎麼能算無所不在呢？」我問道：「他說：『連人子也不知道他回來的時候』，他這樣怎麼能算無所不知呢？福音書明確告訴我們，他無法在家鄉創造許多奇蹟，那這樣又怎麼能算無所不能？」

為了強調，我用筆指著他，總結道：「讓我們承認吧：看來聖經本身就已經反對耶穌是上帝了。」

---

3. 約翰福音8:46。

卡森博士沒有退縮，但他承認這些問題沒有簡單的答案。畢竟，這些問題直指道成肉身的核心——上帝成為人，靈成為肉身，無限成為有限，永恆成為有時間限制的。這一教義讓神學家們忙碌了幾個世紀。卡森博士選擇從這裡開始他的回答：回到學者們多年來試圖回應這些問題的方式。

「從歷史來看，有兩三種說法應對這個問題，」他開始說，語氣有點像在課堂講課。

「例如，在上個世紀末，偉大的神學家本傑明・沃菲爾德翻閱了福音書，將各種片段或歸於基督的人性，或歸於他的神性。當耶穌做了一些反映他是神的事情時，就歸於基督的神性。當耶穌的某些行為反映出他的侷限性、有限性或人性時——例如，他的眼淚；上帝會哭嗎？——這被歸於他的人性。」

在我看來，這種解釋充滿了問題，「如果你這樣做，最後不就會出現一個精神分裂的耶穌嗎？」我問道。

「這很容易在不知不覺中鑽牛角尖，」他回答道：「所有的信仰宣告，都堅持認為耶穌的人性和神性是截然不同的，但它們又合而為一。因此，你要避免用本質上存在兩種不同思想的概念去下定義——耶穌的凡人心靈、基督的神聖心靈並不是分開的。總之，這是其中一種闡釋方法，或有其道理。

「另一種解法是某種形式的虛己（kenosis），意思是『倒空』。這個概念源於《腓立比書》第 2 章，保羅告訴我們，耶穌『他本有上帝的形像，不以自己與上帝同等為強奪的』——這應該是這樣翻譯的——『反倒虛己，取了奴僕的形像，成為人的樣式。』他變成一個無名小卒。」

對我來說，這似乎有點模稜兩可。「你能再明確一點嗎？」我問道：「他到底倒空了什麼？」

顯然，我觸及了核心問題。「啊，這正是問題所在，」卡森

博士點頭回答:「幾個世紀以來,人們對此給出了各種答案。例如,他是否倒空了他的神性?那麼他就不再是神了。

「他是否倒空了神性的屬性?我對此也有疑問,因為很難將屬性與現實分開。如果有一種動物長得像馬、聞起來像馬、走起路來像馬,並具有馬的所有屬性,那它就是一匹馬。所以,我不知道神把自己的屬性倒空但仍然是神,代表著什麼。

「有些人說:『他沒有倒空他的屬性,而是倒空了使用這些屬性』——也就是採取了一種自我限制的方式。這是比較接近的說法,雖然有時他並沒有這樣做——他以只有神才能做的方式寬恕罪,這是一個神性的屬性。

「其他人進一步說:『他倒空了獨立使用屬性的權利。』也就是說,當他的天父明確允許他像上帝一樣行事時,他才以神的方式行事。現在,這個說法更接近了。難以判別的地方在於,在某種意義上,永恆之子總是按照天父的誡命行事。你不會想失去它,哪怕是在永恆的過去。但時候早晚會到。」

我感覺我們就快要命中紅心了,但我不確定我們靠近多少。卡森博士似乎也有同感。

「嚴格地說,」他說:「《腓立比書》第 2 章沒有準確地告訴我們永恆之子虛己的內容。他倒空了自己;他成了一個無名小卒。某種形式的倒空是問題所在,但坦白說,我們現在談論的是道成肉身,這是基督宗教信仰的核心奧祕之一。沒那麼容易。

「你面對的是一個無形、無體、無所不知、無所不在、全能的靈,以及與之相對有限的、可觸摸的、有形的、有時間限制的生物。從一個成為另一個,不可避免地必然會縈繞著各種神祕的謎團。

「因此,部分基督宗教神學的觀點並不在於『把一切解釋得明明白白』,而是試圖從聖經中獲取證據,在保持所有證據公正

性的同時，找到理性上連貫的方法，即使這些方法無法完全解釋清楚我們無法領會的部分。」

這是一種頗為世故的說法，也就是說，神學家可以提出看似合理的解釋，哪怕並不足以解釋關於道成肉身的每一個細節。但某種程度上，這也算合乎邏輯。畢竟如果道成肉身是真的，那憑我等有限的心智無法完全理解也就不足為奇了。

在我看來，一種合理的解釋是，耶穌自願「倒空」他獨立使用屬性的權利，這可以解釋為什麼他身在塵世時，並未普遍地展露出全知、全能和無所不在的特質，儘管新約聖經明確指出這些特質最終都屬於他。

然而，這只是問題的一部分。我翻到筆記的下一頁，開始對一些似乎直接反駁耶穌是神的特定聖經段落提出疑問。

創造者還是被創造者？

耶穌必須符合的另一個特徵是，上帝是自有永有的存在者，從永恆的過去就存在。《以賽亞書》57:15 描述神為「那位永遠長存的」。但是，我對卡森博士說，有些經文似乎強烈暗示耶穌是一個被造的存在。

「例如，」我說：「《約翰福音》3:16 稱耶穌為『獨生子』，《歌羅西書》1:15 稱他『是首生的，在一切被造的以先』。這些不是明顯地暗示耶穌是被造的，而不是創造者嗎？」

卡森博士的專長之一是希臘語語法，他在回答這兩節經文時都用到了希臘語語法。

「好，讓我們來看看《約翰福音》3:16，」他說：「是《欽定版聖經》將希臘語翻譯為『他的獨生子』。那些認為這是正確翻譯的人通常將這與道成肉身本身連繫起來——即他生成在聖母馬利亞中。但事實上，希臘語中的這個詞並不是這個意思。

「這個字實際上是指『獨特的』。在第一世紀，這個詞通常用來指『獨特且被愛的』。所以，《約翰福音》3:16 只是說耶穌是獨特且被愛的兒子——或者像《新國際版聖經》英譯的那樣，寫的是『the one and only Son』——而不是說他在本體上是在時間中生成的。」

「那只解釋了這一節經文，」我指出。

「好吧，我們來看看《歌羅西書》的經文，使用了『首生』(firstborn) 這個詞。絕大多數的評論家，無論是保守派還是自由派，都認識到在舊約中，由於繼承法的規定，長子通常獲得大部分的產業，或者在王室家庭中，長子會成為國王。因此，長子最終擁有父親的所有權利。

「到公元前二世紀，有些地方這個詞不再包含實際生成或首先出生的概念，而是帶有作為合法繼承人所具有的權威。這就是它在耶穌身上的應用，幾乎所有學者都承認這一點。從這個角度看，『首生』這個詞有點誤導。」

「那麼，更好的翻譯該是什麼樣的？」我問。

「我認為『至高繼承人』會更合適，」他回答。

雖然這能解釋《歌羅西書》的經文，但卡森博士進一步指出了最後一點。

「如果你要引用《歌羅西書》1:15，你就必須考量到上下文，繼續看《歌羅西書》2:9，在那裡同一位作者強調說：『因為上帝本性一切的豐盛都有形有體地居住在基督裏面』。作者不會自相矛盾。因此，『首生』這個詞不能排除耶穌的永恆性，因為擁有神性的豐盛是其意義的一部分。」

對我來說，這解決了問題。但還有其他令人困惑的經文。例如，在《馬可福音》第 10 章，有人稱呼耶穌為「良善的夫子」，耶穌回答說：「你為甚麼稱我是良善的？除了上帝一位之外，再

沒有良善的。」

「這不是在否認他的神性嗎？」我問。

「不，我認為他是想讓那人停下來思考他所說的話，」卡森博士解釋道：「在《馬太福音》裡有一個有點相似的段落，然而沒有看到任何耶穌淡化他神性的痕跡。

「我認為他只是說，『等等，你為什麼稱我良善？你是在跟我說客氣話嗎，就像你說『祝你有美好的一天』一樣？你所說的良善是什麼意思？你稱我良善的夫子——這是因為你想討好我嗎？』

「從根本來說，只有一位是良善的，那就是神。但耶穌並沒有暗示說，『所以別那樣叫我。』他是在說：『你真的明白你在說什麼嗎？當你這樣說時，你真的在把應該只歸於神的屬性歸給我嗎？』

「這可以延伸理解為：『我確實如你所說，但你確說中了你並不清楚的事』，或者『你怎敢這麼叫我，下次你應當像其他人一樣叫我『罪人耶穌』。用耶穌在其他地方所說和所做的一切來當作判斷資料，你認為哪種解釋才合理？」

有那麼多經文稱耶穌為「無罪的」、「聖潔的」、「公義的」、「清白的」、「無玷汙的」、「遠離罪人的」，答案顯而易見。

耶穌是次等的神嗎？

如果耶穌是神，他是什麼樣的神？他是與天父等同的神，還是某種初級的神，擁有神性的屬性，但卻無法與舊約中關於神的全部描述相符合？

這個問題來自我向卡森博士指出的另一段經文。「耶穌在《約翰福音》14:28 中說：『父比我大』。有些人看到這句話，便認為耶穌一定是個次等的神。他們是對的嗎？」我問。

卡森博士歎了口氣。「我父親是一名傳教士，」他回答道：「在我成長的過程，我們家有一句格言，『脫離上下文的經文就是斷章取義的好來由』。連結上下文來看這段話是非常重要的。

「門徒們在哀嘆，因為耶穌說他要離開了。耶穌說：『你們若愛我，就會因我到父那裏去而喜樂，因為父比我大。』也就是說，耶穌正在回到本來屬於他的榮耀中，所以如果他們真的知道他是誰，並且真正愛他，他們會為他回到真正偉大的領域而感到高興。耶穌在《約翰福音》17:5 中說：『父啊，現在求你使我同你享榮耀，就是未有世界以先，我同你所有的榮耀。』也就是說，『父比我大』。

「當你使用『大』這個詞時，它不是一定指在本體上更大。例如，如果我說，美國總統比我偉大，我並不是說他本體上優越的存在。他是在軍事能力、政治才幹和公共聲譽方面比我偉大，但他並不是比我更高等的人。他是一個人，我也是一個人。

「所以當耶穌說，『父比我大』，我們必須看上下文，問耶穌是否在說，『父比我大，因為他是神，我不是』。坦白說，這是一個相當荒謬的說法。假設我站在某個講臺布道時說：『我鄭重向你們宣布，上帝比我偉大。』這將是一個相當無用的觀點。

「這個比較只有在他們已經在同一水平上時才有意義，而且還有一些限制存在。耶穌在道成肉身的限制中──他將要上十字架，他將要死──但他即將回到父那裡，回到他與父在創世之前所擁有的榮耀中。

「他是在說，『你們這些人在為我哀嘆；但你們應該高興，因為我要回家了。』這就是『父比我大』的意思。」

「所以，」我說：「這並不是在暗示否認他的神性。」

「不，」他總結道：「這並不是。上下文使這一點很清楚。」

雖然我已經準備好接受耶穌不是一個較小的神的事實，但我

還想提出一個不同的、更敏感的問題：耶穌是一位富有憐憫心的神，那怎麼會贊同讓拒絕他的人永遠受苦？

地獄這個令人不安的問題

《聖經》說，天父是慈愛的。《新約》同樣肯定耶穌也是如此。但是，他們真的有愛，同時又把人送進地獄嗎？畢竟，耶穌對地獄的教導比全部《聖經》中的任何人都多。這不是與他所謂的溫柔和憐憫的性格相矛盾嗎？

向卡森博士提出這個問題時，我引用了不可知論者查爾斯·坦普頓那句尖刻的話：「一位慈愛的天父怎麼可能創造一個無盡的地獄，並且在數個世紀中，將數百萬人送進這個地獄，因為他們不接受、無法接受或不願接受某些宗教信仰？」[4]

這個問題雖然經過調整以達到最大效果，但並沒有引起卡森博士的憤怒。他首先進行了澄清。「首先，」他說：「我不確定上帝會因為人們不接受某些信仰就把他們打入地獄。」

他思考了一下，然後倒退一步，試圖藉由討論一個許多現代人認為是過時的話題：罪——來得到一個更透澈的答案。

「想像一下，神在創造之初造了一個按照他形象的男人和女人，」卡森博士說：「他們早晨醒來就想到神。他們真心愛他。他們喜愛做他所希望的事，這是他們的全部樂趣。他們與他有正確的關係，也彼此有正確的關係。

「然後，隨著罪和叛逆進入世界，這些按神形象造的人開始認為自己是宇宙的中心。不是字面上的，但這是他們的思維方式。我們也是這樣思考。所有我們稱之為『社會病理（social pathologies）』的事——戰爭、強姦、苦毒、積怨、暗中嫉妒、

---

4. Templeton, *Farewell to God*, 230.

驕傲、自卑情結——首先都與我們沒有正確地與上帝建立連繫這一事實有關。其後果就是人們受到傷害。

「從神的角度來看，這是令人震驚與厭惡的。所以神應該怎麼做呢？如果他說：『沒什麼，我不在乎，』他就是在說邪惡對他來說無所謂。這有點像在說：『哦，沒錯，猶太人大屠殺——我不在乎啊。』如果我們認為神對這種事情沒有道德判斷，那不是才是讓我們驚嚇至極的事嗎？

「但是，原則上來說，如果他是一位對這些事情有道德判斷的神，那麼他就必須對這件大事做出道德判斷：這些按照祂面容、有著神聖形象的人類對著祂的臉揮舞無力弱小的拳頭，唱著法蘭克・辛納屈（Frank Sinatra）的〈照我的方式來〉（I did it my way）。這才是罪的真正本質。

「話雖如此，地獄不是一個只是因為人們沒有相信正確的東西而被送去的地方。首先最重要的是，他們被送去那裡是因為反抗他們的造物主，並想成為宇宙的中心。地獄裡並不是充滿那些已經悔改，只是上帝不夠溫柔或不夠善良而不放他們出來的人；而是充滿那些執迷於想成為宇宙中心並且堅持反抗上帝的人。

「上帝該怎麼做呢？如果他說他對這無所謂，那麼上帝就不再是一個值得被崇敬的上帝了。他要不是毫無道德底線，要不就是極其可怕。面對如此明目張膽的蔑視，若上帝以其他任何方式處理，都會貶低他自身的神聖。」

我插話說：「是的，但讓人們最困擾的似乎是上帝會讓人們永遠受苦的想法。這看起來很殘忍，不是嗎？」

卡森博士回答說：「首先，聖經說懲罰有不同的程度，所以我不確定對所有人來說，這種懲罰的強度是否相同。

「其次，如果上帝對這個墮落的世界撒手不管，使人類的邪惡沒有任何約束，那我們自然就打造出地獄。如果你讓一大群罪

人生活在一個密閉的地方,他們只會彼此互相傷害,那這不是地獄是什麼?從某種意義上說,他們是在自作自受,而這也正是他們想要的,因為他們仍然不悔改。」

我以為卡森博士的回答結束了,因為他停頓一下。然而,他還有個至關重要的觀點。「聖經堅持認為,最終不僅正義會實現,而且正義將被看到已經實現,這樣每個人都將無可埋怨。」

我抓住了他最後的這句話。「換句話說,」我說:「在審判的時候,世上沒有人會在離開那段經歷時,說他們被上帝不公平對待。每個人都會認識到上帝在審判他們和世界之時是正義的。」

「沒錯,」卡森博士堅定地說。「正義並不總是在這個世界上實現,我們每天都看到這一點。但在末日,它將為所有人所見。沒有人會抱怨說:『這不公平』。」

耶穌與奴隸制

我還想向卡森博士提出一個問題。我看了眼手錶,「你還能有幾分鐘時間嗎?」我問道。當他表示有的時候,我開始討論另一個有爭議的話題。

要成為上帝,耶穌在道德上必須完美無缺。但基督宗教的一些批評者指責,耶穌沒有做到這點,因為他們說,耶穌默許了在道德上令人憎惡的奴隸制。莫頓·史密斯(Morton Smith)寫道:

> 皇帝和羅馬國家擁有無數奴隸;耶路撒冷聖殿擁有奴隸;大祭司擁有奴隸(其中一個在耶穌被捕時失去了一隻耳朵);所有的富人和幾乎所有的中產階級都有奴隸。據我們所知,耶穌從未反對這種做法⋯⋯在耶穌青年時期,巴勒斯坦和約旦地區似乎曾經發生過奴隸起義;一位能行奇蹟的起義領袖一定會吸引大量追隨者。如果耶穌曾經譴責奴隸制或承諾解

放,我們絕對會聽說他的相關言論。但我們什麼都沒聽到,所以最可能的推測就是,他對此毫無意見。[5]

耶穌沒有推動廢除奴隸制,這怎能與上帝對所有人的愛相提並論呢?「為什麼耶穌沒有站起來大聲疾呼『奴隸制是錯誤的』?」我問道。「他沒有努力廢除一個貶低按照上帝形象創造的人的制度,這在道德上有缺陷嗎?」

卡森博士在椅子上直起身來。「我真的認為,提出這種反對意見的人沒有抓到重點。」他說:「如果你允許的話,我想先談談奴隸制,古代的和現代的;因為在我們的文化中,這個問題的涵義與古代世界中的涵義不同。」

我示意他繼續。「請繼續,」我說。

推翻壓迫

「非裔美國學者湯馬斯・索維爾(Thomas Sowell)在他的書《種族與文化》(Race and Culture)[6]中指出,直到現代,每個主要的世界文化都無一例外地存在過奴隸制。」卡森博士解釋道。「雖然奴隸制可能與軍事征服有關,但通常奴隸制是為經濟目的服務的。當時沒有破產法,所以如果你陷入嚴重的債務,你會把自己或家人賣為奴隸。由於這是償還債務的一種方式,奴隸制也在提供工作。這並不一定都是壞事,至少這是一種生存的選擇。

「請理解我:我並不想美化奴隸制。然而,在羅馬時代,有些體力勞動者是奴隸,但也有一些人相當於高級學位的學者,也有一些相當於傑出博士的人在從事教書育人的工作。而且,奴隸

---

5. Morton Smith, "Biblical Arguments for Slavery," *Free Inquiry* (Spring 1987), 30.
6. Thomas Sowell, *Race and Culture* (New York: Basic, 1995).

制與特定種族並無關聯。

「但在美國奴隸制中，所有的黑人且只有黑人是奴隸。這是它的一個特殊恐怖之處，並產生了一種不公平的黑人民族劣等感，這是我們許多人至今仍在努力對抗的。我們當中的許多人至今仍在與這種自卑感作鬥爭。

「現在讓我們看看《聖經》。在猶太社會，根據律法，每個人每逢禧年（Jubilee）都要獲得自由。換句話說，每隔七年就有一次奴隸解放；不管事情是否真的如此，但這是上帝的旨意，這也是耶穌成長的背景。

「你必須注意耶穌的使命。本質上，他並不是來推翻包含奴隸制的羅馬經濟體系；他來是為了讓男人和女人從罪惡中解脫。而我的觀點是：他的信息會改變人們，使人們開始全心全意愛上帝，並愛鄰如己。這對奴隸制的觀念會有潛移默化的影響。

「看看使徒保羅在寫給腓利門書的信中對一個名叫阿尼西謀（敖乃息摩）的逃奴說了什麼。保羅並沒有說要推翻奴隸制，因為那樣做只會讓他被處死。相反，他告訴腓利門要像對待保羅自己一樣對待阿尼西謀，視他為基督裡的兄弟。然後，為了讓事情完全清楚，保羅強調說：『記住，你自己亦因福音欠了我。』

「因此，推翻奴隸制是透過福音對男人和女人的改造，而不僅僅是改變經濟制度。我們都見過只推翻一種經濟制度再強加一種新秩序會發生什麼事。整個共產主義在描繪的夢想就是有一個「革命者」，然後有「新的人」。問題是，他們從未找到「新的人」。他們擺脫了壓迫農民的政權，但這並不意味著農民突然獲得了自由——他們只是被轉移到另一個新的黑暗政權之下。歸根結柢，要想實現持久的變革，就必須改變人類的心靈。這就是耶穌的使命。

「索維爾提出的問題也值得一問：奴隸制是如何終結的？他

指出，廢除奴隸制的主要動力是英國的福音派覺醒。十九世紀初，基督徒們在國會強行通過廢除奴隸制，最終並利用英國炮艦阻止了橫跨大西洋的奴隸貿易。

「當時大約有一千一百萬非洲人被運送到美國——很多人未能活下來——而有大約一千三百萬非洲人被運送到阿拉伯世界成為奴隸。同樣是英國人，在被基督改變了心靈的人們的推動下，派遣他們的炮艇前往波斯灣來反對這一切。」

卡森博士的回答在歷史上是合理的，也與我的經驗相符。例如，多年前我認識一位商人，他是一個狂熱的種族主義者，對任何其他膚色的人都有優越感和高高在上、居高臨下的態度。他幾乎不掩飾他對非裔美國人的鄙視，經常用粗俗的玩笑和尖酸刻薄的話語來表達他的偏見。無論如何爭辯，都不能說服他改變這些令人作嘔的觀點。

後來，他成了耶穌的追隨者。我驚訝地發現，隨著時間的推移，他的態度、觀點和價值觀都發生了變化，因為他的心被上帝更新了。他意識到，他不能再對任何人懷有惡意，因為聖經教導，所有人都是按上帝的形象創造的。今天，我可以誠實地說，他真誠地關心和接受他人，包括那些與他不同的人。

立法沒有改變他、理性辯論沒有改變他、情感訴求沒有改變他。但他會告訴你，上帝從內到外決定性地、完全地、永久地改變了他。這是我見過的、許多福音力量的例子之一——將報復心重的仇恨者變成人道主義者，將冷酷的守財奴變成熱心的捐助者，將權力追求者變成無私的僕人，並將透過奴役或其他形式的壓迫剝削他人的人變成了包容一切的人。

這與使徒保羅在《加拉太書》（迦拉達書）3:28 中所說的一致：「並不分猶太人、希臘人，自主的、為奴的，或男或女，因為你們在基督耶穌裏都成為一了。」我們是同樣的。

與上帝的肖像匹配

卡森博士和我談了兩個小時,有時語調激動,錄音帶的內容超出了這章所能容納的。我發現他的回答非常有理有據,在神學上也很合理。然而,最終,道成肉身卻仍然是一個令人匪夷所思的概念。

即便如此,根據聖經,它確實發生了,這個事實是毋庸置疑的。新約說,上帝的每一個屬性都在耶穌基督身上:

- 無所不知?使徒約翰在《約翰福音》16:30 中肯定耶穌:「現在我們曉得你凡事都知道。」
- 無所不在?耶穌在《馬太福音》28:20 中說:「我就常與你們同在,直到世界的末了。」並在《馬太福音》18:20 中說:「因為無論在哪裏,有兩三個人奉我的名聚會,那裏就有我在他們中間。」
- 無所不能?耶穌在《馬太福音》28:18 中說:「天上地下所有的權柄都賜給我了。」
- 永恆性?《約翰福音》1:1 宣告耶穌:「太初有道,道與上帝同在,道就是上帝。」
- 不變性?《希伯來書》13:8 說:「耶穌基督昨日、今日、一直到永遠,是一樣的。」

此外,《舊約聖經》使用阿拉法和俄梅戛(Alpha and Omega,阿耳法和敖默加)[7]、主(Lord)、救主(Savior)、王(King)、審判者(Judge)、光(Light)、磐石(Rock)、救

---

7. 編按:此處在《新約聖經》中的《啟示錄》22:13。

贖主（Redeemer）、牧者（Shepherd）、創造者（Creator）、生命的賜予者（giver of life）、罪的赦免者（forgiver of sin）和具有神聖權威的說話者（speaker with divine authority）等頭銜和描述來描繪上帝。值得注意的是，《新約聖經》中上述的每一個頭銜和描述也都應用於耶穌。[8]

耶穌在《約翰福音》14:7 中說：「你們若認識我，也就認識我的父。」這大致翻譯為：「當你看《舊約聖經》中上帝的肖像時，你會看到我的形象。」

思辨時間　思考或小組討論的問題

一、閱讀《腓立比書》2:5-8，其中提到耶穌虛己，降生在卑微的環境中，以十字架為他的歸宿。耶穌這樣做的動機可能是什麼？然後閱讀第 9-11 節。耶穌的使命會帶來什麼結果？是什麼促使每個人有一天都認定耶穌是主？

二、地獄的觀念是否阻礙過你的靈修歷程？你如何回應卡森博士對這個問題的解釋？

三、卡森博士論述了一些經文，從表面上看，這些經文似乎暗示耶穌是被造物或較小的神。你覺得他的推理有說服力嗎？為什麼？他對這些問題的分析在解釋經文時所需要的適當的背景資訊方面，給了你什麼啟示？

其他證據 ◆ 更多相關資源

Bauckham, Richard. *God Crucified: Monotheism and Christology in the New Testament*. Grand Rapids: Eerdmans, 1999.

---

8. Josh McDowell and Bart Larson, *Jesus: A Biblical Defense of His Deity* (San Bernardino, CA: Here's Life, 1983), 62–64.

Bowman, Robert M. Jr., and J. Ed Komoszewski. *Putting Jesus in His Place*. Grand Rapids: Kregel, 2007.

Gathercole, Simon J. *The Preexistent Son: Recovering the Christologies of Matthew, Mark, and Luke*. Grand Rapids: Eerdmans, 2006.

Harris, Murray J. *Jesus as God*. Grand Rapids: Baker, 1992.

Longnecker, Richard N., ed. *Contours of Christology in the New Testament*. Grand Rapids: Eerdmans, 2005.

Morgan, Christopher W., and Robert A. Peterson. *The Deity of Christ*. Wheaton, IL: Crossway, 2011.

Ware, Bruce A. *The Man Christ Jesus*. Wheaton, IL: Crossway, 2012.

Witherington III, Ben. *The Many Faces of the Christ: The Christologies of the New Testament and Beyond*. New York: Crossroad, 1998.

_____. The Christology of Jesus. Minneapolis: Augsburg Fortress, 1990.

第 10 章

指紋證據

符合彌賽亞身分的只有耶穌嗎？

訪談對象―路易斯・拉皮德斯（Louis Lapides, MDiv, ThM）

那是芝加哥希勒家一如往常的一個平靜星期六。克拉倫斯・希勒（Clarence Hiller）花了一下午的時間在他位於西 104 街的兩層樓房外面粉刷窗框。傍晚時分，他和家人已經上床休息。然而，接下來發生的事情將永遠改變美國的刑法。

1910 年 9 月 19 日清晨，希勒一家醒來，發現女兒臥室附近的煤氣燈熄滅了，感到有些可疑。克拉倫斯前去查看，他的妻子聽到一連串的聲音：一場爭鬥，兩個男人滾下樓梯，兩聲槍響，隨後是前門的關門聲。她出來發現克拉倫斯死在樓梯底端。

警方在不到一英里外逮捕了托馬斯・詹寧斯，他是一名有前科的竊賊。他的衣服上有血跡，左臂受傷——他說這是因為在電車上跌倒造成的。在他的口袋裡，他們找到了一把與殺害克拉倫斯・希勒相同槍型的槍，但無法確定這是否是兇器。

他們需要更多證據來定罪詹寧斯，偵探們仔細檢查了希勒家的內部，尋找額外的線索。有一個事實很快變得明顯：兇手是從後廚房窗戶進入的。偵探們走到外面，在窗戶旁邊，他們發現了一個決定性的證據：四枚清晰的左手指紋，印在幾個小時前受害者自己在欄杆上仔細塗上的白色油漆中。

指紋證據在當時是一個新概念，最近才在聖路易斯國際警察展覽會引入。迄今，指紋從未被用來定罪美國任一起謀殺案。

儘管辯護律師強烈反對，認為這種證據不科學且不具可接受性，但四名警官作證，油漆中的指紋完美匹配托馬斯·詹寧斯的指紋——而且只有他的指紋。陪審團判定詹寧斯有罪，伊利諾伊州最高法院在歷史性的裁決中維持他的判決，他後來被絞死。[1]

指紋證據背後的前提很簡單：每個人手指上的脊紋都是獨特的。當發現的指紋與某人的指紋脊紋圖案匹配時，調查人員可以科學地確定這個特定的個人曾經觸摸過那個物體。

在許多刑事案件中，指紋鑑定是關鍵證據。我記得報導過一場審判，那場審判中，在香煙包裝的玻璃紙上發現的一枚拇指指紋，成了一名二十歲竊賊被控謀殺一名大學生終遭定罪的決定性因素。[2] 指紋證據就是可以這麼確切。

那這與耶穌基督有什麼關係呢？簡單來說，有另一種類似指紋的證據，確立了耶穌確實是以色列和世界的彌賽亞。

在猶太經典中，基督徒稱之為「舊約聖經」，有幾十個主要的預言關於彌賽亞的來臨，這位將由上帝派遣來救贖他的子民的受膏者。實際上，這些預言形成了一個很具體精細的指紋，精細到只有唯一的那位受膏者才能匹配。這樣，以色列人就可以排除任何冒名頂替者，並驗證真實彌賽亞的資格。

「彌賽亞（Messiah）」這個希臘詞就是「基督」。但耶穌真的是基督嗎？他是否奇蹟般地實現了那些在他出生前幾百年寫下的預言？我們如何知道他是歷史上唯一符合這些預言指紋的？

有很多學者擁有一長串頭銜，我可以向他們請教這個主題。然而，我希望採訪的人不僅僅是把這當作一個抽象的學術練習，這帶我來到南加州一個非常不尋常的地方。

---

1. Evans, *The Casebook of Forensic Detection*, 98-100.
2. Lee Strobel, "'Textbook' Thumbprint Aids Conviction in Coed's Killing," *Chicago Tribune* (June 29, 1976).

第九份訪談
路易斯・拉皮德斯 道學碩士／神學碩士

通常教堂會是探討聖經問題的自然場所。然而，在星期日禮拜後的早晨，與路易斯・拉皮德斯牧師在他的教堂聚會場所坐下來交談，就有些特別了。在這個擁有長椅和彩色玻璃窗的環境裡，你不會預期看到的是一位來自新澤西州紐華克的猶太青年。

然而，這正是拉皮德斯的背景。對於他這樣有著猶太傳統背景的人來說，耶穌是否是期待已久的彌賽亞這個問題超越了理論，成為一個極其個人的問題。我特地找到了拉皮德斯，想聽聽他自己對這個關鍵問題的研究歷程。

拉皮德斯獲得了達拉斯浸信會大學（Dallas Baptist University）的神學學士學位，以及泰爾博神學院（Talbot Theological Seminary）的神學碩士和舊約與閃米特語的神學碩士學位。他曾在「選民事工」（Chosen People Ministries）工作十年，向猶太大學生講述耶穌。他在拜歐拉大學（Biola University）的聖經系任教，並在「走過聖經」研討會（Walk Through the Bible seminars）擔任了七年的講師。他還是十五個彌賽亞信仰會眾的全國網絡的前任主席。

拉皮德斯身材瘦削，戴著眼鏡，說話溫和且總是帶著微笑，還不時會笑出聲來。他熱情且彬彬有禮，帶我到加利福尼亞州舍曼奧克斯的伯特阿列爾團契（Beth Ariel Fellowship）的前排椅子坐下。我不想一開始就討論聖經的細節，而是邀請拉皮德斯和我聊聊他的靈性旅程。

他把手放在腿上，看了看昏暗的木牆，決定從哪裡開頭，然後開始展開一個非凡的故事，帶我們從紐華克到格林威治村，再到越南和洛杉磯，從懷疑到信仰，從猶太教到基督宗教，從耶穌無關緊要到耶穌是彌賽亞。

「如你所知，我來自一個猶太家庭，」他開始說道：「我在保守派猶太教會堂上了七年的學，以準備成年禮（bar mitzvah）。儘管我們認為這些學習非常重要，但我們家的信仰並沒有太大影響我們的日常生活。我們沒有在安息日停止工作，也沒有保持猶太教的飲食規範。」

他微笑著說：「然而，在高聖日（High Holy Days），我們會去更嚴格的正統派猶太會堂，因為我父親覺得那裡是你真正會想要認真對待上帝的地方。」

當我插話問他的父母教過他什麼關於彌賽亞的事情時，拉皮德斯的回答非常乾脆。「從來沒有，」他實話實說。

我有點難以置信。事實上，我還以為我誤解了他的意思。「你是說這個話題根本沒有被討論過？」我問道。

「從來沒有，」他重申。「我甚至不記得在希伯來學校這曾被提起過。」

這讓我感到驚訝。「那耶穌呢？」我問道：「有談到過他嗎？他的名字被提及過嗎？」

「只有貶抑方面！」拉皮德斯諷刺地說。「基本上，他從來沒有被討論過。我對耶穌的印象來自於看到的天主教教堂：有十字架，有荊棘冠冕，有被刺穿的肋旁，從頭上流出的血。這對我來說毫無意義。為什麼你會崇拜一個手腳被釘在十字架上的人？我從來沒有想過耶穌和猶太人有任何關聯。我只以為他是外邦人的神。」

我懷疑拉皮德斯對基督徒的困惑態度超越了對他們的信仰。「你是否認為基督徒是反猶太主義的根源？」我問道。

「外邦人基本上就是基督徒的代名詞，我們被教導要小心，因為外邦人中可能會有反猶太主義，」他的語氣聽起來有點客套疏離。

我進一步追問這個問題。「你認為你會因此對基督徒產生了一些負面的主觀感受嗎？」

這次他毫不掩飾地說：「是的，其實我有。」他說道：「事實上，後來當新約聖經第一次呈現在我面前時，我打從心底認為它基本上就是一本反猶太主義的手冊：訴說如何憎恨猶太人，如何殺猶太人，如何殘忍屠殺他們。我曾認為美國納粹黨會非常樂意拿它作為指南。」

我搖了搖頭，為有多少其他猶太孩子長期以來認為基督徒是他們的敵人而感到悲傷。

靈性探索的開始

拉皮德斯說，在他成長過程中，有幾個事件讓他對猶太教的忠誠逐漸削減。我對細節感到好奇，請他詳細說明，他立刻談到了他生命中顯然是最令人心碎的一幕。

「我父母在我 17 歲時離婚了，」他說——出乎意料的是，儘管多年過去了，我仍能在他的聲音中察覺到傷痛。「那真的對我心中曾有的任何宗教重重一擊。我想，『上帝在哪裡？他們為什麼不去找拉比尋求輔導？如果宗教不能在實際上幫助人，還有什麼用呢？』它肯定不能讓我的父母在一起。當他們分開時，我的一部分也分裂了。

「此外，在猶太教中，我感覺不到自己與上帝有個人關係。我有很多美麗的儀式和傳統，但上帝是遠在西乃山而事不關己的神，說著：『這是規則——你遵守它們，你會沒事；我以後將看見你。』而我只是一個青春期荷爾蒙激增的少年，想知道，上帝是否理解我的掙扎？他是否關心我作為個體的存在？嗯，我看不出任何這樣的跡象。」

這場離婚引發了他的叛逆期。在音樂的吸引力以及傑克・凱

魯亞克（Jack Kerouac）及提摩太·利里（Timothy Leary）著作的影響下，他花了大多時間在格林威治村的咖啡館裡，荒廢了大學——這讓他容易被徵召去當兵。到 1967 年，他發現自己在世界的另一邊，乘坐一艘裝載著彈藥、炸彈、火箭和其他易爆物品的貨船，成了越共眼中誘人的襲擊目標。

「我記得在往越南的行前培訓中被告知，『你們之中可能有 20% 會被殺死，其他 80% 可能會染上性病、成為酒鬼或吸毒成癮。』那時我想，我能正常出去的機會，甚至連 1% 都不到！

「那是個非常黑暗的時期。我目睹了痛苦的種種景象，看到屍袋，看見戰爭的毀滅。我也在一些士兵中遇到了反猶太主義。幾個來自南方的士兵有天晚上甚至燒了一個十字架。也許這就是為什麼我開始深入研究東方宗教，試圖遠離我的猶太身分。」

拉皮德斯在日本時閱讀了關於東方哲學的書籍，參觀了佛教寺廟。「我對所見的邪惡感到極度困擾，並試圖弄清信仰如何應對這些問題，」他告訴我：「我常說：『如果有神，不管我是在西乃山還是富士山找到他，我都會接受。』」

他在越南倖存下來，回國後開始吸食大麻，打算成為一名佛教僧侶。他試圖過著苦行的生活方式，藉由自我否定來消除過去行為的惡業，但很快意識到自己永遠無法彌補所有的錯誤。

拉皮德斯安靜了一會兒。「我對生命感到非常沮喪，」他說：「我記得有一次坐地鐵時想，也許跳到軌道上就是答案。我可以從這個身體中解脫，與神合一。我非常困惑。更糟的是，我開始嘗試迷幻藥。」

為了尋求新的開始，他決定搬到加利福尼亞，繼續他的靈性探索。「我參加了佛教聚會，但那裡是空洞的，」他說：「中國佛教是無神論，日本佛教崇拜佛像，禪宗佛教太過難以捉摸。我參加了山達基的聚會，但他們太具操縱性和控制性。印度教相信

那些神會參加瘋狂的狂歡節,還有藍色大象神。這一切都沒有意義,沒有一個能讓人有充實感。」

他甚至跟朋友們參加了一些帶有撒旦氣息的聚會。「我一邊觀察一邊想,這裡發生了一些事情,但不是什麼好事,」他說:「在我那充滿毒品的世界中,我告訴朋友們,我相信有一種超越我的邪惡力量,存在於我內心,作為一個實體存在。我見過足夠的邪惡,足以相信這一點。」

他帶著一絲諷刺的微笑看著我。「我猜我接受了撒旦的存在,」他說:「在我接受上帝之前。」

「我無法相信耶穌」

那是 1969 年。拉皮德斯的好奇心,驅使他前往日落大道(Sunset Strip),看一位將自己鎖在八英尺高十字架上的福音傳道士,以抗議當地酒館老闆讓他從店面事工中被驅逐。在人行道上,拉皮德斯遇到了一些基督徒,他們與他進行了一場即興的靈性辯論。

有些自滿的他開始向他們拋出東方哲學的觀點。「那裡沒有上帝,」他指著天空說。「我們是上帝。我是上帝。你是上帝。你只需要認知到這一點。」

「好吧,如果你是上帝,為什麼不創造一塊石頭?」一個人回答道:「只要讓某物出現。這就是上帝所做的。」在他被毒品影響的腦袋裡,拉皮德斯想像自己握著一塊石頭。「好吧,這裡有一塊石頭,」他說,伸出空手。

那位基督徒嗤之以鼻。「這就是你和真神之間的區別,」他說:「當上帝創造某物時,每個人都能看到。它是客觀的,而不是主觀的。」

這讓拉皮德斯印象深刻。思考了一會兒後,他對自己說,如

果我要找到上帝,他必須是客觀的。我受夠了這種說一切都在我腦海中的東方哲學,認為我可以創造自己的現實。上帝必須是一個客觀的現實,才能超越我的想像而具有任何意義。

當一個基督徒提到耶穌的名字時,拉皮德斯立刻用他的標準答案閃避他。「我是猶太人,」他說:「我無法相信耶穌。」

一位牧師開口了。「你知道關於彌賽亞的預言嗎?」他問道。

拉皮德斯被問得措手不及。「預言?」他說:「我從來沒聽說過。」

牧師引用了一些舊約中的預言,讓拉皮德斯大吃一驚。等一下!拉皮德斯想,那是我的猶太經典!耶穌怎麼會在裡面?

當牧師給他一本聖經時,拉皮德斯持懷疑態度。「新約也在裡面嗎?」他問道。牧師點頭。「好吧,我會讀舊約,但我不會打開另一部分,」拉皮德斯告訴他。

牧師的回答讓他吃驚。「沒問題,」牧師說:「只讀舊約,並請亞伯拉罕(亞巴郎)、以撒(依撒格)和雅各的上帝——以色列的上帝——告訴你耶穌是否是彌賽亞。因為他是你的彌賽亞。他最初是來到猶太人中間的,然後他也成為了世界的救主。」

對拉皮德斯來說,這是個新資訊、耐人尋味的資訊、令人震驚的資訊。於是,他回到自己的公寓,翻開《舊約全書》第一卷《創世記》(創世紀),在寫於拿撒勒木匠出生前幾百年的文字中尋找耶穌的蹤跡。

「為我們的過犯被刺穿」

「很快,」拉皮德斯告訴我:「我每天都在讀《舊約》,看到一個又一個預言。例如,《申命記》(申命紀)談到一位將來的先知,他會比摩西更偉大,我們應該聽從他的話。我想,誰能比摩西更偉大?這聽起來像是彌賽亞——一個像摩西一樣偉大且受人

尊敬,但又是一位更偉大的教師和權威。我抓住這一點,開始尋找他。」

當拉皮德斯讀到《以賽亞書》第 53 章時,他停了下來。這是一個清晰而具體的預言,用精緻的詩歌包裹著一個令人心碎的預言,描繪了一位將為以色列和世界的罪受苦並死去的彌賽亞——所有這些都是在耶穌降世前七百多年寫成的。[3]

> 他被藐視,被人厭棄;多受痛苦,常經憂患。
> 他被藐視,好像被人掩面不看的一樣;我們也不尊重他。
> 他誠然擔當我們的憂患,背負我們的痛苦;
> 我們卻以為他受責罰,被上帝擊打苦待了。
> 哪知他為我們的過犯受害,為我們的罪孽壓傷。
> 因他受的刑罰,我們得平安;因他受的鞭傷,我們得醫治。
> 我們都如羊走迷;各人偏行己路;
> 耶和華使我們眾人的罪孽都歸在他身上。
> 他被欺壓,在受苦的時候卻不開口;
> 他像羊羔被牽到宰殺之地,又像羊在剪毛的人手下無聲,
> 他也是這樣不開口。
> 因受欺壓和審判,他被奪去,
> 至於他同世的人,誰想他受鞭打、從活人之地被剪除,
> 是因我百姓的罪過呢?
> 他雖然未行強暴,口中也沒有詭詐,人還使他與惡人同埋;
> 誰知死的時候與財主同葬。
> 他卻擔當多人的罪,又為罪犯代求。
>
> ——《以賽亞書》53:3-9, 12

---

3. See Darrell L. Bock, Darrell and Mitch Glaser, eds. *The Gospel According to Isaiah 53* (Grand Rapids: Kregel, 2012).

拉皮德斯立刻認出了這個肖像：這就是拿撒勒的耶穌！現在他開始明白，他兒時在經過天主教教堂中看到的那些畫：受苦的耶穌、被釘十字架的耶穌，他現在明白這位耶穌「為我們的過犯而被刺穿」及「擔當多人的罪」。

在《舊約》中，猶太人試圖透過獻祭動物來贖罪，而這裡的耶穌，是上帝的終極犧牲羔羊，一次為所有人的罪付出了代價。他是上帝救贖計畫的具象化。

這個發現令人震驚，拉皮德斯只能得出一個結論：這是個騙局！他篤定一定是基督徒竄改了舊約，並扭曲了以賽亞的話，讓這些內容聽起來像是在預示耶穌。

拉皮德斯下決心要揭露這個下流的騙局。「我請繼母給我寄一本猶太聖經，這樣我就可以自己查證了，」他告訴我。「她寄來了，你猜怎麼著？我發現上面寫的一樣！現在我真的要面對這個問題了。」

耶穌的猶太背景

一次又一次，拉皮德斯在《舊約》中遇到預言──總共有40多個主要的預言。《以賽亞書》揭示了彌賽亞的出生方式（童女所生）；《彌迦書》（米該亞）確定了他的出生地點（伯利恆）；《創世記》和《耶利米書》（耶肋米亞）指出了他的祖先（亞伯拉罕、以撒和雅各的後裔，來自猶大支派，大衛家族）；《詩篇》預言了他被背叛，被假見證人指控，他的死法（手腳被刺穿，儘管當時還沒有發明十字架刑），以及他的復活（他不會腐爛，而是升上高天）等等。[4]每一個預言都逐漸消弭了拉皮德斯的懷疑，

---

4. 有關已實現預言的基本資訊，請見 McDowell, *Evidence That Demands a Verdict*, 141-77.

直到他最後願意採取一個極端的步驟。

「我決定打開《新約》，只讀第一頁，」他說：「我懷著忐忑的心情慢慢翻到《馬太福音》，抬頭看向天，等待閃電擊中！」

《馬太福音》的開頭話語跳入他的眼簾：「亞伯拉罕的後裔，大衛的子孫，耶穌基督的家譜……」

拉皮德斯的眼睛睜大了，回想起第一次讀到那句話的時刻。「我想，哇！亞伯拉罕的後裔，大衛的子孫——這一切都連接起來了！我讀了耶穌的出生敘述，心想，看看這個！《馬太福音》引用了《以賽亞書》7:14：『必有童女懷孕生子。』然後我看到他引用了《耶利米書》。我坐在那裡想，這都是關於猶太人的。外邦人在哪裡？這裡發生了什麼？

「我捨不得放下它。我讀完了其餘的福音書，意識到這不是美國納粹黨的虐殺手冊；這是耶穌與猶太社群之間的互動。我讀到了《使徒行傳》，這真是不可思議！——他們試圖弄清楚猶太人如何將耶穌的故事傳播給外邦人。這真是角色的顛倒！」

這些應驗的預言如此有說服力，以至於拉皮德斯開始告訴人們他認為耶穌是彌賽亞。當時這對他來說，僅僅是理智上認識的可能性，但影響卻極其深遠。

「我意識到，如果我接受耶穌進入我的生活，我的生活方式必須發生一些重大改變，」他解釋說。「我必須處理毒品、性等等。我不知道上帝會幫助我做出這些改變；那時我以為我得自己清理自己的生活。」

沙漠中的啟示

拉皮德斯和一些朋友前往莫哈維沙漠度假。靈性上，他感到矛盾重重。他被一些夢魘困擾，夢見自己被狗從不同方向撕裂。他坐在沙漠灌木叢中，回想起在日落大道上有人對他說的話：

「你不是站在上帝這邊,就是站在撒旦那邊。」

他相信世上有邪惡的化身——而那不是他想站的一邊。所以拉皮德斯祈禱說:「上帝,我必須結束這種鬥爭。我必須毫無疑問地知道耶穌是彌賽亞。我需要知道你,作為以色列的上帝,希望我相信這一點。」

當他向我敘述這個故事時,拉皮德斯猶豫了一下,不確定該如何用言語表達接下來發生的事情。過了一會兒,他告訴我,「根據那次經歷,我能總結的是,上帝客觀地對我的心說話。他用體驗讓我確信了他的存在。就在那時,在沙漠中,我在心裡對上帝說:『上帝,我接受耶穌進入我的生活。我不明白該怎麼做,但我需要他。我已經把自己的生活搞得一團糟,我需要你來改變我。』」

上帝便開始這樣做了,而這個過程一直持續到今天。「我的朋友們知道我的生活改變了,但他們無法理解,」拉皮德斯說道:「他們說:『你在沙漠裡發生了什麼事,你怎麼會不再想吸毒。你變得不一樣了。』」

「我會說:『嗯,我無法解釋發生了什麼。我只知道我的生命中有了一個人,他是聖潔的,是公義的,是我生活中正面靈思的源泉——我只是感覺整個人變得完整了。』」

那最後一句話似乎說明了一切。「完整,」他對我強調道:「這是一種我從未有過的感覺。」

儘管產生了這些正面的變化,他還是擔心如何向父母透露這個消息。當他最終告訴他們時,他們的反應不一。「起初他們很高興,因為他們能看出我不再依賴毒品,情緒上也變得好很多,」他回憶道:「但是,當他們了解到所有變化的根源時,這種喜悅就開始消失了。他們皺起眉頭,好像在說:『為什麼非得是耶穌?為什麼不能是別的東西?』他們不知道該怎麼處理。」

他的聲音裡帶著一絲感傷，補充道：「我到現在也不確定他們是否真的理解我。」

在一連串奇妙的際遇之後，拉皮德斯祈禱尋求的伴侶出現了，他遇到了黛博拉，她也是猶太人並且是耶穌的追隨者。她把拉皮德斯帶到自己的教堂──原來，這個教堂的牧師就是幾個月前在日落大道上挑起拉皮德斯閱讀《舊約全書》挑戰的那位。

拉皮德斯笑了。「告訴你吧，當他看到我走進教堂時，下巴都要掉下來了！」

那裡的會眾充滿了前摩托車手、前嬉皮士，和來自賭城的前成癮者，還有零星的南方移民。對於一個來自紐華克的猶太年輕人來說，由於擔心會遇到反猶太主義，他在與不同於自己的人交往時總是畏手畏腳，而學會把這樣一群不同的人稱為「兄弟姐妹」，對他來說是一種治療。

拉皮德斯在認識黛博拉一年後結婚。自那時起，她生了兩個兒子。他們共同創立了伯特阿列爾團契，為那些在基督裡找到完整的猶太人和外邦人提供了一個歸屬的地方。

回應異議

拉皮德斯講完他的故事，放鬆地坐在椅子上。我靜靜地享受這一刻，聖堂裡一片寧靜，彩色玻璃在加州陽光的照射下，閃耀著紅色、黃色和藍色。我坐在那裡，思索著一個人找到信仰的故事中所蘊含的力量。我驚歎於這個關於戰爭、毒品、格林威治村、日落大道和荒蕪沙漠的傳奇故事，我從未將這些與坐在我面前的這位和藹可親、進退得宜的牧師連繫在一起。

但我不想忽略他故事中提出的明顯問題。經過拉皮德斯的允許，我首先問了一個我最關心的問題：「如果這些預言對你來說如此明顯並毫無疑問地指向耶穌，為什麼沒有更多的猶太人接受

他為彌賽亞?」

自從拉皮德斯在他被一位基督徒挑戰去研究「猶太經典」以來,幾十年間拉皮德斯經常問自己這個問題。「就我而言,我花時間讀了它們。」他回答說。「奇怪的是,儘管猶太人以智力超群聞名,但在這方面卻有很多無知的人。

「此外,還有一些反傳教組織在猶太教會堂舉辦研討會,嘗試推翻彌賽亞預言。猶太人聽了這些講座後,會以此為藉口不去親自接觸這些預言。他們會說:『拉比告訴我,那不算什麼』。

「我會問他們:『你認為拉比剛剛提出的那些反對意見,基督宗教的人從來沒聽說過嗎?我的意思是,學者們已經研究這些問題數百年了!我們有很多出色的文獻成果和有力的基督宗教回答。如果他們有興趣,我會幫助他們進一步了解。」

我想知道如果猶太人成為基督徒會面臨什麼樣的排擠。「這絕對是一個因素,」他說:「有些人不會讓彌賽亞的預言打動他們,因為他們害怕可能的後果——家庭和猶太社區的潛在排斥。這不是一件容易面對的事情。相信我,我知道。」

即便如此,當一個人第一次聽到預言時,有些質疑猛一聽起來還是很有說服力的。因此,我逐一向拉皮德斯提出了最常見的反對意見,看看他會如何回應。

1) 巧合論點

首先,我問拉皮德斯,耶穌是否可能只是碰巧撞上了這些預言。也許他只是歷史上許多碰巧符合預言特徵的人之一。

「這不可能,」他回答道:「機率低到可以排除這種可能性。有人做了數學計算,發現才八個預言,要在巧合下應驗的概率是十萬億分之一。這個數字比在地球上行走過的總人數還要大幾百萬倍!

「他計算過，如果你有這個數量的銀幣，那它們足夠覆蓋整個德克薩斯州，深度高達兩英尺。如果你在其中的一枚銀幣上做記號，然後讓一個蒙著眼睛的人在全德州遊走，彎腰撿拾一枚硬幣，撿到有記號那枚的機率有多大？」

他回答了自己的問題：「這和歷史上任何人實現八項預言的機率是一樣小的。」

在我自己研究彌賽亞預言時，我研究過數學家彼得‧W‧斯托納（Peter W. Stoner）也做過同樣的統計分析。斯托納還計算出，實現四十八個預言的概率是兆、兆、兆、兆、兆、兆、兆、兆、兆、兆、兆、兆、兆，兆的 13 次冪分之一的機會！[5]

我們的大腦無法理解如此龐大的數字。這是一個驚人的統計數據，等同於在我們宇宙規模的萬億、萬億、萬億、萬億，十億個與我們的宇宙一樣大的宇宙。

「僅僅從機率來看，任何人要實現《舊約》的預言都是不可能的，」拉皮德斯總結道：「然而耶穌——在整個歷史中唯有耶穌——成功地做到了。」

使徒彼得的話出現在我的腦海中：「但上帝曾藉眾先知的口，預言基督將要受害，就這樣應驗了（使徒行傳 3:18，新美國標準版聖經）。」

2）福音書被篡改論點

我為拉皮德斯描繪了另一種情景，問道：「難道沒有一種可能，是福音書作者捏造細節，讓人覺得耶穌實現了預言嗎？」

「比如，」我說：「預言說彌賽亞的骨頭不會被打斷，所以也許約翰捏造了羅馬人打斷和耶穌一起被釘十字架的兩個盜賊的

---

5. Peter W. Stoner, *Science Speaks* (Chicago: Moody Press, 1969), 109.

腿，但卻沒有打斷耶穌的腿的故事。而預言說背叛耶穌的報酬是30塊銀幣，所以也許馬太歪曲了事實，說猶大以同樣的數額出賣了耶穌。」

拉皮德斯解釋道：「神的智慧也涵蓋於此，祂在基督宗教社群內外都設置了制衡的系統。當福音書流傳開來時，有很多目擊這些事件的人都還在世。如果門徒真的那麼做，就有人會對馬太說：『你知道當時事情不是這樣的。我們要傳達的是正義和真理的生活，不要用謊言去玷汙它。』」

此外，他補充道，如果正統記載是正確的，馬太以殉道者的身分去世，那麼他為什麼要編造預言實現的故事，然後為了追隨一個他私底下知道並非彌賽亞的人，心甘情願地被處死呢？這根本說不通。

更重要的是，猶太族群會抓住任何機會，用指出謬誤來詆毀福音書。「他們會說：『我當時在場，耶穌在受難時骨頭明明就被羅馬人打斷了』，」拉皮德斯說：「但要知道，即使《塔木德》以貶損的方式提到耶穌，但它也從未說預言的實現是偽造的。一次也沒有。」

3）刻意實現論點

一些懷疑論者聲稱，耶穌只是巧妙地安排了自己的生活來實現預言。「難道他不能讀到《撒迦利亞書》（匝加利亞）中彌賽亞將騎驢進耶路撒冷的預言，然後安排自己正好這樣做嗎？」我問道。

拉皮德斯做出了一點讓步。「其中少數幾個預言，是的，這當然是可以辦到的，」他說：「但還有許多其他的預言，卻不可能做到。

「例如，他如何控制猶太公會支付猶大30塊銀幣讓他出賣自

己？他如何安排他的祖先、出生地、行刑方式，如何安排士兵為了瓜分他的衣服而抽籤？如何安排自己被釘在十字架上又要避免腿被打斷？如何安排在懷疑論者面前行神蹟？如何安排自己死而復活？他又是如何安排自己出生的時間？」

最後一點引起了我的好奇。「你說的出生時間是什麼意思？」我問道。

「當你解讀《但以理書》9:24-26 時，它預言了彌賽亞將在亞達薛西王一世（King Artaxerxes I）發布命令，讓猶太人從波斯返回耶路撒冷重建城牆後的一定時間內出現。」拉皮德斯回答。

他向前傾了傾身子，說出了最關鍵的一句話：「這說明預期彌賽亞出現的時間正是耶穌出現的歷史時刻，」他強調說：「這顯然不是能預先安排的事。」[6]

4）上下文論點

還有一個反對意見需要解決：基督徒認定為彌賽亞預言的經文，是真的指向受膏者的降臨？還是基督徒在斷章取義、曲解經文？

拉皮德斯歎了口氣。他說：「你知道，我翻閱那些人們寫來試圖推翻我們信仰的書籍。這樣做並不有趣，但我會花時間逐一研究每一個反對意見，然後研究原文上下的語境和用詞，」他說：「每一次，預言都經得起考驗，在在顯示出它們是真實可信。

「所以這是我對懷疑論者的挑戰：不要相信我的話，但也不要相信你的拉比的話。花時間自己去研究。今天，沒有人可以說：『我欠缺參考資訊』。有很多書可以幫助你。

---

6. 有關但以理預言的討論可見 Robert C. Newman, "Fulfilled Prophecy As Miracle," in R. Douglas Geivett and Gary R. Habermas, eds., *In Defense of Miracles* (Downers Grove, IL: InterVarsity Press, 1997), 214-25.

「還有一件事:真誠地祈求上帝讓你知道、向你揭示耶穌到底是不是彌賽亞。我就是這麼做的——而且在沒有任何指導的情況下,我清楚地看到了誰符合彌賽亞的特徵。」

「一切都必將實現⋯⋯」

我對拉皮德斯回應反對意見的方式表示讚賞,但終究,在我當晚飛回芝加哥的途中,腦海中揮之不去的還是他靈性旅程的故事。我回想自己曾多次遇過類似故事,尤其在那些成功的、有思想的猶太人之中,他們特別專注於設法駁斥耶穌彌賽亞的主張。

我想到斯坦・特爾欽(Stan Telchin),這位東海岸的商人在女兒上大學並接受耶穌(*Y'shua*, Jesus)為彌賽亞後,開始致力於挖掘能揭發基督宗教這個邪教的證據。後來他很驚訝地發現,他的調查結果把他——還有他的妻子和第二個女兒——引向了同一位彌賽亞。後來,他成了一名基督宗教牧師,他的書《叛徒》(*Betrayed!*)[7]講述他的故事,並已被翻譯成超過 20 種語言。

阿肯色州小石城有一位著名的癌症醫生傑克・斯騰伯格(Jack Sternberg),他對《舊約全書》的記載感到非常震驚,於是向三位拉比提出挑戰,要求他們推翻耶穌就是彌賽亞的說法。最後他們反駁不了,這位小鎮醫生也聲稱在基督裡找到了完整。[8]

還有彼得・格林斯潘(Peter Greenspan),這位在堪薩斯城地區執業的婦產科醫生,也是密蘇里大學堪薩斯城醫學院的臨床助理教授。像拉皮德斯一樣,他被挑戰在猶太教中尋找耶穌。他所找到的內容讓他感到坐立難安,於是他開始轉向翻閱《妥

---

7. Stan Telchin, *Betrayed!* (Grand Rapids: Chosen, 1982).
8. Ruth Rosen, ed., *Jewish Doctors Meet the Great Physician* (San Francisco: Purple Pomegranate, 1997), 9-23.

拉》（Torah）和《塔木德》，試圖找到證據否定耶穌的救世主資格。結果，他得出結論：耶穌確實奇蹟般地實現了預言。

對他來說，越是讀那些試圖破壞耶穌是彌賽亞的證據的人寫的書，他就越能看到他們論點中的缺陷。很具諷刺意味的是，格林斯潘總結說：「我認為我實際上是因為閱讀詆毀者寫的東西才開始相信『耶穌』的。」[9]

他發現，就像拉皮德斯和其他人一樣，耶穌在《路加福音》中的話被證明是真實的：「摩西的律法、先知的書，和詩篇上所記的，凡指着我的話都必須應驗。」（路加福音 24:44）這些都應驗了，而且只應驗在耶穌身上——歷史上唯一一個與上帝的受膏者的預言特徵相吻合的人。

思辨時間　思考或小組討論的問題

一、即使你不是猶太人，拉皮德斯的靈性旅程中，是否有某些方面與你的經歷相似？你從拉皮德斯身上學到了哪些應該如何前進的教訓？

二、拉皮德斯認為他的猶太傳統和不符合聖經的生活方式阻礙了他成為耶穌的追隨者。你生活中是否有什麼使你難以成為基督徒的事情？如果你成為基督徒，你會承擔哪些代價？這些代價與收益相比如何？

三、拉皮德斯曾認為基督徒是反猶的。在最近一次東海岸大學的詞語聯想練習中，基督徒是不寬容的是最常聯想到的詞。你對基督徒是否有負面印象？這些印象來自何處？這會如何影響你對耶穌證據的接受度？

---

9. Ruth Rosen, ed., *Jewish Doctors Meet the Great Physician* (San Francisco: Purple Pomegranate, 1997), 34-35.

其他證據 ◆ 更多相關資源

Bock, Darrell L., and Mitch Glaser, eds. *The Gospel According to Isaiah 53*. Grand Rapids: Kregel, 2012.

Brown, Michael L. *Answering Jewish Objections to Jesus*. Vol. 1-5. Grand Rapids: Baker, 2000, 2003, 2006, 2010.

Kaiser, Walter C., Jr. *The Messiah in the Old Testament*. Grand Rapids: Zondervan, 1995.

Porter, Stanley E. *The Messiah in the Old and New Testaments*. Grand Rapids: Eerdmans, 2007.

Rydelnik, Michael. *The Messianic Hope: Is the Hebrew Bible Really Messianic?* Nashville, TN: B&H Academic, 2010.

Strobel, Lee, "Challenge #5: Jesus Was an Imposter Who Failed to Fulfill the Messianic Prophecies," *The Case for the Real Jesus*. Grand Rapids: Zondervan, 2007), 189-226.

Telchin, Stan. *Betrayed!* Grand Rapids: Chosen, 1982.

Wright, Christopher J.H. *Knowing Jesus through the Old Testament*. Downers Grove, IL: InterVarsity, 1995.

第三部

研究復活

第 11 章

醫學證據

耶穌的死會是假象嗎,他的復活會是騙局嗎?

訪談對象—亞歷山大・梅瑟勒博士(Dr. Alexander Metherell)

我停下來閱讀掛在醫生候診室裡的一塊牌匾:「讓談話止步與此,讓笑聲隱遁於此,這裡是死神樂於為生者效勞之所。」

顯然,這不是一位普通的醫生。我再次拜訪了羅伯特・J・斯坦博士(Dr. Robert J. Stein),他是世界上最著名的法醫病理學家之一,一位風趣、聲音低沉的醫學偵探,曾經給我講述過他在檢查屍體時發現的意想不到的線索。對他來說,死人**確實**會講故事——事實上,這些故事往往能為生者伸張正義。

在伊利諾伊州庫克縣擔任法醫的漫長任期內,斯坦進行了超過兩萬次的屍體解剖,每次都仔細搜索受害者死亡情況的線索。他對細節的敏銳洞察力、百科全書式的人體解剖學知識以及超乎尋常的調查直覺,幫助這位醫學偵探一次又一次地還原了受害者受暴力死亡的過程。

有時,無辜的人能因為他的發現而得以平反。但更多時候,斯坦的工作促使被告的罪行得以得到最後致命的一擊。例如,約翰・韋恩・蓋西的案件中,斯坦的證據協助法官判決他犯有 33 起殘忍的謀殺罪,罪大惡極的蓋西終遭處決。

這就是醫學證據的重要性。它可以判斷一個兒童是死於虐待還是意外摔倒,它可以確定一個人是死於自然原因還是砒霜。測量死者眼睛中的鉀含量,能夠確定死亡時間,進而支持或推翻被

告的不在場證明。

而且，沒錯，即使是兩千年前在羅馬十字架上被殘忍處死的人，醫學證據仍能發揮關鍵性的鑑別作用。它能摧毀這個多少年來無數反對他的人最有力的論點，耶穌復活——他對自己神性的最高證明——只不過是一場精心設計的騙局。

復活還是復甦？

關於耶穌從未真正死在十字架上的觀點可以在寫於七世紀的《古蘭經》[1]中找到——事實上，阿赫邁底亞（Ahmadiya）穆斯林主張，耶穌實際逃到了印度。至今，在克什米爾斯利那加（Srinagar, Kashmir）有一個神殿，據說是他真正的安葬地。[2]

隨著十九世紀的到來，卡爾·巴爾特（Karl Bahrdt）、卡爾·文圖里尼（Karl Venturini）等人試圖解釋耶穌復活的來龍去脈，他們認為耶穌只是在十字架上累昏了，或者他被下了某種藥物，使他看起來像死了，後來被墳墓中陰冷潮濕的空氣喚醒。[3]

陰謀論者甚至指出，耶穌在十字架上時，有人用海綿給他塗抹了一些液體（馬可福音15:36），而且彼拉多似乎對耶穌如此迅速地死去感到驚訝（馬可福音15:44），似乎為這個可能性提供了線索。因此，他們宣稱，耶穌的再次顯現並不是奇蹟般的復活，只是偶然的復甦；他的墳墓當然是空的，因為他根本還活著。

儘管已有聲名赫赫的學者們駁斥了這所謂的「假死推論」，但它卻在通俗文學中屢見不鮮。1929 年，D. H. 勞倫斯（D. H. Lawrence）在一篇短篇小說中運用了這個話題，劇情中耶穌逃到了埃及，並與女祭司伊希斯（Isis）墜入愛河。[4]

---

1. Surah IV: 156–57.
2. Wilson, *Jesus: The Evidence*, 140.
3. Craig, *Reasonable Faith*, 234.

1965年，休‧申菲爾德（Hugh Schonfield）在暢銷書《逾越節陰謀》（*The Passover Plot*）裡稱道，耶穌是因為意外遭羅馬士兵刺傷，才導致原先想活著逃離十字架的複雜計畫宣告失敗。雖然後來申菲爾德承認：「我並沒有說這本書中的內容是實際發生的事情。」[5]

1972年，多諾萬‧喬伊斯（Donovan Joyce）的書《耶穌卷軸》（*The Jesus Scroll*）再次提出假死假設，研究耶穌復活的專家蓋瑞‧哈伯馬斯博士認為這本書包含了一堆比申菲爾德的點子更荒謬不可信的胡謅。[6]1982年，《聖血，聖杯》（*Holy Blood, Holy Grail*）增加了新的扭曲方式，稱彼拉多接受賄賂，默許讓人在耶穌死前從十字架上將他救下來。即使講得頭頭是道，這些作者們在受到質疑時，仍無法抵賴地承認，「我們沒辦法──是目前還沒辦法──證明我們結論的正確性。」[7]

直到1992年，澳大利亞一位名不見經傳的學者芭芭拉‧蒂爾林（Barbara Thiering）在她的書《耶穌與死海古卷之謎》（*Jesus and the Riddle of the Dead Sea Scrolls*）中再一次的「假死昏厥」論，引起了軒然大波，該書被一家備受推崇的美國出版商大張旗鼓地推銷至市面上，隨後被埃默里大學學者盧克‧提摩太‧強森譏諷為「最純粹的胡說八道，全是腦子一頭熱胡思亂想的產物，而非經過仔細分析的結果。」[8]

就像都市傳說一樣，「昏厥論」總是不斷地捲土重來。在與

---

4. D. H. Lawrence, *Love among the Haystacks and Other Stories* (New York: Penguin, 1960), 125.
5. Hugh Schonfield, *The Passover Plot* (New York: Bantam, 1965), 165.
6. Habermas, *The Verdict of History*, 56.
7. Michael Baigent, Richard Leigh, and Henry Lincoln, *Holy Blood, Holy Grail* (New York: Delacorte, 1982), 372.
8. Johnson, *The Real Jesus*, 30.

靈性追尋者討論復活時，我經常聽到有人熱衷於此。但證據到底證明了什麼？耶穌受難時到底發生了什麼？耶穌的死因是什麼？他有沒有可能在這場酷刑的折磨中倖存下來？這些是我希望醫學證據能夠幫助解答的問題。

於是，我飛往南加州，敲開了一位著名醫生的門，他對拿撒勒人耶穌之死的歷史、考古和醫學資料進行了廣泛的研究——儘管實質來說，由於屍體神祕失蹤，歷史上從未對其進行過屍檢。

第十份訪談
亞歷山大・梅瑟勒　醫學博士／哲學博士

豪華的環境與正在討論的話題格格不入。在一個春風和煦的夜晚，我們坐在梅瑟勒博士舒適的加利福尼亞家中的客廳，溫暖的海風透過窗戶拂面而來，我們卻在談論一個殘忍得難以想像的話題：一種野蠻至極的毆打方式，讓所見所聞者良心都驚愕難安；一種墮落至極的死刑方式，成了人類慘無人道的可悲見證。

找上梅瑟勒博士，是因為聽說他擁有解釋耶穌受難所需的醫學和科學背景。但我還有另一個動機：有人告訴我，梅瑟勒博士能不帶情感地精準討論這個話題。這對我來說很重要，因為我想要聽事實來說明一切，而不是讓浮誇或情緒的字眼來操縱情感。

正如你所期望的，梅瑟勒博士擁有醫學學位（佛羅里達大學）和工程博士學位（布里斯托大學），他一向為科學精確性發聲。他是美國放射學委員會（American Board of Radiology）的認證專家，曾擔任馬里蘭州貝塞斯達國家衛生院國家心肺血液研究所（National Heart, Lung, and Blood Institute）的顧問。

身為前加州大學教授暨研究科學家，梅瑟勒博士是五本科學著作的編輯，並為《航空航太醫學》（Aerospace Medicine）和《科學美國人》（Scientific American）等刊物撰稿。他對肌肉收縮的

獨到分析曾發表在《生理學家和生物物理學期刊》(*Physiologist and Biophysics Journal*)上。他甚至看起來像一位傑出的醫學權威：一頭銀髮、彬彬有禮、舉止莊重。

老實說，我有時會懷疑梅瑟勒博士的內心世界。他懷有科學的矜持態度，說話慢條斯理，平靜地描述著耶穌死亡時那些令人不寒而慄的細節，沒有流露出任何內心的起伏。無論他內心深處發生什麼，無論談論耶穌的殘酷命運給他這位基督徒帶來多大的痛苦，他都能以數十年實驗室研究所培養的專業精神掩蓋一切。

他只為我講述事實——畢竟，這就是我穿越大半個國家想要得到的。

十字架前的酷刑

最初，我想先從梅瑟勒博士那裡獲得對耶穌死前整體情況的基本描述。所以在一段寒暄閒聊之後，我放下了冰茶，轉身面對他說：「你能描述一下發生在耶穌身上的遭遇嗎？」我問道。

「這要從最後的晚餐開始說起，」他清了清嗓子說：「耶穌和他的門徒一起去了橄欖山，特別是去客西馬尼園。如果你還記得，他在那裡徹夜禱告；在這個過程中，他預見了第二天將要發生的事情。因為他知道自己將要承受的苦難，自然飽受巨大的心理壓力。」

我舉起手來打斷他。「等等——這正是懷疑論者大顯身手的地方，」我告訴他：「福音書告訴我們，他開始汗如血滴。拜託，這不就是一些想像力過度活躍的產物嗎？這難道不會讓人懷疑福音書作者的準確性嗎？」

梅瑟勒博士不為所動，搖了搖頭。「一點也不，」他回答道：「這是一種已知的病症，稱為血汗症（hematidrosis）。雖然不太

常見，但它與高度的心理壓力有關。[9]

「發作的機制是，嚴重焦慮導致身體釋放化學物質，這些化學物質會破壞汗腺中的毛細血管。因此，這些汗腺會有少量出血，流出的汗液中就會帶有血絲，汗水帶有血色。不是大量的血，而是非常非常微量的血。」

雖然有些受到和緩，但我還是繼續追問。「這對身體有其他影響嗎？」

「這會讓皮膚變得非常脆弱，所以當耶穌第二天被羅馬士兵鞭打時，他的皮膚會非常非常敏感。」

我心想，好吧，開始了。我做好了心理準備，因為我知道接下來在腦海中會浮現的殘酷畫面。身為一名記者，我見過很多屍體——車禍、火災和遭到犯罪組織報復的受害者——但聽到有人被行刑式地蓄意殘害，以造成最大程度地痛苦時，我還是感到特別心神不寧。

「告訴我，」我說：「鞭打實質上是什麼樣的？」

梅瑟勒博士的目光直視著我。「眾所周知，羅馬鞭刑被認為是非常殘忍的。通常會有 39 鞭，但往往會更多，這取決於執行鞭打的士兵的心情。

「士兵使用的鞭子是由皮條交織著金屬粒編織而成。當鞭子擊打在肉上，這些金屬粒會造成很深的瘀傷或挫傷，隨著鞭打的持續進行，這些瘀傷會破裂。鞭子上還有鋒利的骨片，會對皮肉造成嚴重的割裂傷。

「背部會被打成整片的碎肉，有時脊椎都會因為深深的裂口

---

9. 《*Journal of Medicine*》的一篇文章分析了 76 個血汗症的案例，並作出結論，最常見的原因是急性憂懼和極度的心理沉思。參見：J. E. Holoubek and A. E. Holoubek, "Blood, Seat and Fear: 'A Classification of Hematidrosis," *Journal of Medicine* 1996, 27 (3-4): 115-33.

而暴露出來。鞭打會從肩膀一直抽到背部、臀部和腿後側。慘狀讓人不忍卒睹。」

梅瑟勒博士停頓了一下。「繼續，」我說。

「一位研究過羅馬鞭刑的醫生說：『隨著鞭打的持續，撕裂傷會撕裂下層的骨骼肌，導致撕裂的肌肉自骨骼上剝離大半，顫顫巍巍地浮動。』第三世紀的歷史學家尤西比烏斯描述鞭刑時說：『受刑者的靜脈血管裸露在外，肌肉、筋腱和腸子都暴露在外面。』

「我們知道，許多人甚至在被釘上十字架之前就會死於這種鞭刑。退一步來說，受害者會經歷巨大的痛苦，並發生低血容量性休克（hypovolemic shock）。」

梅瑟勒博士拋出了一個我不知道的醫學術語。「低血容量性休克是什麼意思？」我問道。

「*Hypo* 指『低』，*vol* 指『血量』，*emic* 指『血液』，因此低血容量性休克是指，患者正在發生大量失血，」醫生解釋道：「這會導致四種情況。第一，心臟急速跳動，試圖泵出不存在的血液；第二，血壓下降，導致昏厥或昏倒；第三，腎臟停止產生尿液，以維持所剩的血容量；第四，患者變得非常口渴，因為身體需要液體來補充失去的血液。」

「你在福音書的記載中看到過這些症狀的證據嗎？」

「是的，無庸置疑，」他回答道：「耶穌在扛著十字架的橫梁蹣跚走向髑髏地的路上就已經處於低血容量性休克狀態了。最後，耶穌倒下，羅馬士兵命令西門（西滿）為他扛十字架。後來我們讀到耶穌說：『我渴了』，這時有人給他一口醋。

「由於這次鞭打所帶來的嚴重傷害，毫無疑問，耶穌在釘子穿過他的手和腳之前，已經處於重症甚至危篤狀態。」

十字架的痛苦

　　雖然對鞭打的描述令人厭惡，但我知道更令人反感的證詞還在後面。因為歷史學家一致認為，耶穌那天艱難地倖存下來，並被釘上了十字架——這才是真正的重頭戲。

　　如今，當死刑犯被捆綁並注射毒藥，或被固定在木椅上並遭受電擊時，過程與狀態都是高度可控的。死亡來得迅速又可預測，最後由法醫仔細地證明受刑者的死亡，同時會有監督行刑的目擊者，近距離從頭到尾仔細觀察。

　　但是，這種叫做『十字架釘刑』的處刑方式，既粗糙又緩慢，充滿各種不確定性，致命性究竟有多確切呢？事實上，大多數人都不清楚十字架是如何殺死受刑者的。如果沒有訓練有素的驗屍官來正式證明耶穌已經死亡，他會不會有可能在一連串殘暴、血腥的酷刑後，一息尚存地逃過一劫？

　　我開始探討這些問題。「當他到達刑場時，發生了什麼？」我問道。

　　「他會被按倒，雙手被伸展開來，釘在橫梁上。這根橫梁被稱為橫木（patibulum），在這個階段，它與固定在地面上的豎樁是分開的。」

　　我很難想像這樣的場景，我需要更多細節。「用什麼釘的？」我問道：「釘在哪裡？」

　　「羅馬人在釘刑中使用長度為五到七英寸的尖釘，它們會釘在手腕處，」梅瑟勒博士指著左手掌下方約一英寸的地方說道。

　　「等等，」我打斷道：「我以為釘子刺穿了他的手掌，這是所有相關畫作呈現的方式。事實上，它已經成為一般人對耶穌受釘刑的標準認知。」

　　「刺穿的位置是手腕，」梅瑟勒博士重複道：「這是一個能

固定手的位置,如果釘子穿過的是手掌,他的體重會導致手掌撕裂,他就會從十字架上掉下來。因此,釘子刺穿的是手腕處;不過,在當時的語言中,手這個詞涵蓋的部位包括了手腕。

「而且重點是,你要知道,釘子會穿過內手腕正中處神經的位置。這是通往手部最大的神經,它將會被釘子擊碎。」

由於我對人體解剖學只有基本的了解,我不確定這真正代表著什麼。「這會產生什麼樣的疼痛?」我問道。

「這麼說吧,」他回答道:「你知道當你撞到手肘外側尖端的『尺骨鷹嘴突』部位時的那種疼痛嗎?那其實是另一條神經,叫做尺神經。當你不小心撞到它時,會感到非常疼痛。

「那麼,想像一下,拿一把鉗子,擠壓並擊碎那根神經。」他說,強調了*擠壓*這個詞,當他扭動了一把想像中的鉗子。「那種效果類似耶穌所經歷的。」

我對這個畫面感到恐懼,一時間在椅子上坐立難安起來。

「這種痛苦是絕對無法忍受的,」他繼續道:「實際上,用言語是無法形容的;他們不得不創造一個新詞:*excruciating*(疼痛至極),字面上的意思是『來自十字架的痛苦』。想想看,他們需要創造一個新詞,因為原來的語言中沒有任何詞可以描述耶穌受難時的強烈痛苦。

「此時,耶穌被抬起來,十字架被固定在豎直的木樁上,然後釘子刺穿過耶穌的雙腳。同樣,他腳上的神經會被碾碎,也會有類似手部的疼痛。」

壓碎和割斷神經絕對夠糟糕,但我需要了解掛在十字架上對耶穌的身體會產生什麼影響。「這對他的身體會造成什麼壓力?」

梅瑟勒博士回答說:「首先,他的手臂會立即被拉伸開來,拉長的程度可能會達到六英寸左右,雙肩會因此脫臼——你可以

用簡單的數學公式來確定這一點。」

「這應驗了《舊約》在《詩篇》第22篇的預言，《詩篇》在幾百年前就預言了釘刑，並說：『我的骨頭都脫了節。』」

死亡原因

梅瑟勒博士生動地描述了釘十字架過程中所承受的痛苦。但我需要了解是什麼最終奪走了受刑者的生命，因為這會是決定死亡是否可以偽造或逃避的關鍵問題。所以，我直接向梅瑟勒博士提出了死因問題。

「一旦一個人被垂直懸掛起來，釘在十字架基本上就是一種令人痛苦的緩慢窒息死亡。」他回答道。

「原因是，肌肉和橫膈膜受到的壓力會使胸部處於吸氣的位置；基本上，為了呼氣，人必須用力抬起腳，這樣肌肉的緊張會暫時得到緩解。如此，釘子就會撕裂腳掌，最終卡在跗骨上。

「成功呼氣後，人就可以放鬆下來，再吸一口氣。他不得不再次挺身呼氣，血淋淋的後背被十字架的粗糙木頭刮得更加疼痛。這種情況會一直持續下去，直到他完全精疲力竭，再也無法挺身呼吸為止。

「當人的呼吸減慢時，就會出現所謂的呼吸性酸中毒——血液中的二氧化碳溶解為碳酸，導致血液酸度增加。這最終會引發心律不整。事實上，在心跳不規律的情況下，耶穌會知道自己已經到了死亡的時刻，這時他才能夠說：『父啊，我將我的靈魂交在你手裏。』然後他隨即死於心臟驟停。」

這是我聽過的、關於釘死在十字架上、最清晰的解釋——但梅瑟勒博士還沒說完。

「甚至他死之前——這點也很重要——他的低血容量性休克會導致心率持續過快，從而引發心臟衰竭，導致心臟周圍的膜快

速積水,即心包膜積液;跟肺部周圍的積水,即胸腔積液。」

「這有什麼重要意義?」

「因為後來當羅馬士兵走過來想確定耶穌是否已經死了,並用一把矛測試的時候。長矛刺入他的身體右側,可能是右側;這還不確定,但從描述來看,可能是右側的肋骨之間。

「長矛顯然穿過了右肺,刺入了心臟,因此當長矛拔出時,一些液體——心包膜積液和胸腔積液——流了出來。這就像目擊者約翰在他的福音書中描述的那樣,先是像水一樣的透明液體,然後是大量的血液。」

約翰可能不知道他為什麼會看到血和透明液體同時流出——這肯定不是像他這樣的非專業人士能預料的。然而,約翰的描述與現代醫學所預測會發生的情況相當一致。起初,這似乎讓人相信約翰是目擊者的可信度;然而,這裡卻露出了一個很大的缺陷。

我拿出手邊的聖經,翻到《約翰福音》19:34。「等一下,醫生,」我抗議道:「你仔細看看約翰說的話,他看到的是『血和水』流了出來;他故意把這些詞按這個順序排列。但按照你的說法,應該是透明液體先流出來。所以這裡有很大的出入。」

梅瑟勒博士微微一笑。「我不是希臘語學者,」他回答道:「但據懂希臘語的人說,古希臘語中詞語的順序不一定由先後順序決定,而是由顯著性決定。這意味著,由於血比水多得多,約翰先提到血是很合理的。」

我承認了這一點,但在心裡默默記下,等之後再自己確認。「在這個時刻,」我說:「耶穌會是什麼狀況呢?」

梅瑟勒博士鎖定了我的目光。他充滿權威地回答道:「毫無疑問,耶穌已經死了。」

回答懷疑論者

梅瑟勒博士的論斷似乎有充分的證據支持,但我還有一些細節想要澄清——他的敘述中至少有一個弱點,很可能會破壞聖經記載內容的可信度。

「福音書說,士兵打斷了與耶穌一起被釘十字架的兩個罪犯的腿,」我說:「他們為什麼要這麼做?」

「如果他們想加速死亡——以及安息日和逾越節即將來臨,猶太領袖當然希望在日落前結束——羅馬人會用羅馬短矛的鋼桿打碎受刑者的小腿骨。這將讓他無法使雙腿向上用力以便呼吸,幾分鐘內就會窒息而死。

「當然,《新約全書》告訴我們,耶穌的腿並沒有被打斷,因為士兵們已經確認耶穌死去,他們只是用長矛來證實這一點。這應驗了《舊約》關於彌賽亞的另一個預言,也就是他的骨頭將保持完好。」

我再次插話:「有些人試圖藉由攻擊耶穌受難的故事來質疑福音書的記載。例如,許多年前《哈佛神學評論》(*Harvard Theological Review*)上的一篇文章得出結論,幾乎沒有證據顯示被釘十字架的人的腳是被釘子刺穿的,這一點令人震驚。文章說,相反地,受害者的手和腳是用繩子綁在十字架上的。[10] 你不認為這會對新約的記載造成可信性的問題嗎?」

梅瑟勒博士向前挪了挪,直到坐在椅子邊上。「不,」他說:「因為考古學現在已經證實,釘子的使用是有歷史依據的——不過我也認同,有一段時間確實是使用繩子。」

---

10. J. W. Hewitt, "The Use of Nails in the Crucifixion," *Harvard Theological Review* 25 (1932), 29-45, cited in Josh McDowell, *The Resurrection Factor* (San Bernardino, CA: Here's Life, 1981), 45.

「有什麼依據呢？」

「1968 年，考古學家在耶路撒冷發現了大約三十幾具猶太人的遺骸，他們都是在公元 70 年左右的反羅馬起義中喪生的。其中一位死者的名字顯然是約哈南（Yohanan），他被釘上十字架。果不其然，他們發現他的腳上還釘著一根七英寸長的釘子，上面還勾連著十字架的橄欖木碎片。這是對福音書中關於耶穌受難的描述裡，一個證明關鍵細節屬實的絕佳考古成果。」

我想，這確實很有道理。「但還有另一個爭議點涉及羅馬人判斷耶穌是否死亡方面的專業知識，」我指出：「這些人對醫學和解剖學等方面的理解非常原始。我們怎麼知道他們在宣布耶穌已經死亡的時候，不會只是弄錯了呢？」

「我承認這些士兵沒有上過醫學院。但請記住，他們是殺人專家──那是他們的工作，而且他們做得很好。他們毫無疑問知道一個人何時已經死亡，這其實並不是特別難判斷。

「此外，如果囚犯以某種方式逃脫，負責的士兵也會被連坐處死，所以他們有巨大的動力去確保每一個受刑者在從十字架上被移下來時，都確實死透了。」

最後的論證

梅瑟勒博士引用於歷史和醫學，借力於考古學，和甚至當時羅馬的軍事規則，他堵住了每一個漏洞：耶穌不可能活著從十字架下來。但我還是進一步逼問他：「那有沒有任何辦法──任何可能──讓耶穌能從十字架上活著下來？」

梅瑟勒博士搖了搖頭，並指著我強調道：「絕對不可能，」他說：「記住，在釘十字架之前，耶穌已經因為大量失血而進入低血容量性休克。他不可能假裝死亡，因為人無法長時間假裝沒有呼吸。此外，刺入心臟的長矛，會一勞永逸地解決這個問題。

羅馬人不會冒著自己死亡的危險，讓他活著離開。」

「所以，」我說，「當有人明裡暗裡地指稱耶穌只是在十字架上昏過去了……」

「我會告訴他們，那是不可能的，那完全是胡思亂想，沒有任何搬得上檯面的事實根據。」

然而，我還沒有準備好就此罷休。我冒著讓醫生失望的風險說：「讓我們試試看，假設不可能的事情發生了，耶穌以某種方式被釘死在十字架上後倖存了下來。假設他能夠自己掙脫亞麻布的包裹，自己滾開墓穴口的巨石，躲過守衛的羅馬士兵。從醫學角度來說，在他找到他的門徒之後，他會是什麼狀況呢？」

梅瑟勒博士不願意玩這個遊戲。「再說一遍，」他強調說，語氣變得有些激動，「他不可能在十字架上活下來。

「但如果真的還活著，他怎麼可能腳上釘著釘子還能四處走動？他怎麼能在幾個小時後出現在通往以馬忤斯（厄瑪烏）的路上長途跋涉？他的雙臂被拉長，關節脫臼扯斷，怎麼還能用？請記住，他的背上還有面積巨大的傷口，胸口也有矛的穿刺傷。」

然後他停頓了一下。腦海中靈光一閃，現在他準備提出一個終結性的關鍵論點，一勞永逸地讓「暈厥推論」一擊斃命。這個論點自 1835 年由德國神學家大衛・施特勞斯（David Strauss）首次提出以來，無人能反駁。

「聽著，」梅瑟勒博士說：「一個處於那種悲慘境地的人，絕不會激勵他的門徒走出去宣告他是戰勝墳墓的生命之主。

「你明白我在說什麼嗎？在遭受了那可怕的虐待，以及所有災難性的失血和創傷之後，他的模樣將會是言語無法形容的可憐，門徒們見到絕不會高高興興地稱讚他是一個戰勝了死亡的勝利者；他們會為他感到心如刀絞，試著盡力照顧他恢復健康。

「也就是說，推測他活著下十字架，就是在推測耶穌認為在

那種可怕的狀態下出現在門徒面前，會促使他的追隨者們發起一場世界性的推廣運動，使每個人都渴望有一天他們也能擁有像他一樣的復活之軀。這種想法是真正荒謬至極的。這是不可能的。」

心靈質問

梅瑟勒博士以令人信服的方式，巧妙地排除了合理懷疑，確立了他的觀點。他只關注「如何」這個問題：耶穌是如何在確保他必死無疑的前提下被處死的？但當我們結束談話時，我感覺少了點什麼。我們挖掘了他的知識與專業能力，卻沒有觸及他的內心。因此，當我們站起來握手時，我不得不問了一個「為什麼」的問題。

「亞歷克斯（Alex），[11]在我走之前，我想問問你的意見，不是醫學意見，也不是科學評價，我想聽聽你的肺腑之言。」

我感覺他稍稍放鬆了心防。「好的，」他說：「我盡我所能試試。」

「耶穌故意走向背叛他的人的懷抱，他沒有拒捕，也沒有在審判時為自己辯護——很明顯，他是自願接受你所說的羞辱和痛苦的折磨。我想知道為什麼。是什麼動機讓一個人願意忍受這種懲罰？」

亞歷山大・梅瑟勒博士——以一個男人，不是醫生——的身分，思索著合適的詞句。

「坦白說，我不認為一個普通人能做到這一點，」他最後回答道。「但耶穌知道即將發生什麼，他願意經歷這一切，因為這是他能夠救贖我們的唯一方式——成為我們的替代品，為我們支付因叛逆上帝而應得的死刑。這就是他來到世上的全部使命。」

---

11. 編按：Alex 為 Alexander 的簡稱。

儘管如此，我還是能感覺到梅瑟勒那無情的理性、邏輯和條理清晰的頭腦正在不斷地把我的問題壓縮成最基本的、最不可簡化的答案。

他總結說：「所以，當你問他的動機是什麼時，」他說，「嗯……我想答案可以用一個字來概括——那就是*愛*。」

當晚驅車離開時，我腦海中揮之不去的就是這個答案。

總之，我在加利福尼亞之行中獲益匪淺。梅瑟勒博士充滿說服力地證明——耶穌不可能從十字架的折磨中倖存下來，這種殘酷的形式是如此卑鄙，以至於連羅馬人除了最嚴重的叛國罪之外，都免除了自己的公民受十字架刑的折磨。

梅瑟勒博士的結論與其他仔細研究過這個題目的醫生，結論是一致的。其中包括威廉·D·愛德華茲（William D. Edwards）博士，他在 1986 年發表於《美國醫學會雜誌》（*Journal of the American Medical Association*）上的文章得出結論：「顯然，歷史和醫學證據顯示，在耶穌被刺穿肋旁之前，他已經死亡……因此，基於耶穌沒有在十字架上死亡的假設所作出的解釋，似乎與現代醫學知識不符。」[12]

那些認為耶穌在各各他（哥耳哥達）以某種方式逃脫死亡的魔掌，再假稱復活的人，需要提出一個能夠符合事實的更可信理論。

但他們也必須思考一個我們所有人都反覆深思、縈繞心頭的問題：究竟是什麼促使耶穌甘願讓自己受到如此的侮辱和殘害？

---

12. William D. Edwards et al., "On the Physical Death of Jesus Christ," *Journal of the American Medical Association* (March 21, 1986), 1455-63.

思辨時間 思考或小組討論的問題

一、在考慮了梅瑟勒博士的敘述之後，你認為「暈厥推論」有道理嗎？為什麼？

二、兩千年來，十字架一直是基督徒的象徵。現在你讀了梅瑟勒博士的見證，今後你對這一象徵的看法會有什麼不同？

三、你願意為了他人而受苦嗎？為了誰？為什麼？怎樣才能促使你代替他人忍受折磨？

四、如果士兵們像對待耶穌那樣辱罵、羞辱和折磨你，你會有什麼反應？耶穌在痛苦中說出：「父啊！赦免他們」，這又是為什麼呢？

其他證據◆更多相關資源

Cook, John Granger. *Crucifixion in the Mediterranean World*. Tuebingen, Germany: Mohr Siebeck, 2015.

Edwards, William D., et al. "On the Physical Death of Jesus Christ." *Journal of the American Medical Association* (March 21, 1986), 1455-63.

Evans, Craig A., and N. T. Wright. *Jesus, the Final Days: What Really Happened*. Louisville, KY: Westminster John Knox Press, 2009.

Foreman, Dale. *Crucify Him*. Grand Rapids: Zondervan, 1990.

Gibson, Shimon. *The Final Days of Jesus: The Archaeological Evidence*. Reprint edition. New York: HarperOne, 2010.

Hengel, M. *Crucifixion in the Ancient World*. Philadelphia: Fortress, 1977.

Kostenberger, Andreas J., and Justin Taylor. *The Final Days of Jesus*. Wheaton, IL: Crossway, 2014.

第 12 章

屍體失蹤的證據

耶穌的屍體真的從墳墓中消失了嗎？

訪談對象—威廉・萊恩・克雷格博士（Dr. William Lane Craig）

在一個秋高氣爽的下午，芝加哥知名糖果公司的女繼承人海倫・沃希斯・布拉克（Helen Vorhees Brach）飛抵世上最繁忙的機場，走進人群，隨即消失得無影無蹤。幾十年來，這位紅髮、熱愛動物保護的慈善家去向成謎，讓警察和記者們百思不解。

雖然調查人員確信她被謀殺，但他們無法確定具體的情況，主要是因為他們一直沒有找到她的屍體。警方提出了一些猜測，向媒體透露了一些讓人相當有興趣的可能性，甚至有法官宣布一名詐騙犯恐怕要為她的失蹤負責。但由於沒有屍體，她的謀殺案在官方上依然是個懸案。至今沒有人因她的被害而遭到起訴。

布拉克案是一個令人沮喪的謎團，時不時讓我在夜裡輾轉反側，腦海中不斷思索著那零星的證據，試圖拼湊出事情的真相。這最終是一個不滿意的過程；我想知道真相，但沒有足夠的事實來驅走猜測。通俗小說和現實生活中不時會出現失蹤的屍體，但你很少會遇到一個空墓。與海倫・布拉克的案件不同，耶穌的問題不是他消失得無影無蹤，而是他被看見了，活著；他被看見了，死去；他被看見了，再次活著。如果我們相信福音書中的記載，那我們關心的重點會在遺體失不失蹤嗎？不，我們關心的是，耶穌依然活著！直到今天、即使他經歷了上一章如此血淋淋的十字架刑罰。

空墓是復活的永恆象徵，是耶穌宣稱自己是神的最終體現。使徒保羅在《哥林多前書》15:17說，復活是基督徒信仰的關鍵：「基督若沒有復活，你們的信便是徒然，你們仍在罪裏。」

神學家傑拉德·奧科林斯（Gerald O'Collins）如此描述：「從深刻的意義上來說，沒有復活的基督宗教，不僅僅是沒有最後一章的基督宗教。它根本就不是基督宗教。」[1]

復活是對耶穌神聖身分及其靈性教導的最高辯護，這是他戰勝罪惡和死亡的證明，預示了他的追隨者也將復活。這是基督徒希望的基礎，這是奇蹟中的奇蹟。

如果這是真的，懷疑論者認為，耶穌的遺體究竟發生了什麼仍然是一個謎，就像海倫·布拉克的失蹤一樣——他們力稱，沒有足夠的證據來得出確切的結論。

但也有人主張，這個案子實際上已經結案，因為有確切的證據顯示，在復活節的第一個早晨，墳墓是空的。如果你想聽人說一些足夠說服力的論點，你最好見見威廉·萊恩·克雷格博士，普遍公認他是世上研究耶穌復活方面，最頂尖的專家之一。

第十一份訪談
威廉·萊恩·克雷格 哲學博士／神學博士

我第一次看比爾·克雷格（Bill Craig）[2]在台上辯護基督宗教，是從一個獨特的視角：我坐在他後面，觀看他在近八千人面前捍衛基督宗教，還有無數人在全國一百多個廣播電台上收聽。

身為克雷格博士與一名由美國無神論者協會（American Atheists, Inc.）全國發言人挑選的無神論者之間辯論的主持人，

---

1. Gerald O'Collins, *The Easter Jesus* (London: Darton, Longman & Todd, 1973), 134, cited in Craig, *The Son Rises*, 136.
2. 編按：Bill 為 William 的簡稱。

我驚嘆於克雷格博士以禮貌但有力的方式為基督宗教辯護，同時瓦解了無神論方的論點。從我所坐的位置，我可以看到人們的表情，因為他們發現——很多人是第一次——原來基督宗教經得起理性分析和嚴格審查。

最終，雙方不分勝負。在當晚以公開的無神論者、不可知論者或懷疑論者身分進入禮堂的人中，有 82% 的人走出禮堂時得出了壓倒性的結論：基督宗教的論據最有說服力。有 47 人以非信徒的身分入場，以基督徒的身分離場——克雷格為信仰所做的論證極具說服力，尤其是與無神論證據的乏善可陳相比。順帶一提，變更立場成為無神論者的人數是零。[3]

因此，當我飛到亞特蘭大為這本書採訪他時，我急切地想知道，他會如何回應有關耶穌空墓的質疑。

自從幾年前我見過他之後，他就沒有變過。克雷格博士留著濃密的黑鬍鬚，五官稜角分明，目光炯炯，看上去仍像一位嚴肅的學者。他說話有條理、思路清晰，總是逐步、有條不紊地根據事實逐點解答問題。

然而他不是一個枯燥的神學家。克雷格博士對他的工作有著令人耳目一新的熱情。他那淺藍色的眼睛在編織複雜的命題和理論時閃閃發光；他用手勢強調句子，尋求你的理解和同意；當他思考為什麼有些學者抵制他認為深具說服力的證據時，他的聲音會從講述某些他認為引人入勝的神祕神學觀點時那種沉醉式的亢奮，轉變為低沉而真摯。

簡而言之，他的頭腦和心靈都是全神貫注的。當他談到與他辯論過的懷疑論者時，沒有自鳴得意或充滿敵意的語氣；只要有

---

3. For a tape of the debate, see William Lane Craig and Frank Zindler, *Atheism vs. Christianity: Where Does the Evidence Point?* (Grand Rapids, MI: Zondervan, 1993), videocassette.

機會，他就會特別提到他們令人喜愛的特質——這位是個出色的演講者，那位在晚餐時很迷人。

在我們談話的細微之處，我感覺到他並不是想用他的論點打擊對手，而是真誠地希望為上帝贏得那些對上帝來說別具意義的人的認同。他似乎真心感到困惑，為什麼有些人不能或不願承認耶穌空墓的真實性。

保衛空墓

克雷格博士穿著藍色牛仔褲、白色襪子和深藍色毛衣，毛衣裡搭配紅色高領衫，悠閒地坐在客廳的碎花布沙發上。他身後的牆上掛著一幅巨大的慕尼黑風景畫。

當初正是在慕尼黑，克雷格博士還是一個剛獲得三一福音神學院學位的文學碩士，隨後他又在英國伯明罕大學取得哲學博士學位，他首次研究耶穌復活的專題，並以此獲得了慕尼黑大學的神學博士學位。後來，他在三一福音神學院任教，隨後在布魯塞爾附近的魯汶大學高等哲學研究所（Higher Institute of Philosophy at the University of Louvain）擔任客座學者。

他的著作包括《理性信仰》、《沒有簡單答案》（*No Easy Answers*）、《認識復活的真相》（*Knowing the Truth about the Resurrection*）、《唯一的智慧之神》（*The Only Wise God*）、《上帝的存在與宇宙的起源》（*The Existence of God and the Beginning of the Universe*），以及與昆廷・史密斯（Quentin Smith）合著的《有神論、無神論與大爆炸宇宙學》（*Theism, Atheism, and Big Bang Cosmology*），由牛津大學出版社出版。

他還參與了《知識分子談論上帝》（*The Intellectuals Speak Out about God*）、《火中的耶穌》（*Jesus under Fire*）、《為奇蹟辯護》（*In Defense of Miracles*）以及《上帝存在嗎？》（*Does God*

Exist?)的撰寫。此外，他的學術文章發表在《新約研究》(New Testament Studies)、《新約研究期刊》(Journal for the Study of the New Testament)、《福音觀點》、《美國科學聯盟期刊》(Journal of the American Scientific Affiliation)和《哲學》(Philosophy)等期刊上。他是九個專業學會的成員，包括美國宗教學會(American Academy of Religion)和美國哲學學會(American Philosophical Association)。

雖然他是因為撰寫有關科學、哲學和神學匯集的作品而揚名國際，但當他談起那個讓他心跳加速的主題——耶穌的復活時，無需筆記就能信手拈來。

耶穌真的埋葬在墳墓中嗎？

探討耶穌的墳墓是否是空的之前，我需要確認他的遺體是否真的曾在那裡。歷史告訴我們，通常被釘十字架的罪犯會被留在十字架上，讓鳥類啄食，或者被丟進亂葬坑。這讓耶穌研討會的約翰・多明尼克・克羅桑得出結論，耶穌的屍體之所以消失，很可能是被野狗挖出來吃掉了。

「根據這些習俗，」我對克雷格博士說：「你能拒絕承認這很可能就是實際的情況嗎？」

「如果你只看習俗，沒錯，我會同意有可能，」他回答說：「但那就忽略這個案件中、真實存在的具體證據了。」

「好吧，那我們來看看具體證據，」我說。隨即指出了一個直接的問題：福音書說耶穌的屍體被交給亞利馬太的約瑟（阿黎瑪特雅的若瑟），他是投票判耶穌死刑的議會——猶太公會(Sanhedrin)的一員。「這不太可能吧？」我以比預期更尖刻的語氣質問道。

克雷格博士在沙發上挪動了一下，好像準備回答我的問題。

「不，當你看到所有埋葬的證據時，就不會覺得不可思議，」他說：「讓我解釋一下。首先，使徒保羅在《哥林多前書》15:3-7中提到了這個埋葬，他傳遞了一個非常早期的教會信條。」

我點頭承認，因為克雷格‧布隆伯格博士在早先的訪談中已經詳細描述了這個信條。克雷格博士同意布隆伯格博士的看法，這個信條無疑可以追溯到耶穌被釘十字架後的幾年內，保羅在大馬士革歸信後或隨後在訪問耶路撒冷與使徒雅各和彼得會面時得到了這個信條。

既然克雷格博士要引用這個信條，我打開放在膝上的聖經，快速回顧了一下這段經文：「我當日所領受又傳給你們的：第一，就是基督照聖經所說，為我們的罪死了，而且埋葬了；又照聖經所說，第三天復活了……」信條接下來列出了耶穌復活後的多次顯現。

「這個信條非常早，因此是可靠的材料，」克雷格博士說：「基本上，它是一個四行的公式。第一行提到釘十字架，第二行提到埋葬，第三行提到復活，第四行提到耶穌的顯現。正如你所見，第二行確定了耶穌被埋葬的事實。」

但這對我來說還不夠明確。「等一下，」我插話道：「他可能是被埋葬了，但是否是埋葬在墳墓中？是亞利馬太的約瑟，這個突然出現來領取遺體的神祕人物負責執行的嗎？」

克雷格博士保持耐心。「這個信條實際上是一個摘要，逐行對應福音書的教導，」他解釋道：「當我們轉過來比對福音書時，我們會發現這個埋葬故事有多個獨立的證據，而亞利馬太的約瑟在所有四個記載中都有具體的名字。此外，馬可福音中的埋葬故事非常早，根本不可能受到傳說的破壞。」

「你怎麼知道它的時間落在很早期？」我問。

「有兩個原因，」他說：「首先，馬可福音通常被認為是最

早的福音書。其次,他的福音書基本上是由關於耶穌的短小軼事組成,更像是珠玉節選,而不是長篇大論的連續性敘述。

「但是當你到了耶穌生命的最後一週——也就是所謂的受難故事——你就會看到連續的事件敘述。這個受難故事顯然是馬可從某一個更早的來源取得的,這個來源的資料裡,包括了耶穌被埋葬在墳墓中的故事。」

歷史上真的存在亞利馬太的約瑟嗎?

這些是很好的論點,但我發現馬可對於事件記述中的一個問題。「馬可說整個猶太公會投贊成票判耶穌死刑,」我說:「如果這是真的,這表示亞利馬太的約瑟也是投票贊成殺死耶穌的。那他後來卻會為耶穌進行體面的安葬,不是不太可能嗎?」

顯然,我的觀察得到了認同。「路加可能也感到同樣的不安,」克雷格博士說:「這解釋了為什麼他註明了一個重要細節——亞利馬太的約瑟在正式投票時不在場,所以這就解釋了問題。但關於亞利馬太的約瑟的最重要關鍵點在於,他不會是由基督宗教傳說或基督宗教作者虛構出來的人物。」

在這個問題上,我需要的不僅僅是一個結論,我還需要一些確切的理由。「為什麼不可能是呢?」我問道。

「基於早期基督徒對於一手造成耶穌被釘十字架的猶太領袖們有滿腔的憤怒和苦澀,」他說:「他們幾乎不可能去虛構出一個猶太領袖,而這個人他做了正確的事,給耶穌體面的安葬——特別還是在所有的耶穌門徒都拋棄了他的情況下!此外,他們不會編造出一個隸屬於某個具體組織的具體成員,不然人們可以很輕易地去親自核實和打聽這件事。所以亞利馬太的約瑟無疑是一個真實存在於歷史上的人物。」

還沒等我追問,克雷格博士繼續說道:「我還要補充一點,

如果這個由約瑟進行的埋葬是後來發展出來的傳說，那關於耶穌的屍體到底發生了什麼，你應該能找到其他有各種大小細節的不同埋葬傳說。然而，你根本找不到耶穌埋葬的其他版本。

「因此，今天多數新約學者都認同耶穌的埋葬記述基本上是可以信賴的。已故的劍橋大學新約學者約翰・Ａ・Ｔ・羅賓遜（John A. T. Robinson）說，耶穌被體面地安葬於墓穴中，是我們關於歷史上的耶穌，最早且最有證據支持的事實之一。」

克雷格博士的解釋讓我相信耶穌的遺體確實被放在約瑟準備的墳墓中，但信條中仍留下了一個模糊之處；也許，甚至在復活之後，他的遺體仍然留在墳墓中。

「雖然信條說耶穌被釘十字架、埋葬，然後復活，但它並沒有具體指出墳墓是空的，」我說：「這意思是否可以懷疑復活可能只是精神性的，而耶穌的遺體仍在墳墓中？」

「信條無疑暗示了空墓，」克雷格博士反駁道：「你看，猶太人對復活有一個實體概念。對他們來說，復活的主要對象是死者的骨頭——甚至不是容易腐爛的肉體。等肉體腐爛後，猶太人會收集死者骨頭，放到盒裡妥善保存，直到世界末日的復活，屆時上帝會讓以色列的義人復活，他們會在上帝的最終國度重聚。

「有鑑於此，早期猶太人說某人從死裡復活了，但他的身體仍留在墳墓中，這會從根本上就自相矛盾。所以當這個早期基督宗教信條說，耶穌被埋葬並在第三天復活時，它背後的意思很清楚地指出：他復活了，所以留下了一個空的墳墓。」

墳墓的保安措施如何？

既然得到了有說服力的證據證明耶穌的遺體確實在墳墓中，那麼弄清楚他的墳墓是否會受到外界因素干擾的保護程度就顯得很重要。保安越嚴密，遺體的去向受到操作的可能性就越小。

「耶穌的墳墓有多安全？」我問。

克雷格博士開始描述根據考古學家對一世紀遺址的挖掘所能確定的墳墓樣貌。

「有一條斜槽通向位置較低矮的墓穴入口，一個圓盤形的大石頭會滾下這個斜槽並卡在墓穴前，」他說，並用手比劃著他所說的。「然後用一塊小石頭固定住這個巨大石盤。這個大石圓盤滾下斜槽的過程並不困難，但要再打開它，則需要好幾個人合力才能把石盤推回高處。從這個角度來看，它是相當安全的。」

然而，耶穌的墳墓也會有人看守嗎？我知道一些懷疑論者會對耶穌的墳墓有紀律嚴明的羅馬士兵晝夜看守的主流認知提出質疑，因為如果他們失職，將會被處死，所以不可能讓任何人打開墳墓，要說服人耶穌並不如聖經中所說的復活，必須推翻墳墓有人看守的觀點。

「你確信有羅馬守衛嗎？」我問。

「只有《馬太福音》記載了守衛被安置在墳墓周圍，」他回答說：「但無論如何，我不認為守衛的故事是一個重要的復活證據。首先，它在當代學術界爭議太大，我認為謹慎的做法是將我的論點建立在被大多數學者廣泛接受的證據之上，所以守衛的故事還是放在一邊比較好。」

我對他的做法感到驚訝，「這不會削弱你的論點嗎？」我問。

克雷格博士搖了搖頭。「坦白說，守衛的故事在十八世紀可能很重要，當時批評者認為，門徒偷走了耶穌的遺體，但今天沒有人主張這一理論，」他回答。

「當你閱讀《新約聖經》時，」他繼續說：「無庸置疑，門徒們真誠地相信復活的真相。今天，空墓是某種騙局、陰謀或盜竊的結果這一想法，已經完全被駁斥。所以守衛的故事變得有些無關緊要。」

是否有守衛在場？

即便如此，我還是想知道，是否有證據支持馬太關於守衛的說法。雖然理解克雷格博士擱置這個問題的原因，我還是繼續追問，是否有任何可靠的證據證明守衛的故事是歷史事實。

「是的，有的，」他說：「想想第一世紀猶太人和基督徒之間，關於復活的說法和反駁吧。

「基督徒最初的宣告是：『耶穌復活了。』猶太人回答說：『門徒偷走了他的屍體。』對此，基督徒說：『啊，但墳墓的守衛會阻止這樣的盜竊。』猶太人回答說：『哦，但是墳墓的守衛睡著了。』基督徒回答說：『不，猶太人賄賂了守衛，讓他們說自己睡著了。』

「那麼，假設當時是沒有守衛的，他們的對話內容應該是這樣的：聽到耶穌復活後，猶太人會說：『不，門徒偷走了他的屍體。』基督徒會回答說：『但守衛會阻止偷竊。』那麼猶太人的回答應該是：『什麼守衛？你瘋了！根本就沒有守衛！』然而歷史清楚地告訴我們，猶太人並不是這麼說的。

「這表示守衛確實存在，猶太人知道這一點，這就是為什麼他們編造了一個荒唐的故事，說守衛在門徒盜走屍體時睡著了。」

一個盤旋心頭的問題促使我再次插嘴。「這裡似乎還有另一個問題，」我說，停頓了一下，盡可能簡明扼要地表達我的異議。

「為什麼猶太當局一開始會在墳墓前設置守衛？若他們預料耶穌會復活或門徒會偽造復活，豈不是表示他們比門徒更相信耶穌關於復活的預言！畢竟，門徒們對整件事都感到分外驚訝。」

「你確實指出了一個問題，」克雷格博士承認。「不過，他們設置守衛也可能是為了防止任何形式的盜墓或在逾越節期間發生任何其他騷亂；我們無從得知。這是一個好的論點，我完全承

認它的分量,但我認為這並非無懈可擊。」

是的,但這確實顯露出一些關於守衛故事的問題。接著另一個異議浮現在我腦海中。「《馬太福音》說羅馬守衛向猶太當局報告,」我說:「但這看起來不太可能,因為他們應該對彼拉多報告才對。」

克雷格博士臉上露出了一絲微笑。「如果你仔細看,」他說:「《馬太福音》並沒有指明守衛是羅馬人。當猶太人去找彼拉多並要求守衛時,彼拉多說,『你們有守衛』。那麼,他的意思是,『可以,這裡有一支羅馬士兵分隊給你們』?還是指,『你們有你們自己的聖殿守衛,用他們吧』?

「學者們一直在辯論這是否是一支猶太守衛。基於你提到的原因,我最初傾向於認為守衛是猶太人。不過,我重新又考慮了一下,因為馬太用來指守衛的詞通常是指羅馬士兵,而不僅僅是聖殿的官員。

「而且請記住,約翰告訴我們,是一位羅馬百夫長在猶太領袖的指揮下帶領羅馬士兵逮捕了耶穌。所以羅馬守衛向猶太宗教領袖報告是有先例的。這看起來讓他們也參與後續守衛墳墓部分的說法變得有可能了。」

權衡證據後,我認為當時有守衛在場,但我決定放棄這一連串問題,因為克雷格博士的論點本來就不依賴於守衛存在與否。與此同時,我急於向克雷格博士提出一個似乎最有說服力的論點,或許可以推翻耶穌的墳墓在復活節早晨已空空蕩蕩的觀點。

關於矛盾的問題?

多年來,基督宗教的批評者們抓著福音書中描述有所矛盾的部分,反覆攻擊空墓的故事。例如,懷疑論者查爾斯‧坦普頓說:「有四本福音書在相關的描述裡,在許多地方都出現巨大的

差異，以至於再怎麼好心給予包容都無法幫它們自圓其說。」[4]

從表面上來看，這個反對意見似乎直指空墓敘述的核心——可靠性。考慮了波士頓大學的邁克爾・馬丁博士的總結，那天早上我把它讀給克雷格博士聽：

> 在《馬太福音》中，當抹大拉（瑪達肋納）的馬利亞和另一個馬利亞在黎明時分來到墳墓時，有一塊石頭堵在墳墓前，此時發生了劇烈的地震，一位天使降臨並把石頭推了開來。而在《馬可福音》中，女人們在日出時到達墳墓，石頭已經被推開。到了《路加福音》中，當婦女們在黎明時分到達時，發現石頭已經被推開。
>
> 在《馬太福音》中，一位天使坐在墳墓外滾開的岩石上，而在《馬可福音》中，有一位年輕人在墳墓裡。《路加福音》中，有兩個人在墓裡面。
>
> 在《馬太福音》中，出現在墳墓前的女人是抹大拉的馬利亞和另一個馬利亞。在《馬可福音》中，出現在墳墓前的女人是兩個馬利亞和撒羅米（撒羅默）。在《路加福音》中，抹大拉的馬利亞、雅各的母親馬利亞、約亞拿（約安納）和其他女人出現在墳墓前。
>
> 在《馬太福音》中，兩個馬利亞驚恐且喜悅地從墳墓跑出去，告訴門徒，並在路上遇見了耶穌。在《馬可福音》中，她們恐懼地跑出墳墓，並沒有告訴任何人。在《路加福音》中，婦女們向門徒們報告了這個故事，但門徒們並不相信她們，也沒有提到她們見到了耶穌。[5]

---

4. Templeton, *Farewell to God*, 120.
5. Martin, *The Case against Christianity*, 78-79.

「而且，」我對克雷格博士說：「馬丁指出《約翰福音》與其他三部福音書有很多衝突。他的結論是：總之，關於墳墓裡發生事情的描述要麼不一致，要不就只能通過不合理的解釋來達成一致。」[6]

我停下閱讀，從筆記中抬起頭，目光與克雷格博士對視，直截了當地問他：「在考慮這些問題的情況下，你怎麼會認為空墓的故事可信？」

我立即注意到克雷格博士的舉止有所改變。在隨意的對話或討論對空墓的些微異議時，他顯得相當平靜。但問題越難，挑戰越尖銳，他就越活躍和專注。此時此刻，他的肢體語言告訴我，他已經迫不及待地要跳入這些看起來危險重重的水域了。

克雷格博士清了清嗓子，開始說道。「恕我直言，」他說：「邁克爾‧馬丁是一位哲學家，不是歷史學家，我認為他不了解歷史學家的工作。對於哲學家來說，如果某件事前後矛盾，矛盾律會認為，『這不可能是真的，把它扔掉！』而歷史學家看了這些敘述後會說：『我看到了一些不一致的地方，但我注意到其中的一些東西，這些都在次要細節中。』

「故事的核心內容是一樣的：亞利馬太的約瑟帶走了耶穌的屍體，並將其放入墳墓，在耶穌被釘死在十字架上後的週日清晨，一小群耶穌的女性追隨者來到墳墓前，她們發現墳墓是空的。她們看到天使的異象，天使說耶穌復活了。

「謹慎的歷史學家與哲學家不同，不會把嬰兒和洗澡水一起倒掉。他說：『這表示，即使次要的細節有所出入，這個故事的歷史內核是可靠的，是可以信賴的。』

「因此，我們可以對這些敘述中共通的核心內容持有極大的

---

6. Martin, *The Case against Christianity*, 81.

信心,即使在婦女的名字、早晨的確切時間、天使的數量等方面存在一些差異,這些核心內容仍然得到今天多數新約學者的認同。這些次要的差異不會困擾歷史學家。」

即使是通常持懷疑態度的歷史學家邁克爾‧格蘭特(Michael Grant),劍橋大學三一學院的研究員、愛丁堡大學的教授,也在他的書《耶穌:福音的歷史學家回顧》(*Jesus: An Historian's Review of the Gospels*)中承認:「確實,各福音書對空墓的發現有不同的描述,但如果我們採用與其他古代文學資料相同的評估標準,那麼證據是確切的、可信的,足以得出結論——墳墓確實是空的。」[7]

差異能夠統一嗎?

為了報導刑事案件旁觀庭審時,我曾見過看到兩名證人提供了完全相同的證詞,甚至連細節都一模一樣,結果卻被辯方律師痛批兩人在開庭前有串供嫌疑。於是我對克雷格博士說:「我想,如果四本福音書在所有細節上都一模一樣,那就會引起串通或抄襲的嫌疑。」

「是的,這是一個非常好的觀點,」他說:「空墓敘述之間的差異表現出,我們有多個獨立的證據來證明空墓的故事。有時人們會說,『馬太和路加只是照抄了馬可的說法』,但當你仔細觀察這些敘述時,你會發現其中的差異代表,即使馬太和路加確實知道馬可的敘述,但他們也有單獨、獨立的空墓資訊來源。

「因此,有了這些多重、獨立的記載,任何歷史學家都不會因為次要的差異而無視這些證據。讓我舉一個世俗的例子說明。

---

7. Michael Grant, *Jesus: An Historian's Review of the Gospels* (New York: Charles Scribner's Sons, 1977), 176.

「關於漢尼拔（Hannibal）翻越阿爾卑斯山進攻羅馬，我們有兩種記載，它們互不相容、不可協調。然而，沒有一位古典歷史學家懷疑漢尼拔確實發起過這樣一場戰役。這是一個非聖經的例子，說明次要細節的差異並不能破壞歷史故事的內核。」

我承認這一論點的力量。當我回顧思考馬丁的批評時，我覺得他說的一些矛盾似乎很容易就能說通。我對克雷格博士說：「難道沒有辦法協調這些說法之間的差異嗎？」

「是的，沒錯，是有。」克雷格博士回答道：「比如，探墓的時間。一位作家可能會說天還黑著，另一位作家可能會說天快亮了，但這有點像樂觀主義者和悲觀主義者在爭論杯子是半空還是半滿一樣。當時大約是黎明時分，他們用不同的詞語描述同樣的事情。

「至於在場女性的人數和名字，沒有一本福音書給出完整的名單。但他們都提到了抹大拉的馬利亞和其他女性，所以很可能是這些早期門徒中的一些人，包括那些被提到的和可能還有幾個其他人。我認為說這是矛盾是過於迂腐了。」

「那關於後來發生事情的不同敘述呢？」我問道：「馬可說這些女人什麼也沒告訴別人，其他福音書則說她們告訴別人。」

克雷格博士解釋說：「當你看馬可的神學時，你會發現他喜歡強調在神聖面前的敬畏、恐懼和崇拜。因此，婦女們的這種反應——她們戰戰兢兢地逃走，因為害怕而對任何人一言不發——都是馬可文學和神學風格的一部分。

「這很可能是暫時的沉默，然後這些女人回去告訴了其他人發生了什麼。事實上，」他苦笑著總結：「這一定是暫時的沉默，不然馬可就不可能記下這個故事了！」

我想問一下另一個常被引用的矛盾之處。「耶穌在《馬太福音》12:40 中說，『約拿三日三夜在大魚肚腹中，人子也要這樣

三日三夜在地裏頭。』然而，福音書記載耶穌實際上只在墳墓裡一天兩夜，再多一點點天亮時分。這難道不是耶穌並未實現自己的預言而出錯的一個例子嗎？」

「有些基督徒出於善意地用這節經文來暗示耶穌是在星期三被釘十字架，而不是星期五，用來完善完整三天的說法。」克雷格博士說。「但大多數學者的認知是，根據早期猶太人的時間計算方法，任何部分的一天都算作一整天。耶穌在星期五下午被放進墳墓，星期六整天，以及星期天早晨——按照當時猶太人的時間概念，這就算作三天。」[8]

「同樣，」他總結道：「這只是另一個例子，說明這些差異是只要掌握一些背景知識，或以開放的心態去思考就可以解釋的等級。」

見證人是可信的嗎？

福音書一致認為空墓是由耶穌的女性朋友和追隨者發現的。但在馬丁看來，這使她們的證詞變得可疑，因為她們「可能不是客觀的觀察者」。

所以我把這個問題丟給克雷格博士：「這些女性與耶穌的關係，會不會讓她們的證詞可靠性受到質疑？」

不經意間，我正中了克雷格博士的下懷。「事實上，這個論點對那些使用它的人來說是適得其反。」克雷格博士回答道。「這些女性當然是耶穌的朋友。但是，如果你了解婦女在一世紀猶太

---

8. 格倫・米勒（Glenn Miller）對拉比的文獻研究支持了這一點。他指出：「拉比埃利亞扎爾・班・阿扎里亞（Rabbi Eleazar ben Azariah），從以斯拉（Ezra）算起的第十代，非常明確表示『一天和一晚是一個奧納（Onah，指一段時間），而一部分的奧納就如同一整個』」（J. Talmud, Shabbath 9.3 and b. Talmud, Pesahim 4a）。

社會中的角色會發現,真正非比尋常的是,在這個空墓的故事中,空墓的發現者竟然是女性。

「在第一世紀的巴勒斯坦,婦女的社會地位非常低。有一些古老的拉比格言是這麼說的,『寧可把律法的話語燒掉,也不要交給女性』,『有兒子的有福了,但有女兒的有禍了。』女性的證詞被認為是毫無價值的,以至於她們通常不能在猶太法庭上作為法律見證人。

「有鑑於此,空墓的主要見證人是這些婦女,她們是耶穌的朋友,這絕對是件了不起的事。任何後來的傳說性質的故事,都一定會選擇男門徒來擔任發現空墓的人,例如彼得或約翰。女性是第一個見證空墓的人,這最合理的解釋就是事實上——不管人們喜不喜歡——她們就是空墓的發現者!這顯示福音書的作者忠實地記錄了所發生的事情,即使是令當時或後來很長一段時間的人不喜聞見的事情。這證明了這個正統記載的史實性質,而非其傳奇性質。」

為什麼這些女人會去墓地?

然而,克雷格博士的解釋卻留下了另一個懸而未決的問題:如果婦女們已經知道耶穌的墳墓被牢牢封住了,她們為什麼還要去膏抹耶穌的遺體?「她們的行為真的有意義嗎?」我問道。

克雷格博士想了會,沒有用辯論者的口吻,而用更溫柔的語氣回答:「李,我強烈感覺那些不理解這些女人對耶穌的愛和奉獻精神的學者,無權對任何她們想做的事情做出冷酷的判斷。

「對於那些悲痛欲絕的人來說,他們失去了自己摯愛和追隨的人,抱著想要去墓前為屍體塗上膏藥的渺茫希望——我只是不想後來的一些評論家像對待機器人一樣對待她們說,『她們不應該去。』」

他聳了聳肩。「也許她們認為會有男人在附近可以幫助她們移開石頭。如果有守衛，她們可能以為守衛會幫忙。我不知道。

「無論如何，去墓地為遺體倒油是一個歷史悠久的猶太習俗；唯一的問題是，誰會幫她們移開石頭。我不認為我們只判斷她們是否應該只是待在家裡。」

基督徒為何不引證「空墓」？

在準備訪問克雷格博士的過程中，我聽過不只一個懷疑者反對空墓的重要論點是：沒有一個使徒——包括彼得——在他們的講道中提到過這件事。但當我問克雷格博士這個問題時，他的眼睛睜大了。

「我不認為這是真的，」他回答道，語氣中帶著一些驚訝，並拿起他的聖經，翻到《使徒行傳》第二章，記載了彼得在五旬節的講道。

「空墓在彼得的談話中可以被找到，」克雷格博士堅持。「他在第 24 節宣告說：『上帝卻將死的痛苦解除，使他復活了，因為他原不能被死拘禁。』

「然後他引用了一篇詩篇，說神不會讓他的聖者見到朽壞。這是大衛寫的，彼得說：『先祖大衛的事，我可以明明地對你們說：他死了，也葬埋了，並且他的墳墓直到今日還在我們這裏。』但他說，基督『他的靈魂不撇在陰間；他的肉身也不見朽壞。這耶穌，上帝已經叫他復活了，我們都為這事作見證。』」

克雷格博士從聖經中抬起頭。「這段話將大衛的墳墓與預言作了對比，大衛說基督會復活，他的肉體不會腐爛，這顯然暗示了墳墓是空的。」

然後他翻到《使徒行傳》的另一章。「在《使徒行傳》13:29-31 中，保羅說：『他們既實現了經上指着他所記的一切

話，就從木頭上把他取下來，放在墳墓裏。上帝卻使他從死人中復活。有許多日子，他向那些從加利利同他上耶路撒冷的人顯現。』顯然，這裡是在暗示空墓。」

他闔上聖經，然後補充道：「我認為，僅僅因為早期傳道人沒有使用空墓這兩個具體的字眼，就認為他們沒有提到空墓，這種說法過於死板和不合理。毫無疑問，使徒們知道——而且他們的聽眾也從他們的講道中理解到——耶穌的墳墓是空的。」

有什麼確切證據？

在訪談的前半部分，我一直在向克雷格博士提出質疑空墓的反對意見和論據。但我突然意識到，還沒有給他機會闡述他的正面論點。雖然他已經提及了好幾個他認為耶穌的墳墓空空如也的理由，但我還是說：「為什麼不給我一個痛快？就用你最好最有力的四、五個理由來說服我，空墓就是歷史事實。」

克雷格博士接受了挑戰。他簡潔有力地一一闡述了他的論點。

「首先，」他說：「空墓的說法確實隱含在保羅《哥林多前書》15章中傳遞的早期正統記述裡，這是關於耶穌的一個非常古老而可靠的歷史資訊來源。

「第二，基督徒和猶太人都知道耶穌墳墓的所在地。因此，如果不是空的，就不可能在這個人被公開處決和埋葬的城市裡，出現一個建立在復活信仰基礎上的運動。

「第三，我們可以從語言、語法和風格上看出，馬可從早期來源獲得了他的空墓故事——事實上，他整個受難敘事都是如此。而實際上，有證據顯示它是在公元 37 年之前寫成，這太早了，坊間的傳說不可能對它進行嚴重的篡改。

「牛津大學著名希臘羅馬古典歷史學家 A・N・舒爾文-懷特（A. N. Sherwin-White）說，傳說在這麼短的時間差裡快速發

展擴散,並強大到大幅扭曲福音書——此類事例在歷史上從未出現。

「第四,馬可空墓故事的簡單性。二世紀虛構的啟示錄包含各種華麗的敘述,在那種故事中,耶穌帶著榮耀和權力從墳墓中走出來,所有人都看到了他,包括祭司、猶太當局和羅馬衛兵。這些都是道聽塗說式的傳說,都是在事件發生好幾代人之後才出現,也就是在當時的目擊者全都離世之後。相比之下,馬可對空墓故事的描述簡潔明瞭,沒有任何神學考量下的修飾痕跡。

「第五,空墓是由婦女發現的這個證詞相當一致,證明了故事的真實性,因為這對門徒來說會是很難堪的情況,如果這是可以修改的傳說,他們一定會去掩蓋這一點。

「第六,最早的猶太論戰是以空墓的史實為前提。換句話說,包括當時的猶太族群,沒有人聲稱墳墓裡還有耶穌的屍體。爭辯的問題永遠都是:『屍體怎麼了?』

「猶太人提出了守衛入睡的荒謬故事。顯然,他們那是在抓住最後的救命稻草。但重點是:他們從墳墓是空的開始爭論!為什麼?因為他們非常清楚——它是空的!」

其他還有什麼推論?

我仔細聆聽克雷格博士闡述的每一個觀點,對我來說,這六個論點構成了一個令人印象深刻的實例。不過,在做出結論之前,我還是想檢查這是否還有漏洞存在。

「克爾索普·萊克(Kirsopp Lake)在 1907 年提出,這些女人只是去了錯的墳墓,」我說:「他說她們迷路了,一個在空墓的看守人告訴她們:『你們在找的拿撒勒人耶穌,他不在這裡,』然後她們就因為害怕而逃跑了。這難道不是一個合理的解釋嗎?」[9]

克雷格博士歎了口氣。「萊克的推論並沒有得到任何支持者追捧，」他說：「原因是，猶太當局很清楚耶穌墳墓的地點。即使那些女性們犯了這個錯誤，當門徒們開始宣稱耶穌從死裡復活時，當局會極度樂意指出墳墓的位置並糾正他們的錯誤。我不知道今天還有誰會堅持萊克的理論有道理。」

坦白說，其他選擇聽起來也不太可能。顯然，門徒沒有動機偷走屍體，然後忍受一生貧困和痛苦，猶太當局也不會移走屍體。我說：「我們只能推測，空墓是後來產生的傳說，當它形成的時候，人們已經無法更正它，因為墳墓的位置已經被遺忘了。」

「自 1835 年大衛·施特勞斯主張這些其他的故事都是傳說以來，這個問題一直都在，」克雷格博士回答說：「這也是為什麼在我們今天的談話中，要花這麼多心思關注這個傳說推論，我們能通過記載了空墓的福音書所撰成的年代，追溯到事件發生的幾年內，這讓傳說推論已然失去任何參考價值。即使在故事的次要細節中存在一些傳說成分，但故事的史實核心，仍然是可靠的。」

是的，這些其他的推論都能夠被解釋處理掉。經過分析，每一種推論似乎都在證據和邏輯的重壓下瓦解崩潰了。唯一剩下的選擇是，相信被釘十字架的耶穌復活了——但這是一個讓一些人難以接受的離奇結論。

我想了一會兒，不知道如何向克雷格博士提問。最後我說：「和耶穌是上帝的化身並從死裡復活這個絕絕對對不可思議的故事比起來，哪怕這些其他推論確實存在漏洞，但不也還是相對更合理一些嗎？」

---

9. Kirsopp Lake, *The Historical Evidence for the Resurrection of Jesus Christ* (London: Williams & Norgate, 1907), 247-79, cited in William Lane Craig, *Knowing the Truth about the Resurrection* (Ann Arbor, MI.: Servant, 1988), 35-36.

「我認為這就是問題所在，」他身體前傾說道：「我認為推動這些替代理論的人會承認，『是的，我們的理論是那麼不合理，但它們沒有像那個壯觀的奇蹟發生的想法那麼不可能。』然而，在這一點上，問題不再是歷史問題，而是關於奇蹟是否可能的哲學問題。」

「那麼，」我問：「你會怎麼回應？」

「我認為，上帝讓耶穌從死裡復活的假設絕對可能。事實上，根據證據，這是對所發生事件的最好解釋。不可能的是耶穌自然復活的假設，我同意，這太離譜了。任何假設都比耶穌的屍體自然而然地復活更有可能。

「但，上帝讓耶穌從死裡復活的假設，與科學或任何已知的經驗事實並不矛盾。它所需要的只是上帝存在的假設，而我認為有充分的獨立理由相信，上帝存在。」[10]

隨後克雷格博士補充道：「只要上帝的存在是可能的，那麼耶穌從死裡復活是歷史上實際發生過的事實就也是可能的。」

結論：墳墓是空的

克雷格博士的闡釋令人信服：從證據來看，空墓——這無可置疑地是一個驚人的奇蹟——確有其道理，而這只是復活證據的一部分。從克雷格博士亞特蘭大的家中，我準備出發前去維吉尼亞州採訪一位著名的耶穌復活顯現證據專家，然後再前往加利福尼亞州與另一位學者討論大量的間接證據。

當我感謝克雷格博士和他的妻子珍（Jan）的盛情款待時，我反省自我，近距離看克雷格博士，他穿著藍色牛仔褲和白襪

---

10. 上帝存在的科學證據可見：李・施特博的《為人類尋根》(*The Case for a Creator*) (Grand Rapids: Zondervan, 2005)。

子，看起來並不像那種能讓世界上最優秀的耶穌復活反對者一敗塗地的強大對手。但我親耳聽了辯論的錄音帶。

在事實面前，那些人拼盡全力也無法將耶穌的屍體放回墳墓。他們不知所措、他們苦苦掙扎、他們緊抓住救命稻草、他們自相矛盾，他們絕望地希冀一個非比尋常的理論來抵禦證據。然而，每次到最後，墳墓仍然是空的。

我想起了有史以來最傑出的法律學者之一，劍橋大學畢業的諾曼・安德森爵士（Sir Norman Anderson），他曾在普林斯頓大學講學，獲得哈佛大學終身教授職位，並擔任倫敦大學法律系系主任。

他一生都在從法律角度分析這個問題，他的結論總結為一句話：「空墓成了一塊名副其實的磐石，任何試圖用理性和自然解釋來否定耶穌復活的理論，撞上它都終歸是徒勞無功。」[11]

思辨時間 思考或小組討論的問題

一、關於耶穌的墳墓在復活節早晨是否是空的，你自己的結論是什麼？你認為哪些證據最有說服力？

二、正如克雷格博士所指出的，古代世界的每個人都承認墳墓是空的；問題在於它是如何變成這樣的？除了耶穌復活之外，你能想到其他合理的解釋嗎？如果有，你認為比爾・克雷格博士這樣的人會如何回應你的理論？

三、閱讀《馬可福音》15:42-16:8，這是關於耶穌下葬和空墓的最早記載。你是否同意克雷格博士的觀點，也就是它很「簡潔明瞭、沒有神學考量上的修飾」？為什麼？

---

11. J. N. D. Anderson, *The Evidence for the Resurrection* (Downers Grove, IL: InterVarsity Press, 1966), 20.

其他證據◆更多相關資源

Copan, Paul, and Ronald K. Tacelli, eds. *Jesus' Resurrection: Fact or Figment? A Debate Between William Lane Craig and Gerd Lüdemann.* Downers Grove, IL: InterVarsity Academic, 2000.

Craig, William Lane. "The Empty Tomb of Jesus." In R. Douglas Geivett and Gary R. Habermas, eds., *In Defense of Miracles*, 247-61. Downers Grove, IL: InterVarsity Press, 1997.

――――――. "Did Jesus Rise from the Dead?" In Michael J. Wilkins and J. P. Moreland, eds., *Jesus Under Fire*, 147–82. Grand Rapids: Zondervan, 1995.

――――――. "The Resurrection of Jesus." In *Reasonable Faith*, Third edition, ed. William Lane Craig, 333–400. Wheaton, IL: Crossway, 2008.

――――――. *The Son Rises: Historical Evidence for the Resurrection of Jesus.* Reprint edition. Eugene, OR: Wipf & Stock, 2000.

――――――. "Objection #2: Since Miracles Contradict Science, They Cannot Be True." In Lee Strobel, *The Case for Faith*, 57–86. Grand Rapids: Zondervan, 2000.

Evans, Craig A. "Getting the Burial Traditions and Evidences Right." In Michael F. Bird, Craig A. Evans, Simon J. Gathercole, Charles Hill, and Chris Tilling, *How God Became Jesus: The Real Origins of Belief in Jesus' Divine Nature,* 71–93. Grand Rapids: Zondervan, 2014.

Morison, Frank. *Who Moved the Stone?* Reprint edition. Grand Rapids: Zondervan, 1987.

第 13 章

耶穌顯現的證據

耶穌死在十字架上後,有人見過復活後的他嗎?

訪談對象—蓋瑞・哈伯馬斯博士(Dr. Gary Habermas)

1963 年,十四歲的艾迪・梅・柯林斯(Addie Mae Collins)與其他三位非裔美國女孩在一起,被白人種族主義者在一次惡名昭彰的教堂爆炸事件中殘忍殺害,葬於阿拉巴馬州伯明罕市。多年來,家人會定期來到墓前祈禱並致上鮮花。1998 年,他們決定將死者遷葬到另一個墓地。

然而,當工人們被派去掘墓移棺時,卻帶回了一個令人震驚的發現:墳墓是空的。

可以理解,家屬們陷入極度悲痛。由於記錄保存不善,墓地管理員只能慌慌張張地查找發生了什麼事。人們提出了幾種可能性,其中最主要的一個觀點指出——是她的墓碑立錯了地方。[1]

然而,在確定發生什麼事的過程中,有一種解釋從未被提出過:沒有人說年輕的艾迪・梅復活,可以再次在地球上行走。為什麼?因為空墓本身並不代表原本該在裡面的人已經復活。

我與威廉・萊恩・克雷格博士的談話已經提出了有力的證據,證明耶穌受難後的那個星期天,他的墳墓是空的。雖然我知道這是在耶穌復活的觀點中極為重要且必要的證據,但我也意識到,僅憑遺體失蹤並不能作為決定性的證據。還需要更多的事實

---

1. "Bomb Victim's Body Not in Grave," *Chicago Tribune* (January 14, 1998).

來證明耶穌確實從死裡復活。

這就是我飛往維吉尼亞州的原因。當我的飛機緩緩下降，掠過下方樹木繁茂的山丘上時，我正在閱讀由波士頓大學教授邁克爾‧馬丁撰寫的書，內容在抹黑基督宗教。看了他寫的一段話，我忍不住勾起嘴角笑了：「蓋瑞‧哈伯馬斯博士提出的可能是迄今為止，最細緻入微的耶穌復活辯護。」[2]

瞥了一眼手錶。我將有足夠的時間租一輛車，開到林奇堡，趕上與哈伯馬斯博士兩點的約會。

第十二份訪談
蓋瑞‧哈伯馬斯 哲學博士／神學博士

在哈伯馬斯博士簡樸的辦公室牆上，掛著兩張冰球運動員的簽名照片，照片上的球員在冰面上廝殺對戰。芝加哥黑鷹隊的不朽傳奇鮑比‧赫爾（Bobby Hull），另一張是費城飛人隊的強悍前鋒——「鐵鎚」戴夫‧舒爾茨（Dave "The Hammer" Schultz）。

「赫爾是我最喜歡的冰球選手，」哈伯馬斯博士解釋說：「舒爾茨是我最喜歡的鬥士。」他咧嘴一笑，然後補充道：「這是有區別的。」

哈伯馬斯博士留著大鬍子，說話直來直往、性格粗獷不羈；他同時也是一位鬥士，一頭學術上的鬥牛，他的外表看起來更像是夜總會的保鑣，而不是象牙塔裡的知識分子。他的論點尖銳犀利，逐條細項都以歷史為證，能毫不畏懼地投入展開戰鬥。

安東尼‧弗盧（Antony Flew）是世界上最主要的無神論哲學家之一，當他與哈伯馬斯博士就「耶穌死而復生了嗎？」這一話題展開辯論時，他深刻體會到了哈伯馬斯博士的戰力。結果是

---

2. Martin, *The Case against Christianity*, 87.

很明顯的一邊倒。五位來自不同學院和大學的獨立哲學家擔任了辯論評委，其中四人認為哈伯馬斯博士獲勝。一位認為比賽平局。沒有人投弗盧一票。一位評委評論說：「我很驚訝（震驚可能更準確）地看到弗盧證明自己的方法是如此薄弱⋯⋯我的結論是：假如反對復活的論點沒有比安東尼・弗盧提出的更強，那麼我認為是時候認真對待復活了。」[3]

五位專業辯論裁判之一在評估了參賽者的辯論技巧後（哈伯馬斯博士再次獲勝）感到有必要寫下：「我得出結論，儘管歷史證據有缺陷，但其強度足以讓理性的人相信基督確實從死裡復活⋯⋯哈伯馬斯博士確實提供了『高度可能的證據』來支持復活的歷史性，『沒有合理的自然主義證據反對它』。因此，在我看來，哈伯馬斯博士贏得了這場辯論。」[4]

哈伯馬斯在密西根州立大學獲得博士學位後，撰寫了一篇關於復活的論文，之後他在英國牛津的伊曼紐爾學院獲得了神學博士學位。他撰寫了七本關於耶穌復活的書籍，包括《耶穌的復活：理性探究》(*The Resurrection of Jesus: A Rational Inquiry*)、《耶穌的復活：護教學》(*The Resurrection of Jesus: An Apologetic*)、《歷史上的耶穌》(*The Historical Jesus*) 以及《耶穌從死裡復活了嗎？復活辯論》(*Did Jesus Rise from the Dead? The Resurrection Debate*)，這本書根基在他與弗盧的辯論。他的其他著作還包括《面對懷疑》(*Dealing with Doubt*) 和與 J.P. 莫蘭德博士

---

3. Gary Habermas and Antony Flew, *Did Jesus Rise from the Dead? The Resurrection Debate* (San Francisco: Harper & Row, 1987), xiv.

4. Gary Habermas and Antony Flew, *Did Jesus Rise from the Dead? The Resurrection Debate* (San Francisco: Harper & Row, 1987), xv. 弗盧在 2004 年放棄了他的無神論，因為他相信有一位創造者，可見 Antony Flew and Roy Abraham Varghese, *There Is a God: How the World's Most Notorious Atheist Changed His Mind* (New York: HarperOne, 2008). He died in 2010.

合著的《超越死亡：探索永生的證據》(Beyond Death: Exploring the Evidence for Immortality)。

此外，他共同編輯了《為奇蹟辯護》(In Defense of Miracles)，並貢獻於《火中的耶穌》(Jesus under Fire)和《活出你的信仰：縮小心智與心靈之間的差距》(Living Your Faith: Closing the Gap between Mind and Heart)。他撰寫的一百篇文章發表在流行刊物（如《星期六晚郵報》）、學術期刊（包含《信仰與哲學》(Faith and Philosophy)和《宗教研究》(Religious Studies)）以及參考書（如《福音派神學辭典》(The Evangelical Dictionary of Theology)中。他還曾擔任福音派哲學學會（Evangelical Philosophical Society）的會長。

我先前的描述並不是要暗示哈伯馬斯博士有非必要的好鬥性格，他在日常對話中友好且謙遜。我只是想強調我可不願意在冰球場上或辯論場中與他為敵，他有一種與生俱來的雷達，能幫助他精確地瞄準對手的弱點。而在訪談結束前，我意外地發現了他超乎想像的溫柔的一面。

我在自由大學他一絲不苟的辦公室裡找到了哈伯馬斯博士，他目前是自由大學神學院辯護學與哲學的傑出研究教授。他的辦公室簡潔實用，有黑色的檔案櫃、仿木面的金屬書桌、破舊的地毯和摺疊座椅，這裡顯然不是用來裝模作樣的地方。就像它的主人一樣，這裡一點也不矯揉造作。

「死人不會那樣」

哈伯馬斯博士坐在辦公桌後面，捲起藍色鈕扣襯衫的袖子，我打開錄音機，開始了我們的採訪。

「難道不是嗎？」我以檢察官般直截了當的口吻開始說，「根本沒有目擊者見證耶穌的復活？」

「沒錯，」哈伯馬斯博士回答道：「並沒有關於復活的描述性紀錄。」他這一承認，可能會讓那些對這個主題只略知一二的人感到驚訝。

「年輕時，我讀了一本 C.S. 魯益師的書，他寫道，新約聖經中沒有提到復活。我在旁邊寫了一個很大的『不！』。後來我明白他的意思：沒有人坐在墳墓裡和看見屍體開始顫抖，站起來，脫掉裹屍布，折疊它們，滾開石頭，震驚守衛，然後離開。」

這在我看來可能會引發一些問題。「這難道不會損害你將復活確立為歷史事實的努力嗎？」我問。

哈伯馬斯博士推開椅子，讓自己坐得更舒適一些。「不，這一點也不會削弱我們的論點，因為科學會講究因果關係。我們看不到恐龍，但我們可以研究化石。我們可能不知道疾病是如何起源的，但我們研究其症狀。也許沒有人目擊犯罪，但警察可以在事後拼湊出證據。

「所以，」他繼續說：「我是這樣看待復活的證據的：首先，耶穌死在十字架上了嗎？第二，他後來出現在人們面前了嗎？如果你能證明這兩點，你就成功了；因為死人通常不會這樣。」

歷史學家一致認為，有大量證據顯示耶穌曾被釘在十字架上，亞歷山大．梅瑟勒博士在先前的章節中也證明，耶穌不可能在嚴刑拷打中倖存下來。這就剩下了問題的第二部分：後來耶穌真的顯現了嗎？

「有什麼證據顯示人們看見了他？」我問道。

「我先從連幾乎所有批判方學者都會承認的證據開始，」他打開面前的聖經。「沒有人質疑保羅寫了《哥林多前書》，我們看到他在兩處肯定了他本人偶然遇到了復活的基督。他在《哥林多前書》9:1 中說：『我不是使徒嗎？我不是見過我們的主耶穌嗎？』以及在《哥林多前書》15:8 中說：『末了也顯給我看。』」

我注意到最後一句話與克雷格‧布隆伯格博士和我討論過的早期教會信條有關。正如威廉‧萊恩‧克雷格博士所說，信條的第一部分（第3-4節）提到耶穌被處死、埋葬和復活。

　　這段信條的最後部分（第5-8節）涉及了他在復活後的顯現：「〔基督〕顯給磯法看，然後顯給十二使徒看；後來一時顯給五百多弟兄看，其中一大半到如今還在，卻也有已經睡了的。以後顯給雅各看，再顯給眾使徒看。」下一節經文中，保羅又說：「末了也顯給我看；我如同未到產期而生的人一般。」

　　表面上看，這是非常有影響力的證詞，證明耶穌確實在死後活著出現過。這裡有看到耶穌的具體個人和群體的名字，且是在人們想要確認耶穌的時候寫下的。既然我知道信條在確定耶穌復活方面極其重要，我決定對它進行更嚴格的審查：為什麼歷史學家確信它是信條？它的可信度有多高？它能追溯到多早的時期？

　　「你介意我就這個信條對你進行盤問嗎？」我問哈伯馬斯博士。

　　他伸出手，似乎在邀請。「請吧，」他禮貌地說：「儘管問。」

「說服我這是信條」

　　起初，我想了解為什麼哈伯馬斯博士、克雷格博士、布隆伯格博士等人確信這段經文是早期教會的信條，而不僅僅是保羅寫給哥林多教會的信中的話。

　　我對哈伯馬斯博士的挑戰簡單直接：「說服我這是信條。」

　　「嗯，我可以給你幾個充分的理由。首先，保羅在引用它時說：傳給你們的和所領受的，這些都是技術性的拉比術語，表示他正在傳遞神聖的信仰傳統。

　　「其次，」哈伯馬斯博士低頭看著自己的雙手，逐一扳著手指強調他所提出的每一個觀點，「這段經文的平行結構和風格內容顯示它是一篇信條。第三，原文用磯法稱呼彼得，這是他的亞

拉姆語名字。事實上，亞拉姆語本身就可以顯示它的起源很早。第四，這篇信條中還使用了幾個保羅通常不會使用的原始短語，如「十二使徒（the Twelve）」、「第三天（the third day）」、「他復活了（he was raised）」等。第五，某些詞語的使用類似於亞拉姆語和米示拿希伯來語的敘述方式。」

他數完手指後，抬頭看著我，問道：「你要我繼續嗎？」

「夠了，夠了，」我說：「你的意思是，這些事實讓你這個保守的福音派基督徒相信，這是一篇早期信條。」

哈伯馬斯博士似乎對這句帶刺的話有些不滿。「不僅僅是保守派基督徒相信這一點，」他有些憤然地堅持說：「這是來自廣泛神學領域的眾多學者的共同評價。著名學者約阿希姆・耶雷米亞斯（Joachim Jeremias）稱這篇信條為『所有信仰傳統中最早的』；而烏爾里希・威爾肯斯（Ulrich Wilckens）則說它『無疑可追溯到原始基督宗教歷史中最古老的階段。』」

這就引出了一個問題：信條到底有多早？「你能把它追溯到多早？」我問。

「我們知道保羅在公元55年至57年間寫了《哥林多前書》。他在《哥林多前書》15:1-4中顯示，他已將這篇信條傳給哥林多教會，這意味著它必須早於他在公元51年訪問該教會。因此，這篇信條是在復活後20年內被使用的，這時間是相當早。

「然而，我同意那些將其追溯得更遠的學者，他們認為這篇信條可以追溯到復活後2到8年，即約公元32年至38年，當時保羅在大馬士革或耶路撒冷收到這篇信條。所以這是一份極早期的資料——極其樸實無華的證言，證明耶穌活生生地出現在懷疑論者如保羅和雅各，以及彼得和其他門徒面前。」[5]

事實上，我後來了解到，杜倫大學著名的新約學者、英國學術院院士詹姆斯・D・G・鄧恩說：「我們可以完全確信，這一

信仰傳統是在耶穌去世幾個月內形成的。」[6]

「但是，」我抗議道：「這並不是一手資料。保羅提供的名單是二手或三手的，這不是減少了它在用以證明時的價值嗎？」

哈伯馬斯博士並不這麼認為。「請記住，保羅也親身證實過耶穌向他顯現，所以這裡提供的是第一手證詞；而且保羅不是隨便從街上的陌生人那裡問到這個名單。主流觀點認為，這份名單是他直接從目擊者彼得和雅各那裡得到的，而他後來費盡心思去確認過準確性。」

這個說法相當具有力量。「你怎麼知道的？」我問。

「我同意一些學者的觀點，他們認為保羅是在歸信三年後的一次耶路撒冷之行中，與彼得和雅各會面時得到了這些資料。保羅在《加拉太書》1:18-19 中描述了那次旅行，他在其中使用了一個非常有趣的希臘詞語——historeo。」

我不熟悉這個詞的意思。「這有什麼重要的意義嗎？」

「因為這個詞代表了，他與他們會面並不是為了寒暄閒聊，它顯示保羅為了驗證而和他們見面。保羅扮演的是一個檢查者的角色，一個仔細確認這件事細節的人。因此，保羅要親自向在信條中特別提到的兩位目擊者——彼得和雅各——確認這些事情的真相，使這些事件的相關記載更具分量。

為數不多的新約聖經猶太學者之一平哈斯·拉皮德（Pinchas Lapide）表示說，支持這篇信條的證據如此有力，以至於「足以被視為目擊者的陳述。」[7] 劍橋雷德利學院（Ridley Hall）資深學

---

5. See: Gary Habermas, "The Resurrection of Jesus Time Line." In *Contending With Christianity's Critics*, edited by Paul Copan and William Lane Craig, 113-125 (Nashville, Tenn.: B&H Academic, 2009).
6. James D.G. Dunn, *Jesus Remembered*, volume 1 of *Christianity in the Making* (Grand Rapids: Eerdmans, 2003), 825 (emphasis in original).

者理查德・鮑克姆（Richard Bauckham）說：「毫無疑問，保羅引用的是那些目擊復活顯現者的證詞。」[8]

還沒等我插話，哈伯馬斯博士補充道：「而且，在《哥林多前書》15:11中，保羅強調其他使徒也同意一致傳講同樣的福音，也就是指他們傳述的復活資訊相同。這表示目擊者保羅所說的與目擊者彼得和雅各所說的完全相同。」

我承認：這一切聽起來相當有說服力。然而，我對這篇信條還是有一些保留意見，我不想因為哈伯馬斯博士自信的主張而放棄進一步探討。

五百人之謎

《哥林多前書》第15章中的信條是古代文獻中唯一一處宣稱耶穌曾經同時向五百人顯現的地方。福音書沒有佐證這一點，也沒有任何世俗歷史學家提及此事。在我看來，這就是一個相當值得警戒的信號。

「如果這真的發生過，為什麼沒有其他人談論它呢？」我問哈伯馬斯博士，「一般人會認為，使徒們應該不管到哪都會引用這件事作為證據才對。正如無神論者邁克爾・馬丁說的，『我們必須得出結論，這件事實際發生過的可能性極小』，這因此『間接引發了對保羅是否為可靠消息來源的質疑』。」[9]

這句話讓哈伯馬斯博士很不高興。他回答說：「能用這來懷疑保羅，簡直是蠢不可言，」他對有人居然提出這種說法感到既

---

7. Pinchas Lapide, *The Resurrection of Jesus: A Jewish Perspective* (Minneapolis: Augsburg, 1983), 99.
8. Richard Bauckham, *Jesus and the Eyewitnesses* (Grand Rapids: Eerdmans, 2006), 308.
9. Martin, *The Case against Christianity*, 90.

驚訝又惱火。

「我是說，饒了我吧！首先，儘管只有一個來源記載了這件事，但這份記載剛好是最早的、最經得起考證的段落之一！它有它的分量在。

「其次，保羅顯然跟這些人頗為親近。他說：『其中一大半到如今還在，卻也有已經睡了的。』所以保羅至少認識其中一些人，要不就是認識他們的人告訴他，那些人還活蹦亂跳的，而且願意接受面談。

「所以，停下來仔細想想：如果是你來寫，除非你絕對確定這些人會證實他們真的看到耶穌還活著，否則你絕不會把這句話寫進去。我的意思是，保羅實際上是在邀請人們自己去證實！如果他不知道那些人會怎麼回答，他就不會這麼寫，不會透露還有目擊者能夠回答。

「第三，當你只有一個消息來源時，你可以問：『為什麼沒有更多的消息來源？』但你不能說：『這一個消息來源不對勁，因為沒有其他人知道它』。你不能用這種偏頗的角度貶低某一個資訊的價值，所以這完全不會是懷疑保羅的理由——相信我，馬丁很想這樣做，但他又不敢明著來。

「這是一些批評家總是想要魚與熊掌兼得的例子。通常，他們貶低福音書中的復活記載，卻因為主流認為保羅是權威而傾向於支持保羅。但碰到這個問題時，又用他們一開始就認為不太可信的經文來質疑保羅！這說明他們解讀的方式大有問題。」

我仍然難以想像耶穌同時向這麼多人顯現。「耶穌和這五百人的會面，有可能發生在哪裡呢？」我問道。

「這嘛，說不定是加利利的鄉間，」哈伯馬斯博士推測。「如果耶穌能餵飽五千人，他也能對五百人講道。而且《馬太福音》確實說耶穌在山坡上顯現；也許當時在場的不止十一個門徒。

想像當時的情景,我還是忍不住想,為什麼沒有人報導這一事件呢?「歷史學家約瑟夫難道不會提及這種重要大事嗎?」

「不,我認為不太可能。約瑟夫是在事件之後 60 年開始寫作的,地區性的故事在逐漸失傳前能流傳多久?」哈伯馬斯博士問道。「所以,約瑟夫可能不知道這件事,這是有可能的;也有可能他選擇不提這件事,這也說得通,因為我們都知道約瑟夫並不是耶穌的追隨者。你不能指望約瑟夫主動為他宣傳。」

我愣了一會沒做出回應,哈伯馬斯博士繼續說道。「聽著,我也很想五個資訊來源來支持這件事,但我沒有。不過我確實已經有一個極好的來源了——一個信條,德國歷史學家漢斯‧馮‧坎彭豪森(Hans von Campenhausen)說:『這個記載滿足了對這類文本的所有歷史可靠性要求。』因此,你不需要依賴提到那五百人來證明復活。我甚至不會用這件事來說明什麼。」

哈伯馬斯博士的回答確實有道理。不過,這個信條還有另一方面讓我感到無法釋懷:信條說耶穌首先向彼得顯現,而約翰說他首先向抹大拉的馬利亞顯現。事實上,信條中沒有提到任何女性,儘管她們在福音書的記載中占有重要的版面。

「這些矛盾不會損害它的可信度嗎?」我問道。

「啊,不會的,」回應道:「首先,仔細看看這個信條,它並沒有說耶穌首先向彼得顯現,它所做的只是把彼得的名字放在名單第一位。而由於在一世紀猶太文化中,女性不被認為是有資格的見證人,所以她們在這裡沒有被提到也不足為奇。在一世紀的情況下,她們的證詞不會有任何分量。因此把彼得放在首位可能是基於邏輯上的優先,而不是見到耶穌時間先後的標示。

「再說一次,」他總結道:「信條的可信度仍然保持完好。你提出了一些問題,但你難道不承認,這些問題並沒有破壞掉令人相信的證據,也就是——信條是在極早期形成、它沒有受到傳

說的篡改、它明確而具體、它確確實實來自目擊者的描述？」

總而言之，我不得不承認他是對的。證據的分量清楚而有力地支持了這個信條，足以認定它是耶穌復活後顯現的有力證據。

我在上一章採訪的復活問題專家威廉・萊恩・克雷格博士說，已故的沃爾夫哈特・潘嫩伯格（Wolfhart Pannenberg），也許是世界上最偉大的有系統的神學家，「他的整個神學正是建立在保羅所列舉的耶穌復活的歷史證據之上，徹底顛覆了持懷疑態度的現代德國神學。」[10]

對《哥林多前書》第 15 章信條的基本可靠性感到滿意之後，是時候開始研究四福音書了，當中更詳細地敘述了復活的耶穌的多次顯現。

福音書的見證

循著這條思路，我請哈伯馬斯博士描述一下《馬太福音》、《馬可福音》、《路加福音》和《約翰福音》對耶穌在復活後的顯現記載。

「在《福音書》和《使徒行傳》中，記載耶穌曾多次向不同人顯現——有的是單獨向某一人顯現、有的是向群眾顯現；有時在室內、有時在戶外；有向約翰這樣仁慈的人顯現、也有向多馬這樣持懷疑態度的人顯現。」他開始敘述。

「他們有時能觸摸到耶穌、有時與他一起吃飯，經文中教導說耶穌以肉身顯現。耶穌的顯現持續了幾個星期，我們有充分的理由相信這些記載——例如，這些記載中，缺乏許多典型的神話傾向。」

「你能為我列舉一下這些顯現嗎？」

---

10. Craig, *The Son Rises*, 125.

哈伯馬斯博士根據記憶逐一描述了這些記載。耶穌顯現
- 向抹大拉的馬利亞，記載於《約翰福音》20:10-18；
- 向其他婦女，記載於《馬太福音》28:8-10；
- 向往以馬忤斯路上的革流巴（克羅帕）和另一位門徒，記載於《路加福音》24:13-32；
- 向十一個門徒和其他人，記載於《路加福音》24:33-49；
- 向十個使徒和其他人，多馬缺席，記載於《約翰福音》20:19-23；
- 向多馬和其他使徒，記載於《約翰福音》20:26-30；
- 向七個使徒，記載於《約翰福音》21:1-14；
- 向門徒，記載於《馬太福音》28:16-20；
- 和他在橄欖山升天前與使徒在一起，記載於《路加福音》24:50-52 及《使徒行傳》1:4-9。

「這特別有意思，」哈伯馬斯博士補充說：「劍橋大學學者C.H. 多德（C. H. Dodd）仔細分析了這些顯現的情形，得出結論認為，其中幾個顯現是來自特別早期的材料，包括《馬太福音》28:8-10 中耶穌與婦女相遇的記載；《馬太福音》28:16-20 中耶穌與十一個使徒會面，他在會面中向他們傳達了大使命（Great Commission）；《約翰福音》20:19-23 中耶穌與門徒會面，他在會面中向他們展示了自己的手和肋旁。」

再次，這個時期裡有大量耶穌的目擊紀錄，這不僅是一兩個人對一個模糊人影的短暫觀察。耶穌多次向許多人顯現，其中幾次顯現在不止一本福音書或《哥林多前書》第 15 章的信條中得到證實。

「有進一步的證據嗎？」我問。

「看看《使徒行傳》吧，」哈伯馬斯博士回答說，指的是記載教會成立的新約聖經書卷。書中不僅常提到耶穌顯現，還包含

諸多細節，門徒見證這些事的主題，幾乎充斥在每個字裡行間。

「關鍵在於，」哈伯馬斯博士說：「《使徒行傳》1-5 章、10 章和 13 章中的一些紀錄，也包括了一些信條，就像《哥林多前書》15 章一樣，這些信條承載了一些非常早期關於耶穌的死和復活的資料。」

隨後，哈伯馬斯博士拿起了一本書，讀了學者約翰・德拉恩（John Drane）的結論。

> 我們所掌握的有關復活的最早證據，幾乎可以肯定回溯到復活事件據稱發生後的那段時間。這些證據包含在《使徒行傳》的早期講道中……毫無疑問，《使徒行傳》的前幾章保存了來自非常早期來源的資料。[11]

《使徒行傳》中處處都是耶穌顯現的紀錄。使徒彼得對此尤其堅定。他在《使徒行傳》2:32 中說：「這耶穌，上帝已經叫他復活了，我們都為這事作見證。」在《使徒行傳》3:15 中他重申：「你們殺了那生命的主，上帝卻叫他從死裏復活了；我們都是為這事作見證。」他在《使徒行傳》10:41 中向哥尼流（科爾乃略）確認，他和其他人「在他從死裏復活以後和他同吃同喝的人。」

保羅也不甘示弱，他在《使徒行傳》13:31 記錄的一次演講中說：「那從加利利同他上耶路撒冷的人多日看見他，這些人如今在民間是他的見證。」

哈伯馬斯博士斷言：「毫無疑問，復活從一開始就是早期教會的核心宣言。最早的基督徒不僅支持耶穌的教導；他們堅信在

---

11. John Drane, Introducing the New Testament (San Francisco: Harper & Row, 1986), 99.

耶穌被釘十字架後,見過他復活。這改變了他們的生活,也是教會的開端。當然,既然這是他們最核心的信念,必定會絕對確保其真實性。」

《福音書》和《使徒行傳》中的所有證據——一樁樁的事件、一個又一個的見證人、不勝枚舉的細節、列不完的的確證——這一切都給人留下了極其深刻的印象。儘管我努力了,我仍無法想到古代歷史中有任何事件有這麼多詳盡的證據。

然而,還有另一個問題需要提出,這個問題涉及大多數學者認為的最早記錄耶穌事蹟的福音書。

馬可福音缺失的結論

當剛開始調查復活事件時,我在聖經的旁注中看到了一段令人耿耿於懷的內容:「最可靠的早期手稿和其他古代見證沒有《馬可福音》16:9-20。」換句話說,大多數學者認為,《馬可福音》在 16:8 結束,婦女發現墳墓是空的,但耶穌並未向任何人顯現。這看起來會讓人感到很困惑。

「最早的福音書甚至沒有寫到任何復活後的顯現,這難道不會讓你感到在意嗎?」我問哈伯馬斯博士。

相反地,他似乎一點也沒有受到影響。「我對此沒有任何意見,」他說:「當然,如果他包括了一份顯現的清單會更好,但這裡有些事情供你思考:

「即使《馬可福音》在那裡結束,並不是所有人都這樣認為,你仍然有墳墓是空的;有一個年輕人宣告:『他已復活!』並告訴婦女將會有顯現的紀錄。所以你有:第一,復活已經發生的宣告;第二,隨後會有顯現的預言。

「你可以在闔上你最喜歡的小說時說:『我不敢相信作者竟然沒有交代後來發生了什麼』,但你不能在闔上書時說:『作者

竟然不相信後來有發生什麼』。馬可是絕對相信的，他顯然相信復活已經發生。他以婦女被告知耶穌將在加利利顯現結束，其他人後來也證實了這一點。」

根據教會傳統認知，馬可是目擊者彼得的同伴。「這不是很奇怪嗎？」我問：「如果耶穌真的向彼得顯現過，馬可為什麼沒提起？」

「馬可沒有提到任何顯現，所以他沒有列出彼得見證的顯現並不奇怪，」他說：「然而，注意馬可確實特別提到過彼得。《馬可福音》16:7 說：『你們可以去告訴他的門徒和彼得，說：他在你們以先往加利利去。在那裏你們要見他，正如他從前所告訴你們的。』」

「這與《哥林多前書》15:5 和《路加福音》24:34 相吻合，前者證實耶穌確實向彼得顯現過，後者是另一個早期信條，其中說：『主果然復活，已經現給西門（彼得）看了。』

「所以，馬可對彼得的預言已經實現，在教會兩個早期且非常可靠的信仰宣告中——以及彼得本人《使徒行傳》的記載。」

還有其他的說法嗎？

毫無疑問，關於耶穌復活後顯現的證詞和佐證數量令人震驚，有多驚人呢？為了更具體地說明，假設把每位目擊者叫到法庭上，對他們進行每人僅僅 15 分鐘的交叉詢問，接著不間斷地進行，那也得從星期一的早餐開始直到星期五的晚餐才能聽完所有人的證詞。在聽完連續 129 個小時的目擊者證言後，誰還能不被說服？

身為一名曾報導過數十次刑事和民事審判的法律記者，我不得不同意英國高等法院法官愛德華‧克拉克爵士（Sir Edward Clarke）的評價，他對第一次復活節進行了透澈的法律分析：

「對我來說，證據是確切無疑的。在高等法院，我多次根據遠不如此有力的證據做出了裁決。身為一名律師，我毫無保留地接受福音書的證據，認為這是誠實的人證實他們所見的事實。」[12]

然而，有沒有其他合理的解釋能說明這些耶穌復活後的顯現？這些描述是否具有傳奇成分？或者目擊者產生了幻覺？我決定向哈伯馬斯博士提出這些問題，尋求他的回應。

可能性 1：顯現具有傳奇色彩

如果《馬可福音》真的在記載任何顯現之前就結束了，那麼可以說福音書存在了進化衍生的事實：《馬可福音》沒有記載任何顯現、《馬太福音》記載了一些、《路加福音》記載了更多，而《約翰福音》記載了最多。

「這不就證明了，這些顯現只是隨著時間推移而逐漸形成的傳說嗎？」我問道。

「出於很多原因，這種證明無法成立，」哈伯馬斯博士向我保證。「首先，並非所有人都相信《馬可福音》是最早的福音書；有些學者認為《馬太福音》是最早寫成的，即使是少數。

「第二，即使我接受你的論點，這也只能證明傳說是隨著時間的推移而逐漸形成——無法撼動耶穌從死裡復活這個原始的信仰。那是某些事情促使門徒們將復活作為最早教會的核心思想，傳說二字無法解釋那些最早的目擊者描述。換句話說，傳說能夠說明一個故事是如何變大發展的；但當故事的參與者都是目擊者，並很早就交代了事件細節時，所謂的『傳說』就不能代表它的起源為何了。

「第三，你忘了《哥林多前書》第 15 章的信條比任何福音書

---

12. Michael Green, Christ Is Risen: So What? (Kent, England: Sovereign World, 1995), 34.

都要早，它對耶穌的顯現做出了重大的主張。事實上，涉及層面最廣的見證中——他被五百個人同時看見活著——此事能追溯到最早的資料來源！這樣一對照，傳說發展理論就開始出現問題了。抵制傳說理論的最佳理由來自《哥林多前書》第15章和《使徒行傳》中記載的早期信條，而這兩部書都早於福音書的資料。

「第四，空墓又是怎麼回事？如果復活只是一個不存在於事實的傳說，那麼墳墓裡不會是空的；然而，復活節早晨的墳墓卻空空如也。這樣的假設甚至需要另外一個額外的假設才能成立。

可能性 2：顯現是一個幻覺

也許目擊者是真誠地相信他們看到了耶穌，也許他們準確地記錄了所發生的一切；但他們看到的會不會是幻覺，讓他們相信自己遇到的是耶穌，而實際上並不是？

哈伯馬斯博士聽到這個問題笑了笑。「你認識蓋瑞・柯林斯博士嗎？」他問道。

這個問題讓我有點反應不過來。我回答：「當然，我知道他。我最近剛在他的辦公室裡為這本書訪問過他。」

「你認為他是一個合格的心理學家嗎？」哈伯馬斯博士問。

「是的，」我謹慎地回答，我看得出他為後面要說的事在鋪梗。「他有博士學位，當了二十年的教授，是數十本心理學問題書籍的作者，全國心理學家協會的主席——所以，我認為他是一位合格的心理學家。」

哈伯馬斯博士遞給我一張紙。「我問過蓋瑞這些是否可能是幻覺，這是他的專業意見，」他告訴我。我看了看這份文件。

> 幻覺是一種個別現象。就其本質而言，一次只能有一個人看到特定的幻覺。幻覺絕對不是一群人可以共同看到的東

西,一個人也不可能以某種方式在別人身上引發幻覺。由於幻覺僅存在於這種主觀、個人的認知上,顯然其他人無法見證它。[13]

哈伯馬斯博士說:「這正是幻覺理論的一大破綻,因為耶穌有許多向多數人顯現的記載,而見證者的說詞之間互相吻合。

「還有其他幾個理由可以說明為什麼幻覺無法解釋他的顯現,」他繼續說。「在耶穌被釘上十字架後,門徒們感到巨大的害怕、懷疑和絕望,而要為某個對象製造幻覺,需要目標者具有高度期待的心態或本身即具有豐富的想像力。彼得是個頑固不化的人,而老天啊,雅各可是個懷疑論者——他顯然不適合擔任那個出現幻覺的人。

「另外,幻覺也比較罕見,它們通常是由藥物或身體上的各種匱乏所引起。有很大的可能,你不會認識任何一個不是由這兩種原因之一引起幻覺的人。然而,我們應該相信在幾週的時間裡,來自不同背景、不同個性的人,在不同的地方,全都出現了幻覺嗎?這就有點太牽強附會了,你不覺得嗎?

「此外,如果我們認定福音書的記載是可靠的,那麼該如何解釋門徒與耶穌一起吃飯並觸摸到他?他又是如何在通往以馬忤斯的路上與兩位見證者同行?空墓又該怎麼解釋呢?假設人們只是以為自己看到了耶穌,那耶穌的遺骸就應該還在墓中。」

好吧,我想,如果這不是幻覺,也許是一些更微妙的東西。

「這會不會有可能是一個出現團體迷思(groupthink)現象的例子,也就是那種一群人互相說服對方看到了不存在的東西?」

---

13. Also cited in Gary Habermas and J. P. Moreland, *Immortality: The Other Side of Death* (Nashville: Thomas Nelson, 1992), 60.

我問。「就如邁克爾・馬丁提出的：『一個充滿宗教熱情的人可能會看到他或她想看到的東西，而不是實際存在的東西。』」[14]

哈伯馬斯博士笑了。「你知道嗎，我辯論過的一位無神論者安東尼・弗盧曾告訴我，他不喜歡其他無神論者使用你最後的這個論點，因為這個論點是以子之矛攻子之盾。到頭來會像弗盧說的：『基督徒因為想相信而相信，但無神論者因為不想相信而不相信！』以至於在提出論點的同時，自己也站不住腳了。

「事實上，有幾個原因可以解釋為什麼門徒們不可能互相說服。復活是信仰的中心，可說事關重大。難道他們當中的部分人不會在日後重新考慮反思到這些團體迷思，然後改變主意或悄悄地離開嗎？而原本不信耶穌的雅各和迫害基督徒的保羅又是看到了什麼才歸信的呢？此外，空墓又怎麼解釋？

「除此之外，這種觀點也無法解釋《哥林多前書》第15章的信條和其他經文中，直截了當的目擊證言。目擊者至少確信他們看到了活著的耶穌，而團體迷思並不能妥善地解釋這一點。」

哈伯馬斯博士停了一會兒，拿出一本書，引了著名神學家和歷史學家卡爾・布拉頓（Carl Braaten）的一段話，來為他的論點作結：即使是持懷疑態度的歷史學家也同意，對原始基督宗教來說……耶穌從死裡復活是歷史上真實發生的事件，是信仰的基礎，而不是信徒們創造的想像中所產生的神話。」[15]

「有時候，」哈伯馬斯博士總結說：「人們只是抓住一根救命稻草，試著把這些顯現的真相解釋成自己希望的樣子。但沒有什麼比耶穌復活的解釋更符合所有證據。」

---

14. Martin, *The Case against Christianity*, 75.
15. Carl Braaten, *History and Hermeneutics*, vol. 2 of *New Directions in Theology Today*, ed. William Hordern (Philadelphia: Westminster Press, 1966), 78, cited in Habermas and Flew, *Did Jesus Rise from the Dead?* 24.

「沒有合理的懷疑空間」

耶穌被釘死在十字架上——亞歷山大・梅瑟勒博士已經很具體地解釋了這一點。他的墳墓在復活節早晨是空的——威廉・萊恩・克雷格博士對此深具信心。耶穌的門徒和其他人在復活後見過他、觸摸過他，並與他共進餐食——蓋瑞・哈伯馬斯博士以豐富的證據證明了這一點。正如著名的英國神學家邁克爾・格林（Michael Green）所說：「耶穌的顯現和古代的任何事件一樣得到了充分證實……對於耶穌的顯現，沒有任何合理的懷疑空間，這也是基督徒在最早便確信耶穌復活的主要原因。他們可以自信地說：『我們已經看見主了。』他們知道那是他。」[16]

這些證據甚至還不到全部。我已經訂好機票，準備去美國的另一端，就復活是真實歷史事件的最後一類證據，再採訪一位專家。

在離開哈伯馬斯博士辦公室前，我還有一個問題。坦白說，我猶豫了一下是否要問，因為這個問題有點太老套，我覺得我會得到一個有點敷衍的答案。

這個問題就是復活的重要性。我想如果我問哈伯馬斯博士這個問題，他會給我一個不意外的標準回答，說復活正是基督宗教教義的核心，是基督宗教信仰的支柱。果然，他給了我這樣一個標準答案。

令我驚訝的是，他不僅說了這些。這位嚴謹的學者，這位魁梧且直率的辯手，這位準備戰鬥的信仰捍衛者，讓我得以窺見他的靈魂，因為他給出的答案來自他所經歷過、最深的絕望之谷。

---

16. Michael Green, *The Empty Cross of Jesus* (Downers Grove, IL: InterVarsity Press, 1984), 97, cited in Ankerberg and Weldon, *Knowing the Truth about the Resurrection*, 22, emphasis in original.

黛比的復活

哈伯馬斯博士捻了捻斑白的鬍鬚。他那急促的語調和辯論者的鋒芒已不復存在，他不再引用學者的觀點、不再引經據典、不再構建論點。我問了關於復活的重要性，哈伯馬斯博士決定冒險回憶 1995 年，那時他妻子黛比（Debbie）正因胃癌逐漸步向死亡。突如其來的溫情告白讓我深受觸動，我靜靜聽他娓娓道來。

「我坐在我們家的門廊上，」他開始說，目光飄向一旁，沒有特別注視什麼。他長長地嘆了口氣後繼續說：「我妻子在樓上奄奄一息。除了開頭幾個星期，她一直在家裡度過那段時光，那是一段可怕的時光。這是生活中可能發生的事裡最糟糕的。」

他轉過身，直視著我。「但你知道最奇妙的是什麼嗎？我的學生們打電話給我──不止一個，而是好幾個──他們說，『在這樣的時刻，你難道不為復活感到高興嗎？』儘管當時情況如此嚴峻，但我還是不由得微笑起來。原因有二：第一，我的學生試圖用我的教導來鼓勵我振作；第二，它確實有效果。

「當坐在那裡時，我會想像約伯（Job），他經歷了所有那些可怕的事情，向上帝提問，後來上帝反過來問了他幾個問題。

「我知道如果上帝來找我，我只會問一個問題：『主啊，黛比為什麼會臥病在床？』我想上帝會溫柔地回答：『蓋瑞，我讓我的兒子從死裡復活了嗎？』

「我會說，『拜託，主啊，我寫過七本關於這個主題的書！他當然從死裡復活了。但我想知道的是，黛比會怎麼樣！』

「我想他會不斷重複同樣的問題──『我讓我的兒子從死裡復活了嗎？』、『我讓我的兒子從死裡復活了嗎？』──直到我明白他的意思。耶穌復活這件事說明了，如果耶穌確實在兩千年前復活，那麼 1995 年黛比的死亡就同樣有了答案。你知道嗎？

當我坐在門廊時，這個答案對我起了作用，而今天仍然起作用。

「那是一段非常情緒化的時光，但我無法避開這個事實：復活是她所承受的痛苦的答案。我仍然會擔心，我仍然想知道自己該如何獨自撫養四個孩子。但這個真理一直安慰著我。

「失去我的妻子是我有生以來最痛苦的經歷，但如果復活能讓我渡過難關，它就能讓我渡過任何一切難關。復活在公元 30 年所代表的，在 1995 年也如此代表，在 1998 年也如此代表，永遠如此。」

哈伯馬斯博士直視著我的眼睛。「這不是某種布道，」他平靜地說：「我全心全意相信這一點。如果有復活，就有天堂。如果耶穌復活了，黛比也會復活。我有一天也會復活。

「到時候我會見到他們倆。」

思辨時間　思考或小組討論的問題

一、哈伯馬斯博士將復活的問題簡化為兩個問題：耶穌死了嗎？他後來被人看見活著嗎？根據目前的證據，你會如何回答這些問題，為什麼？

二、在你評估耶穌是否被人看見活著時，《哥林多前書》15 章的信仰宣告有多大影響？你認為它在你的調查中是重要還是不重要，原因是什麼？

三、花幾分鐘時間查閱哈伯馬斯博士引用的一些福音書中的顯現記載。你覺得它們真實嗎？你如何評價它們是復活的證據？

四、哈伯馬斯博士談到復活對他個人的意義。你是否在生活中面對過失去？相信復活會如何影響你看待失去的方式？

其他證據 ◆ 更多相關資源

Habermas, Gary R., and Michael R. Licona. *The Case for the Resurrection of Jesus*. Grand Rapids: Kregel, 2004.

Habermas, Gary R., and Antony Flew. *Did the Resurrection Happen? A Conversation with Gary Habermas and Antony Flew*. Downers Grove, IL: InterVarsity Press, 2009.

Habermas, Gary R. *The Risen Jesus and Future Hope*. Lanham, MD: Rowman and Littlefield, 2003.

_____. "The Resurrection Appearances of Jesus." In R. Douglas Geivett and Gary R. Habermas, eds., *In Defense of Miracles*, 262–275. Downers Grove, IL: InterVarsity Press, 1997.

_____. "The Resurrection of Jesus Time Line." In Paul Copan and William Lane Craig, eds., *Contending With Christianity's Critics*, 113–125. Nashville, TN: B&H Academic, 2009.

Licona, Michael R. *The Resurrection of Jesus: A New Historiographical Approach*. Downers Grove, IL: InterVarsity Press, 2010.

Swinburne, Richard. *The Resurrection of God Incarnate*. Oxford: Oxford Press, 2003.

Wright, N.T. *The Resurrection of the Son of God*. Minneapolis: Fortress, 2003.

第 14 章

間接證據

有任何證據能夠從旁證實耶穌確已復活嗎？

訪談對象—J. P. 莫蘭德博士（Dr. J. P. Moreland）

沒有目擊者看到提摩西・麥克維（Timothy McVeigh）將兩噸化肥炸藥裝進一輛租來的萊德卡車。沒有人看到他駕駛車輛到奧克拉荷馬城的聯邦大樓前並引爆炸彈，最終造成 168 人死亡。沒有監視器拍到他逃離現場的畫面。

然而，陪審團能夠在排除合理懷疑的情況下得出結論，麥克維犯下了美國歷史上最嚴重的國內恐怖主義行為。為什麼？因為檢察官逐一用事實、證物和證人，運用間接證據對他進行了無懈可擊的指控。

雖然被傳喚出庭作證的 137 人中，沒有一個人親眼看到麥克維作案，但他們的證詞確實為麥克維的罪行提供了間接證據：一位商人說麥克維租了一輛萊德卡車，一位他的朋友說麥克維出於對政府的憤怒而放話要炸毀大樓，一位科學家指證麥克維被捕時的衣物上有爆炸物殘留。

檢察官以七百多件證物作為間接證據，從汽車旅館、計程車收據、電話紀錄、卡車鑰匙到一家中餐館的帳單，應有盡有。在十八天的時間裡，他們巧妙地編織了一張令人信服的證據網，把麥克維困在其中，無法逃脫。

目擊者的證詞被稱為直接證據，因為人們在宣誓後描述他們

親眼看到被告犯罪的情況。雖然這通常很有說服力,但有時也不排除可能受到記憶衰退、成見的影響,甚至有可能徹頭徹尾純屬捏造。相比之下,間接證據由間接事實組成,從這些事實中可以合理推斷。[1] 其累積效果能跟目擊者的證詞一樣強大——在許多情況下甚至更具威力。

提摩西·麥克維可能認為避開了目擊證人,就能讓他創造出一樁完美犯罪,但他最終因為那些指向他的間接事實而被判死刑,這些間接事實和任何第一手目擊證據一樣具有毀滅性。

在考慮了空墓的有力證據和目擊者對耶穌復活的描述之後,現在該是尋找任何可能支持耶穌復活的間接證據的時候了。我知道,如果像耶穌復活這樣非同尋常的事件真的發生,歷史上一定會有很多間接證據能夠證實它。

這次尋找證據的旅程再次將我帶到南加州,這次我來到了一位教授的辦公室,他以巧妙地將歷史、哲學和科學專業知識結合在一起見長。

第十三份訪談
J.P. 莫蘭德 哲學博士

莫蘭德博士是個精力充沛的人。說起話來生動而熱情,提及想要強調的部分,經常不由自主地在辦公椅上往前傾,有時甚至像要跳起來用他的論點打倒我似的。

「我愛這些東西,」他感嘆道:「這是他在我們談話中唯一一次這麼明顯地說出他的心底話。

莫蘭德博士的思維條理清晰,邏輯嚴密,他好像不費吹灰之力,就能用一大堆完整的句子和段落來陳述自己的觀點,沒有半

---

1. Black, *Black's Law Dictionary*, 221.

點多餘的贅述虛詞,也不攙雜多餘的想法,隨時可以校對和列印成書。當我的錄音機停止時,他也會體貼地暫停一下,讓我有時間換一盒新的磁帶,然後有條不紊地從方才中止的地方繼續說下去,未曾漏掉半分細節。

雖然莫蘭德博士是一位著名的哲學家(擁有南加州大學的博士學位),能夠自如地遊走於康德和齊克果的概念世界中,但他不是個只沉浸於抽象世界中的人。他的科學背景(他擁有密蘇里大學的化學學位)以及對歷史的精通(如他的優秀著作《世俗城市的攀登》(Scaling the Secular City),使他扎根於現實世界,以防他飄入純粹空靈的思維世界中,不食人間煙火。

莫蘭德博士還擁有達拉斯神學院的神學碩士學位,目前是泰爾博神學院的著名哲學教授,教授哲學與倫理學碩士課程。

他的文章曾發表於超過三十個專業期刊上,如《美國哲學季刊》(American Philosophical Quarterly)、《元哲學》(Metaphilosophy)和《哲學與現象學研究》(Philosophy and Phenomenological Research)。他也曾撰寫、合著或經手編輯了十幾本書,包括《基督宗教與科學的本質》(Christianity and the Nature of Science)、《上帝存在嗎?》(Does God Exist?)(與凱·尼爾森(Kai Nielsen)的辯論)、《生死辯論》(The Life and Death Debate)、《創造假說》(The Creation Hypothesis)、《超越死亡:探索永生的證據》(Beyond Death: Exploring the Evidence for Immortality)、《火中的耶穌》(Jesus under Fire)和《全心全意愛你的上帝》(Love Your God with All Your Mind)。

在莫蘭德狹小而溫馨的辦公室裡與他面對面坐下來時,我已經知道了間接證據是複數組成而不是單獨存在。換句話說,證據有如一磚一瓦堆砌而成,直到建構出堅實的基礎,才能提出有把握的結論。

因此，我在採訪一開始就開門見山地對他拋出一個挑戰：「你能舉出五個讓你相信耶穌從死裡復活的間接證據嗎？」

莫蘭德博士認真地聽著我的問題。「五個證據？」他問：「你是要五件不容任何人爭議的事情？」

我點了點頭。於是，莫蘭德博士把椅子從辦公桌前推開，開始敘述他的第一個見證：門徒們在生命軌道上的改變，以及他們願意為耶穌從死裡復活的信念犧牲生命。

證據一：門徒為信仰而死

「當耶穌被釘上十字架，」莫蘭德博士開始說道：「他的追隨者們紛紛感到沮喪和失望。他們不再相信耶穌是由上帝派來的，因為他們認為任何被釘十字架的人是被上帝詛咒的。他們還被教導上帝不會讓他的彌賽亞受死。所以他們四處散去，以耶穌為中心的信仰運動幾乎就此停止。

「然而，在不久之後，我們看到他們放棄了工作，又再次聚集起來，致力於傳播一個非常具體的消息──耶穌基督是上帝的彌賽亞，他死在十字架上，又復活了，他們親眼看見他復活。

「而且，他們願意耗盡餘生宣揚這一點，從人類俗世的角度來看，他們沒有獲得任何回報，在地中海那邊不會有座豪宅等著他們去享樂。他們面對的是艱困的生活，經常挨餓、露宿街頭、被嘲笑、毆打、囚禁。最後多數人都遭到殘酷的方式處決。

「這會是為了什麼？出於好意嗎？不，因為他們見過從死裡復活的耶穌基督，於是對此堅定不移。這群特定的人是如何在沒有經歷耶穌復活的情況下，產生這麼強大的信念。你找不出別的原因，也沒有其他合理的解釋。」

我打斷了他，「是的，但⋯⋯」，我提出異議：「確實，我很明白他們願意為信仰而奉獻生命。但，」我補充道：「穆斯林、

摩門教徒以及吉姆・瓊斯（Jim Jones）和大衛・考雷什（David Koresh）的追隨者也都曾這樣過。這可以說明他們對此十分狂熱；但面對事實吧，這不能證明他們所相信的就是真實。」

「等一下──你再仔細想想區別所在，」莫蘭德博士堅持道，他轉向面對我，帶著一種頂天立地的氣勢。

「穆斯林可能願意為他們的信仰而死，認為真主向穆罕默德顯現，但所謂的啟示並不是在公開的場合下出現的。所以他們也可能是錯信了，他們可能打從心底真誠地認為所信為真，但他們沒辦法確定，因為一切並沒有人親眼目睹。

「但是，使徒們願意為之而死的是他們親眼看到、親手觸摸到的東西。他們處在一個很與眾不同的立場，他們對耶穌從死裡復活不只是相信，而且是確定無疑。當你有十一個可以信賴的人，他們不存在任何背後的動機，這件事裡沒有任何利益可圖卻會遭受各種重大損失的情況下，他們仍然異口同聲地宣告他們親眼見證了某件事。那麼，這就叫人無從解釋起了。」

我的嘴角浮出笑容，因為至今我在扮演的是魔鬼的代言人，見縫插針地提出反對意見；但其實我很清楚他是對的。而且事實上，這個關鍵性的區別，在我自己的靈性旅程中至關重要。有人曾這樣告訴我：如果人們打從心底相信自己的宗教信仰是真的，他們就可以為之而死；但如果他們知道自己的信仰是弄虛作假，他們是不會為之而死的。

雖然大多數人只能靠著自發的信心來相信自己的信仰是真實的，但門徒們卻能夠毫無疑問地確知耶穌是否已經從死裡復活的身分。他們說見到了復活後的他，與復活後的他交談過，還與他一起用餐。如果他們沒有絕對的把握，就不會為了宣告耶穌的復活而咬牙堅持，直到受盡折磨而死。[2]

「好吧，我信了這一點，」我說。「但你還有別的證據嗎？」

證據二:懷疑論者的改變

「另一個間接證據,」莫蘭德博士繼續說:「就是有些頑固的懷疑論者,在耶穌被釘死在十字架上之前不信他——甚至某種程度上堅決反對基督宗教——但在耶穌死後轉而信奉基督宗教。除了他們親身經歷了基督的復活之外,沒有其他合理的解釋。」

「你顯然在說耶穌的兄弟雅各和大數的掃羅,以及後來成為使徒的保羅,」我說:「但你真的有足夠可信的證據能證明雅各對耶穌抱持懷疑嗎?」

「我確實有,」他說:「福音書裡提及,耶穌的家人——包括雅各,對於耶穌關於自身的宣告感到尷尬。他們並不相信他,還與他對立。在古代猶太教,一位拉比沒有受到家人的接受,會是非常為難的事。所以,福音書的作者捏造這一點,對任何人都沒有好處,除非這就只是單純在記載事實。

「後來,歷史學家約瑟夫告訴我們,耶穌的兄弟雅各,成了耶路撒冷教會的領袖,最後為了他對耶穌的信仰而被亂石砸死。雅各的生命為什麼改變了?保羅告訴我們,復活後的耶穌向雅各顯現。這沒有其他解釋。」

「的確,我也想不出其他可能。那,掃羅呢?」我問道。

「掃羅身為一個法利賽人,他憎恨任何會破壞猶太民族傳統的東西。對他來說,基督宗教這個新出現的叛逆運動不忠到極點。事實上,他一有機會就找名目處決基督徒來發洩心中的不滿。」莫蘭德博士回答道。

「但突然間,他不僅不再迫害基督徒,甚至反過來加入他們的信仰運動!這怎麼會呢?後人都認同保羅筆下的《加拉太書》

---

2. See Josh McDowell, *More Than a Carpenter* (Wheaton, IL: Living Books, 1977), 60-71.

記載,他在書信中親口告訴我們,是什麼導致他 180 度大轉變,搖身一變成了基督信仰的主要支持者。他親筆寫下,他看到了復活的基督,並聽到基督任命他成為自己的追隨者。」

我一直在等莫蘭德博士提出這一點,這樣我就可以亮出基督宗教批評家邁克爾・馬丁提出的反對意見來挑戰他。他說,如果你把保羅的歸信當作耶穌復活的證據,那麼你也應該把穆罕默德歸信伊斯蘭教當成耶穌並未復活的證據,因為穆斯林是否認耶穌復活的。

「基本上,他的意思是指保羅皈信和穆罕默德皈信的證據價值會相互抵消,」我告訴莫蘭德博士:「坦白說,這看起來是個挺不錯的觀點。你不覺得他是對的嗎?」

莫蘭德博士並沒有被說服。「讓我們來看看穆罕默德的轉變。」他自信地說道:「沒有其他人知道這件事的詳細始末。穆罕默德聲稱他進入了一個山洞,經歷了一次宗教體驗,在其中,真主向他啟示了《古蘭經》。然而,沒有其他目擊者可以證實這一點;穆罕默德也沒有提供任何類似在公眾面前展現奇蹟之類的事來證明。

「追隨穆罕默德的人很容易捲入其不可告人的動機中,因為早年伊斯蘭教主要是藉由戰爭傳播,穆罕默德的追隨者在征服並以刀劍『皈依』伊斯蘭教的村莊中,能夠獲得政治影響力和權力。

「這與包括保羅在內的早期耶穌追隨者的說法,形成了非常鮮明的對比。他們宣告看到的東西,是他人也見證到的公開事件;這些見證發生在他們的內心之外,不是只發生在他們心裡。

「再者,當保羅寫《哥林多後書》時——沒有人懷疑這不是由他所寫——他提醒哥林多的信徒們,耶穌早先與他們在一起時曾行過神蹟。如果他們很清楚耶穌沒有行過神蹟,那保羅自然不會這麼寫了。」

「你的意思是？」我問道。

「要記住，」他說：「保羅改變了他的觀點，這本身並不是一件簡單的事實。你必須解釋為什麼他會有這種完全違背他成長背景的信仰改變；保羅是如何在公開活動中看到復活的基督，儘管在場目睹的人群並不理解這意義；保羅又是如何看著耶穌行神蹟，以此做為自己歸信為使徒的後盾。」

「好吧，好吧，」我說：「我明白你的意思了。我得承認，這是一個很棒的論點。」隨即我示意他繼續他的下一個證據。

證據三：關鍵社會結構的變革

為了解釋他的下一類間接證據，莫蘭德博士不得不先做一些關於猶太文化的重要背景資訊提示。

「在耶穌的時代，猶太人已經被巴比倫人、亞述人、波斯人，現在又被希臘人和羅馬人迫害了七百年，」莫蘭德博士解釋道。「許多猶太人四散逃亡，被擄到其他國家生活。

「然而，我們今天仍然能看到猶太人，但我們看不到赫人（赫特人）、比利洗人（培黎齊人）、亞捫人（阿孟人）、亞述人、波斯人、巴比倫人以及其他生活在那個時代的人。為什麼呢？因為這些人被其他民族征服，與其他民族通婚，失去了自己民族的身分。

「為什麼這種情況沒有發生在猶太人身上？因為那些使猶太人之所以是猶太人的東西——賦予了他們秉持民族身分的社會結構——這對他們來說無比重要。猶太人會把這些結構傳給他們的後代，在每個安息日的會堂聚會上慶祝它們，並藉由儀式來強化它們；因為他們很清楚，如果他們不這樣堅持，猶太民族將會很快地消散，他們會被征服他們的文化同化。

「這些社會結構之所以如此被重視，還有另一個原因：他們

相信這些制度是上帝託付給他們的。他們相信，如果拋棄這些制度，他們的靈魂會在死後被打入地獄。

「而現在，一個來自下層地區的拉比——耶穌出現了。他行教導三年，聚集了一些下層和中產階級的追隨者，與地方當局發生衝突，並和其他三萬名猶太男子在差不多的時期裡，同樣被以釘上十字架的刑罰處決。

「但在他被釘上十字架的五個星期後，有一萬多名猶太人追隨了他，宣揚他是一個新宗教的創始者。聽好了，他們在這個時候甘願放棄或改變的，是他們從小就被教育嚴格灌輸的，在社會面及信仰面上都極度重要的五種社會制度。」

「所以這表示在這期間一定發生了什麼大事！」我說。

莫蘭德博士高聲喊道，「那可是極其大的大事！」

革新猶太人的生活

我請莫蘭德博士逐一解釋這五大社會結構，並說明耶穌的追隨者是如何改變或放棄它們的。

「首先，」他說：「自從亞伯拉罕和摩西的時代開始，他們一直被教導每年需要獻上一隻動物作為贖罪的祭品。上帝會把他們的罪孽轉移到那隻動物身上，他們的罪就會被赦免，這樣他們就能與上帝保持正確的關係。但突然之間，在這位拿撒勒木匠死後，這些猶太人不再獻祭了。

「其次，猶太人強調遵守上帝透過摩西交付給他們的律法。在他們看來，這就是把他們跟異教民族區別開來的關鍵。然而，在耶穌死後不久，猶太人開始說，僅僅遵守摩西的律法，並不足以成為他們圈子中的完美成員。

「第三，猶太人恪守安息日，每個星期六除了宗教奉獻什麼都不做。他們認為這樣做能與上帝保持正確的關係，保證他們家

庭的得救，並在國家中享有理想的地位。然而，在這位拿撒勒木匠死後，這個長達一千五百年的傳統突然被改變了。這些基督徒在週日做禮拜——為什麼？因為那是耶穌從死裡復活的日子。

「第四，猶太人信奉一神論——只有一位上帝。雖然基督信仰中所奉行的也是一種形式的一神論，但基督徒是將聖父、聖子和聖靈視為同一個上帝，這和猶太人的信仰截然不同。如果要說一個人可以同時既是神又是人，他們只會認為那是異端邪說。然而，在基督宗教信仰的第一個十年內，信了基督的猶太人就開始崇拜耶穌為神。

「第五，這些基督徒認為彌賽亞是為世界的罪受苦並死去的人，而猶太人則被教導相信彌賽亞將是一位政治領袖，他會摧毀羅馬軍隊。」

在建立了這個背景後，莫蘭德博士進一步提出他的論點，用他那堅定不移的眼神緊盯著我。「李，」他說：「你怎麼能解釋為什麼在短短的時間內，不僅僅是一個猶太人，而是至少有一萬名猶太人願意放棄這五個在社會和神學上對他們來說如此重要的習俗？我的解釋很簡單：他們看到了耶穌從死裡復活。」

雖然莫蘭德博士的觀點極具說服力，但我認為現代人理解這點會有困難。我告訴他，對於二十世紀的美國人來說，很難想像觀點上的改變會是什麼多激烈的事。

「如今人們的信仰是很多變的，」我說：「他們在基督宗教和新時代信仰之間來回穿梭，他們涉獵佛教，混合搭配，創造出自己的靈性歸屬。對他們來說，做出你提到的那種觀點改變，似乎不是什麼大事。」

莫蘭德博士點了點頭。他顯然以前聽過這種反對意見。「我會問這樣的人：『你最珍貴的信念是什麼？你的父母是好人嗎？謀殺是不道德的嗎？』想想，要讓你改變或放棄你那珍而重之的

信念，必須發生多激進的事？這樣我們就比較能試著想像了。

「要牢記，這是一個整體社會族群主動放棄那些已經傳承了數百年；並且他們深信是來自神的珍貴信仰。他們這麼做，還得冒著自身安全的風險；而如果他們也明知，如果錯信了，根據原有的觀念——自己的靈魂將會被打入地獄。

「更重要的是，他們這麼做並不是因為發現了比舊有更好的觀念。他們對舊的信仰傳統非常滿意。他們放棄那些傳統，是因為他們見證到無法解釋的奇蹟，這些奇蹟促使他們以全新的觀點去看待這個世界。」

「我們是西方的個人主義者，喜歡技術和社會變革，」我說出自己的想法。「信仰傳統對我們來說意義並沒有那麼重要。」

「這我同意，」莫蘭德博士回答道：「但這些人非常重視信仰傳統，他們生活在一個越古老的東西越好的時代。事實上，對他們來說，可以追溯到越久以前的思想，就越可能是正確的。因此，提出新觀念，對他們來說的意義，與我們今天所認為的正好完全相反。

「相信我，」他總結道：「這些對猶太社會結構所造成的改變，絕不是隨口一提的小調整——它們是絕對龐大的改變。簡直是一場社會地震！而地震是不會無緣無故發生的。」

證據四：聖餐和洗禮

莫蘭德博士指出，早期教會出現聖餐和洗禮這兩項聖事，也是能進而證明耶穌復活真實性的間接證據。但我對此有些猶疑。

「宗教創造自己的儀式和習俗不是很理所當然的事嗎？」我問：「所有宗教都有這類儀式，這能怎麼證明耶穌復活呢？」

「這啊，讓我們先思考一下聖餐，」他回答道：「出人意料的是，這些早期的耶穌追隨者聚在一起，並不是為了慶祝他的教

誨或他有多麼了不起。他們定期聚在一起舉辦慶祝餐會的原因只有一個：紀念耶穌曾以一種可怕和被羞辱的方式在公眾的眼前被屠殺。

「用現代語言來思考這個問題。如果有一群人特別熱愛約翰・甘迺迪（John F. Kennedy），他們可能會定期聚會，緬懷他與俄羅斯的對抗、他對民權的推動及他出眾的人格魅力；但不會是在慶祝李・哈維・奧斯華（Lee Harvey Oswald）謀殺了他！

「但早期基督徒做的卻類似是在慶祝他的死。你對這有什麼看法？我的解釋是：他們意識到耶穌的被殺是一個必要的過程，目的是為了通向更大的勝利。他的被殺並不是最終結局——最終結局是他藉著從死裡復活，為所有人征服了死亡。他們慶祝他的處決，因為他們堅定地相信自己見到他從墓中活過來。」

「那麼洗禮呢？」我問。

「早期教會採用的是一種源自於猶太教的洗禮形式，稱為入教施洗（proselyte baptism）。那個時代，當有外邦人想要領受摩西律法時，猶太人就會以以色列神的權威為這些外邦人施洗。但在新約中，人們是以聖父、聖子和聖靈的名義施行洗禮的——這代表他們已經完全將耶穌提升到了上帝的地位。

「不僅如此，洗禮也是對耶穌死亡的慶祝，就像聖餐一樣。在水下，你是在慶祝他的死亡；而被帶出水面，你是在慶祝耶穌復活、開啟新生的事實。」

我打斷說：「你假設這些聖禮，不是單純地從所謂的神祕宗教中化用過來的。」

「理由很充分，」莫蘭德博士回答道：「首先，沒有確切的證據能指出所有神祕宗教都相信神會歷經死而復生，直到新約時期之後。因此，如果有任何借鑑，也是神祕宗教借鑑基督信仰。

「第二，洗禮的方法來自猶太人的習俗，而猶太人一向極力

反對讓外邦人或希臘人的思想影響他們的信仰崇拜。第三，這兩項聖禮可以追溯到最早的基督宗教團體——太早了，其他任何宗教的影響，都不可能滲透到他們對耶穌死亡含義的理解中」。

證據五：教會的興起

莫蘭德博士在談到最後一點時說：「當發生重大文化轉變時，歷史學家總是在尋找可以解釋這種轉變的事件。」

「是的，這很合理，」我回答道。

「好，那讓我們來思考一下基督宗教教會的起源。毫無疑問，它在耶穌死後不久後就開始傳播開來。很快地，在大約二十年的時間裡，它甚至傳到了羅馬凱撒的宮殿。不僅止於此，這場運動還戰勝了許多同時期裡具有相互競爭關係的思想體系，最終征服了整個羅馬帝國。

「現在，假設你是一個火星人，從上俯瞰第一世紀，你會認為是基督宗教還是羅馬帝國能夠長久地留存下來？你可能不會下注在主要思想構築於一個出身在不起眼村莊、被釘十字架的木匠戰勝了死亡的、成員來自三教九流的群體。然而，這個宗教運動如此成功，以至於今天我們會為孩子命名為彼得和保羅，而狗卻很常叫做凱撒和尼祿！

「我喜歡劍橋大學新約學者慕艾（C. F. D. Moule）的說法：『如果拿撒勒人的出現——新約已不可否認地證明了它——在歷史上撕開了一個大洞，一個相當於耶穌復活的分量大小和形狀的大洞，試問世上的歷史學家們認為有什麼說法足以填補這個歷史上的巨洞？』」[3]

雖然這並不是莫蘭德博士最有力的觀點，因為歷史上也出現

---

3. C. F. D. Moule, *The Phenomenon of the New Testament* (London: SCM Press, 1967), 3.

過其他宗教運動,並同樣地傳播甚廣,但間接證據並不只依賴於一個事實的力量。相反地,它是由多個事實累積成足以讓天平傾斜而得出結論。對於莫蘭德博士來說,結論是顯而易見的。

「看,」他說:「如果有人在考量這些間接證據之後,得出耶穌並沒有從死裡復活的結論——其實也無可厚非。但他們必須提出一個解釋,足以合理地說明以上這五個事實。

「要記得,這些事實都是真實得不容置疑,問題在於要如何解釋它們。而我從未見過比復活更好的解釋。」

我在腦海中回放了這些間接證據:門徒們願意為他們經歷過的東西受苦甚至犧牲;像雅各和掃羅這樣的懷疑者,突然間發生革命性的變化;猶太人重視了幾個世紀的社會結構發生根本性的改變;聖餐和洗禮的突然出現;以及教會驚人的興起和發展。

鑒於所有這五個不容置疑的事實,我不得不同意莫蘭德博士的觀點,也就是耶穌的復活;只有耶穌復活才能解釋所有這些不可思議的轉變,其他任何解釋都無法和它相提並論。而這些甚至還只是間接證據。

當我再加上耶穌空墓的有力證據,以及關於他復活後顯現的各項令人信服的證言時,真相似乎已經落定,可說是確切無疑。

這也是萊昂內爾‧拉克胡爵士(Sir Lionel Luckhoo)的評價。他是一位才華橫溢、精明能幹的律師,以為謀殺案無罪辯護連勝 245 次的驚人紀錄而聲名大噪,後來甚至被《金氏世界紀錄大全》(*The Guinness Book of World Records*)列為世界上最成功的律師。[4] 兩次被伊莉莎白女王封為爵士,這位前法官和外交官在對復活的歷史事實進行了好幾年的嚴格分析後,他宣布:「我

---

4. Donald McFarlan, ed., *The Guinness Book of World Records* (New York: Bantam, 1991), 547.

明明確確地說，耶穌基督死後復活的證據如此具壓倒性，無可置疑的證據，無懈可擊的事實，不容人們不接受。」[5]

不過，還遠不止於此。

邁出最後一步

採訪結束後，莫蘭德博士和我一邊聊著橄欖球，一邊拔下錄音機的插頭，開始收拾我那些筆記。雖然我有點急著要趕飛回芝加哥的班機，但他的一句話讓我忍不住停了下來。

「還有一類證據你沒問到，」他說。

我的腦海快速瀏覽了我們的訪談。「我投降，」我說：「是什麼？」

「那就是──人們在生活中不斷地與復活的基督相遇，這種相遇發生在世界各地，發生在每一種文化中，發生在各種背景和性格的人身上──無論受過良好教育與否，無論富有還是貧窮，思想者還是感受者，男人還是女人──無一不經歷過。他們都能夠見證，耶穌基督改變了他們，勝過他們生命中的任何一件事。」

莫蘭德博士身體前傾以表達他鄭重的態度。「對我來說，這是讓我堅信耶穌死後復活的最後證據──不是唯一的，而是最後的鐵證──耶穌的訊息打開了與復活的基督直接相遇的大門。」

「我猜你也有過這樣的相遇經歷，」我說：「告訴我，那是什麼樣。」

1968年，我是密蘇里大學的一名憤世嫉俗的化學專業學生，當時我面臨這樣一個事實：如果我批判性地但開放地審視耶穌基督的主張，就有足夠多的證據說服我信它。

「所以我在證據指引的方向上邁出了一步，接受耶穌作為我

---

5. Clifford, *The Case for the Empty Tomb*, 112.

的救主和領袖,並開始與他——與復活的基督——建立起非常真實且持續的關係。

「三十年來,我的祈禱得到了數百次具體的回應,我遇到了一些無法用自然來解釋的事件,我經歷了超乎我能想像的生命變化。」

但我提出異議,其他很多宗教的教義與基督信仰互相矛盾,但那些宗教中的人也同樣會有生命改變的經歷之類的證言。「基於主觀經驗做決定,不會很危險嗎?」我問。

「讓我澄清兩點,」他說:「首先,我不是指『儘管聽從你的感受就好』,我的意思是指『運用你的頭腦,冷靜地衡量證據,然後讓經驗成為證據無誤的證明』。再者,如果這些證據指向是真的——也就是說,如果所有這些證據真的指向了耶穌的復活——那麼證據本身就需要你的經驗來作最後的驗證。」

「解釋得更精確一點,」我說。

「用經驗來驗證就是,『證據告訴我他依然活著,而我可以因為真實與他建立了關係,從而驗證了證據是真實無誤的』。如果你身在陪審團中,聽到了足夠的證據讓你相信某人的確犯下罪行,那麼不在最後做出定罪的判決,整件事都將毫無意義。而如果人們接受了耶穌復活的證據,卻不採取最後一步,也就是以親身經歷來驗證,那就會錯失這些證據最終指向的東西。」

「所以,」我說:「如果證據強烈地指向這個方向,那麼順著它、用自己的經驗去驗證事實是否真的如證據所說的,是唯一合乎理性和邏輯的做法。」

他點頭表示贊同。「沒錯,」他說:「這是對證據的最終確認。事實上,我要說的是:這些證據正呼喊著要你親身去經歷驗證。」

思辨時間 思考或小組討論的問題

一、門徒們處於一個很獨特的立場，他們親身經歷耶穌從死裡復活，並且願意為此信念受盡折磨甚至死亡。你能想到歷史上有誰是在知情的情況下，甘願為謊言獻出生命嗎？你需要多大程度的確定性，才願意為一個信念獻出生命？如果你要把自己的生命建立在某件事情上，你會對它進行多徹底的查證？

二、你最重視的信念是什麼？如果你真的相信，你要在什麼情況下才會放棄，或從根本上重新思考這些原本很重視的觀點？而且是在萬一錯了，靈魂就有可能被打入地獄的前提下。你的答案，和歷史上耶穌受難後不久那些突然放棄了五個關鍵的社會和宗教結構的上萬猶太人之間，有什麼關聯嗎？

三、除了耶穌復活之外，你還能想到什麼解釋能同時完美地契合莫蘭德博士所提出的五類證據嗎？你認為像他這樣的人會怎麼回應你的假設？

四、莫蘭德博士在訪談的最後談到了用自己的體驗去驗證。必須發生什麼事才能促使你自發性地邁出這一步呢？

其他證據◆更多相關資源

Groothuis, Douglas. "The Resurrection of Jesus." In *Christian Apologetics: A Comprehensive Case for the Christian Faith*, 527-563. Downers Grove, IL: InterVarsity Academic, 2011.

Licona, Michael R. "New Explanations Have Refuted Jesus' Resurrection" and "The Cross-Examination." In Lee Strobel, *The Case for the Real Jesus*, 101-155. Grand Rapids: Zondervan, 2007.

McDowell, Josh, and Sean McDowell. *Evidence for the Resurrection*. Ventura, CA: Regal, 2009.

Moreland, J. P. "The Resurrection of Jesus." In *Scaling the Secular City*, 159-183. Grand Rapids: Baker, 1987.

Mettinger, Tryggve N.D. *The Riddle of the Resurrection*. Stockholm, Sweden: Almqvist & Wiksell International, 2001.

結論

歷史的裁決

證據證明了什麼——而這個結論在今日代表著什麼？

1981 年 11 月的一個下午，我把自己關在臥室裡，花了好幾個小時回顧我那 21 個月以來的靈性旅程。

我從未打算寫下我的經歷；事實上，直到幾年後我才決定重溫並擴展我的原始調查內容，為這本書走遍全國，訪問眾多學者。儘管如此，從 1980 年 1 月 20 日到 1981 年 11 月 8 日的這段探究過程是如此徹底且激勵人心。我抱持著盡可能開放的心態去研究歷史、篩查考古學資料、提出許多問題、層層地分析答案。現在，我已經達到臨界點，證據似乎足夠清楚，塵埃落定。剩下的唯一問題就是該如何對待這些證據。

我抽出米黃色的橫線筆記本，羅列出我在調查當中提出的問題，以及發現的關鍵事實。運用類似的方式，我就能總結出我們透過本書專家學者對證據的考察，從中所得到的啟發。

● 耶穌傳記可信嗎？

我曾一度認為福音書只是單純的宗教宣傳品，被過度的想像力和傳教熱情汙染得無可救藥。然而，國內最權威的研究者之一——克雷格・布隆伯格博士，他建構出一個令人信服的解釋，證明福音書所記載的是直接和間接的目擊者證詞，具有準確性的特徵。這些傳記的寫成時間如此之早，以至於不能用「僅是傳說杜撰」來概括解釋。事實上，耶穌的基本信仰、神蹟、復活和神

性都可以追溯到基督宗教運動剛興起的時期。

● **耶穌傳記經得起推敲嗎？**

布隆伯格博士用強而有力的論證指出，福音書作者有意以可靠的方式記載歷史，他們有能力做到這一點，而且他們是誠實的，願意把難以解釋的資料也寫進去，沒有讓偏見在他們的記載中抹上不當的色彩。福音書在基本事實上的吻合度，以及一些細節上的出入，使得這些記載更被證實具有歷史可信度。更重要的是，如果早期教會所傳授的有關耶穌的事實含有會被同時代的人揭穿的誇大或作假內容，那麼教會根本不可能在耶路撒冷扎根並蓬勃發展。簡言之，福音書能通過全部共八項的證據檢驗。

● **耶穌傳記流傳之下是否依然可靠？**

世界級學者布魯斯・梅茨格博士表示，與其他古代文獻相比，新約聖經在手抄本的數量是獨一無二的，而且這些手抄本的年代，都能追溯到與原版極為接近的時間點。有出入的地方往往只是拼寫和語法上的字面細微差異，沒有一個相異處的差別能使基督宗教的主要教義受到懷疑。早期教會用來確認哪些書籍應被視為權威書籍的標準，確實為我們保障了關於耶穌的完美記載。

● **除了耶穌傳記之外，還有其他可信的證據嗎？**

埃德溫・山內博士說：「我們所了解到的耶穌歷史資料，比其他任何古代宗教的創始人都更完善。自聖經之外的來源找到的資料可證實，許多一般人對耶穌的認知是：耶穌會治病，身分是彌賽亞，他被釘死在十字架上，儘管他死於羞辱性的酷刑，但他的追隨者都相信他還活著，把他當作神來崇拜。有位專家列舉了三十九個古代資料來源，證實了超過一百個關於耶穌生平、教

義、受難和復活的事實。有七個世俗資料來源和幾篇早期信條都談及耶穌的神性，這一教義「絕對存在於最早期的教會」，學者蓋瑞・哈伯馬斯博士表示。

● **考古學證實了或推翻了耶穌的傳記？**

考古學家約翰・麥克雷博士說，毫無疑問，考古發現提高了新約聖經的可信度。沒有任何發現能推翻聖經中的任一處記載。此外，考古學還證明，撰寫了新約聖經四分之一內容的路加是一位特別仔細的歷史學家。有位專家總結道：「如果路加在記載歷史（次要細節）時，都這麼煞費苦心地務求準確無誤，那我們有什麼合理的依據能懷疑他在記載那些不僅對他、對其他人都更重要得多的事情時，會去輕易相信或對真實正確性馬虎行事呢？比如，耶穌自死裡復活這樣極為重大的事件。」

● **歷史上的耶穌與信仰中的耶穌是同一人嗎？**

格雷戈里・博伊德博士說，聲名大噪的「耶穌研討會」質疑新約聖經中記載為耶穌所說的話語中，大部分是假的，該研討會是由「極少數激進派邊緣學者組成，他們在新約聖經的思想中屬於極左翼」。研討會從一開始就排除了神蹟的可能性，它採用的判定標準大有問題，部分會員還向大眾推銷一些內容極其可疑的神話類文獻。此外，推測耶穌的事蹟是借鑑自民間神話故事裡的神明死後復活的觀點也經不起推敲。博伊德博士說：「耶穌就是門徒們所說的『那個人』的證據……說服力遠遠超出『耶穌研討會的左翼學術觀點是正確的』」。總之，信仰中的耶穌與歷史中的耶穌是一樣的。

● 耶穌真的確信自己是聖子嗎？

本‧威瑟林頓三世博士藉由追溯最早的信仰傳統（這些信仰傳統毫無疑問地沒有染上傳奇色彩），證明了耶穌具有至高無上、超凡脫俗的自我認知。根據證據，威瑟林頓博士說：「耶穌相信自己是上帝之子、上帝的受膏者嗎？答案是肯定的。他認為自己是人子嗎？答案亦是肯定的。他認為自己是最後的彌賽亞嗎？是的，他就是這樣看待自己。他會相信上帝之外的哪個人也能拯救世界嗎？不，我不認為他相信。」

● 耶穌自稱是聖子，他會不會是瘋了？

著名心理學博士蓋瑞‧柯林斯表示，耶穌沒有表現出任何不恰當情緒的蛛絲馬跡，他與現實接軌、聰明睿智，對人性有驚人的洞察力，並且能與人建立深厚持久的關係。他總結說：「我看不出耶穌患有任何已知精神疾病的跡象。」此外，耶穌還透過奇蹟般的治癒、超越自然的驚人力量、無與倫比的教導、悲天憫人的秉性，以及他自己的復活（這是對他身分的終極認證）來證明他是神。

● 耶穌是否符合神的條件？

雖然道成肉身——自上帝變成人，自無限變成有限——超出了我們的想像力，但著名神學家 D.A. 卡森博士指出，有很多證據都能證實耶穌展現了神性的特徵。根據《腓立比書》第 2 章，許多神學家認為耶穌在履行救贖人類的使命時，自願清空了自己，不再獨立使用這些神性。即使如此，新約聖經還是明確證實耶穌最終具備神性的所有資質，包括無所不知、無所不在、無所不能、永恆和不變。

● 符合彌賽亞身分的只有耶穌嗎？

在耶穌出生前幾百年，先知們就預言了彌賽亞或受膏者的到來，他將會救贖上帝的子民。實際上，舊約中的幾十個預言創造出只有真正的彌賽亞才能符合的極苛刻特徵。這為以色列保障了一種足以排除冒名頂替的可能，驗證出真正彌賽亞的方法。面對天文數字般的機率——在整個歷史中，只有耶穌一人符合了所有預言。這以令人難以置信的命中率，證實了耶穌的身分。

● 耶穌的死會是假象嗎，他的復活會是騙局嗎？

透過對醫學和歷史資料的分析，亞歷山大・梅瑟勒博士得出結論：在可怕的嚴刑拷打及十字架的酷刑之後，耶穌絕無倖存的可能，更不可能在刺穿肺部和心臟的巨大傷口中存活下來。他在十字架上昏厥並使用某種方法假裝死亡的說法，缺乏任何證據基礎。羅馬的劊子手極其高效確實，他們很清楚，如果有任何一個受害者活著從十字架上下來，他們自己也將面臨死刑。即使是耶穌在酷刑中活了下來，他的淒慘狀態，也不可能激發一場以他光榮地戰勝了死亡為信仰中心的世界性宗教運動。

● 耶穌的屍體真的從墳墓中消失了嗎？

威廉・萊恩・克雷格博士提出了驚人的證據，證明復活節經久不衰的象徵——耶穌的空墓——是歷史上事實。《馬可福音》和《哥林多前書》第 15 章信條等極早期的資料中，都有關於空墓的記載或間接指向，這些資料與事件發生的時間非常接近，不可能是傳說的產物。福音書中記載婦女們發現空墓，這一事實增強了故事的真實性。基督徒和猶太人都知道耶穌墳墓的地點，因此懷疑論者可以檢查墳墓。事實上，沒有人，甚至羅馬當局或猶太教領袖都曾指出過耶穌的屍體在墳墓裡。相反地，他們不得不

編造一個荒唐的故事，企圖誣陷門徒們（在沒有動機和機會的前提下）偷走了耶穌的屍體——即使是今天對耶穌持最大懷疑態度的批評家也無法苟同這個理論。

● **耶穌死在十字架上後，有人見過復活後的他嗎？**

　　耶穌在十字架死亡後復活的目擊證據，不是隨著歲月流逝而逐漸形成的神話。復活專家蓋瑞‧哈伯馬斯博士說，復活是「早期教會從一開始就宣告的核心訊息」。記載於《哥林多前書》第15章中的古老信條提到了遇見復活的基督的個人和團體，保羅甚至向第一世紀的懷疑者提出挑戰，要求他們親自去找這些見證人交談、親自去確定真相。《使徒行傳》中也充滿了對耶穌復活的肯定，而福音書中則詳細描述了多次見到復活耶穌的見證。英國神學家邁克爾‧格林下了一個結論：「耶穌的顯現與古代的任何事物一樣，都得到了相當充分的證實……沒有任何合理的理由能懷疑它們真實發生過。」

● **有任何證據能夠從旁證實耶穌確已復活嗎？**

　　J.P. 莫蘭德博士的間接證據為復活添上了最後的證據。首先，門徒們本身處於一個極獨特的立場，他們親身見證復活的發生與否，並且願意忍受折磨和貧困來宣告復活是真的。其次，除了復活之外，保羅和雅各這樣的懷疑論者，如果沒有充分的理由不可能改變信仰，甚至為信仰而死；沒有人會明知故犯、心甘情願地為謊言而死。第三，在耶穌受難後的幾週內，有成千上萬的猶太人開始放棄幾個世紀以來在猶太社會和宗教面上具有重要意義的關鍵社會習俗；更何況他們原本的信仰認為，如果他們錯信了假神，將會被打入地獄。第四，早期的聖餐和洗禮證實了耶穌的復活和神性。第五，在羅馬人對基督徒施行殘酷迫害的同時，

教會奇蹟般地崛起,「在歷史上撕開了一個大洞,一個相當於耶穌復活的分量大小和形狀的大洞。」正如 C. F. D. 慕艾所說。

敗於穆勒挑戰

我承認:耶穌是獨一無二的神之子的證據,在數量和質量上都深深震撼了我。那個星期日下午,我坐在房間裡,驚駭地搖頭。我見過那種被送往死刑室的被告,判處那罪犯死刑的證據都還遠不如此,這麼有說服力!累積的事實和資料,不容質疑地指向一個我不完全樂意接受的結論。

老實說,我本來希望相信耶穌的神格化是懷抱善意,但走上歧路的人們在逐漸將一位智慧的賢者吹捧成了神話中的神子。這樣的觀點看來既不會出錯,也能讓人安心度日;畢竟,一位出身於第一世紀的流浪傳教士又能對我要求什麼呢。雖然我在調查初始時認為,這種傳奇的解釋既直觀又顯而易見,但最後我才了解到,神話般的傳說觀點才是毫無根據。

威廉・萊恩・克雷格博士在我們的訪談中提到了牛津大學偉大的古典歷史學家 A・N・舒爾文-懷特的評論,這讓我茅塞頓開。舒爾文-懷特了解古代世界傳說的積累速度,他的結論是:即使整整兩個世代的時間,也不足以讓傳說發展到能夠抹除歷史真相的堅實核心。[1]

現在來看看耶穌的情況。從歷史的角度來看,他空墳墓的消息、他復活後顯現的目擊者證言以及他確實是上帝獨生子的信仰概念,幾乎可算是在一瞬間出現的。

《哥林多前書》第 15 章的信條證實了耶穌為我們的罪而死,

---

1. A. N. Sherwin-White, *Roman Society and Roman Law in the New Testament* (Oxford: Clarendon Press, 1963), 188–91.

並列出了親眼見證過復活後的耶穌的目擊者名單。馬可對空墓的描述取材於事件發生後幾年內的記載材料。

福音書證明了耶穌的教誨、神蹟和復活，這些在流傳時，和耶穌同時代的人大多仍在世，如果其中有美化或虛假之處，那些人會非常樂意站出來指正事實。最原始的基督宗教讚美詩也肯定了耶穌的神性。

布隆伯格博士是這樣總結的：「那麼，在耶穌死後的頭兩年內，相當多的耶穌追隨者似乎已經形成了贖罪的教義，堅信耶穌已經以肉身的狀態從死裡復活，他們將耶穌與上帝連繫在一起，並相信他們在舊約中找到了所有這些信念的後盾。」[2]

而威廉·萊恩·克雷格博士總結道：「考量一個事件要傳播發展成傳說所需要的基本時間，最終我們的焦點會被引向第二世紀，而事實上那就是傳說中的偽經如雨後春筍般誕生的時期，這些才是批評家們心心念念的傳說故事。」[3]

當初根本沒有足夠的時間跨度讓民間的傳說醞釀到足以腐蝕耶穌的歷史記載，更何況是在當時許多目擊者曾親身見證耶穌的情況下。當德國神學家朱利斯·穆勒（Julius Müller）在 1844 年發起了公開挑戰，開放任何人找出一個傳說，此傳說在歷史上要在如此短的時間裡發展到能夠蠶食鯨吞史實，結果自當時的學者——乃至今時今日——回應仍是一片沉默。[4]

1981 年 11 月 8 日，我意識到我對耶穌最大的叛逆心，也在

---

2. Blomberg, "Where Do We Start Studying Jesus?" in Wilkins and Moreland, *Jesus under Fire*, 43, emphasis added.
3. Craig, *The Son Rises*, 102, emphasis added.
4. Julius Müller, *The Theory of Myths, in Its Application to the Gospel History, Examined and Confuted* (London: John Chapman, 1844), 26, cited in Craig, The Son Rises, 101.

歷史證據的鎮壓下消散無形了。這種徹底逆風翻盤的發展，讓我忍不住笑了出來。

鑒於那些我在調查過程中所見識到證據是如何叫人心服口服，面對這場為基督辯護的壓倒性證據，最諷刺的莫過於：以現在來說，比起要我相信拿撒勒人耶穌，要我堅持我的無神論倒是需要更大更多的信念！

證據的含義

還記得這本書中介紹的詹姆斯·迪克森的案例嗎？強而有力的證據牢牢地指向他，揭發他槍擊芝加哥警察中士的罪行。他甚至都承認了就是他做的！

然而，當進行更徹底的調查時，情況突然大轉彎：最符合事實的情況是，警官陷害了迪克森，而迪克森在槍擊案中是無辜的受害者；於是迪克森被釋放了，而警官卻吃上牢飯。在我們結束對基督案的調查時，這個故事中的兩大教訓值得我們反覆檢討。

● 第一，證據的收集是否真的徹底？

是的，確實如此。我選擇了有能力陳述自己立場，並提出眾多歷史證據來捍衛真相的專家，這些證據都經得起交叉驗證。我不僅對他們的觀點感興趣，我還想要事實。我用無神論者和自由派教授的現有理論來挑戰他們。基於他們出眾的背景、資歷、經驗和品格，這些學者完全有資格站到台前來為耶穌提供可靠的歷史資料。

● 第二，哪種解釋能夠符合所有的證據？

1981 年 11 月 8 日，我堅持了多年的傳說論已兵敗如山倒。更重要的是，面對足以證明耶穌復活是真實歷史事件的、叫人眼

界大開的歷史證據，我對超自然現象的新聞懷疑論也被消滅殆盡了。事實上，我搜索枯腸也再想不出任何一種解釋，能像『耶穌就是他自稱的上帝獨生子』這一結論一樣，完美無誤地和這所有的歷史證據相互吻合。

我長期抱持的無神論在歷史真相的重壓下潰敗。這是一個讓我震驚而激進的結果，在我剛開始這個調查過程時，做夢也沒想到會這樣發展。然而現在看來，這是一個擺在眼前的事實，叫人不得不認的決定。

這一切引導我有了「那又怎樣？」的疑問，若這是真的，它又能對我造成什麼影響？這裡有幾個最顯而易見的可能影響。

- 如果耶穌是上帝之子，那麼他的教誨就不僅僅是一位睿智老師的好主意，它們是我能自信地將生命建構其上的神聖洞見。
- 如果耶穌設定了道德標準，我現在可以為我的選擇設定一個堅定不移的根據地，而不是任憑自我中心的考量或利益權衡來帶領我下決定。
- 如果耶穌確實從死裡復活，那麼他今天依然活著，讓我這一介俗人能與他接觸。
- 如果耶穌戰勝了死亡，那麼他就能為我打開永生之門。
- 如果耶穌有神力，他就有超自然的能力，在我跟隨他時，指導我、幫助我、改變我。
- 如果耶穌親身經歷過失去和忍受煎熬的痛苦，他就可以在他示意警告過我們的、這個被罪惡腐蝕的世界裡、避免不了的動盪變化中，安慰、鼓勵我。
- 如果耶穌像他所說的那樣愛我，他就會把對我最好的路放在心上。這就代表著，如果我用全心全靈倚靠於他和他的目的，我不再有任何失去，並得到一切。

● 如果耶穌是他自稱的神（請記住，任何其他主要宗教的領袖都沒有聲稱過自己是神），那麼作為我的造物主，他理所當然地應該得到我的效忠、服從和崇拜。

我記得我在法律便條簿上寫下了這些別具意義的內容，然後靠在椅子上。我已將近兩年的旅程推向了高潮，終於到了必須面對最迫切問題的時候了：我該怎麼辦？

信仰的公式

經過六百多天、無數個小時的個人調查，我對基督一案的判決是明確的。然而，當我坐在書桌前，我意識到我需要的不僅僅是一個理智的決定；我想採取 J. P. 莫蘭德博士在最後一次訪談中所描述的經驗驗證步驟。

為了找到實踐它的方法，我拿起一本聖經，打開《約翰福音》1:12，這是我在調查過程中碰到的一節經文：「凡接待他的，就是信他名的人，他就賜他們權柄作上帝的兒女。」

這節經文中的幾個關鍵動詞，精確地闡明了要怎麼超越只能在理智上承認耶穌是神的階段，也教了我們要成為上帝家庭的一員，與他建立持續關係所需要的條件：相信 ＋ 接受 ＝ 成為。

1. 相信

身為一個受過新聞和法律教育的人，我的專業訓練要我必須對事實做出回應，不論事實導向何方。對我來說，這些資料不容質疑地證明了耶穌就是上帝的兒子，他替我受死，為我所犯的罪行支付了我該受的懲罰。

我做過很多錯事。我不去詳述那些叫人難堪的細節，但事實是我一直過著褻瀆、酗酒、自我中心和不道德的生活。在我的職

業生涯中，我曾為了獲得個人利益而中傷同事；經常為了追逐新聞報導而違反法律和道德標準。在個人生活中，我在成功的祭壇上，獻祭了我的妻子和孩子。我是一個騙子，一個欺世盜名的偽君子。

我的心已經乾涸到對任何人都冷硬如石的地步。驅使我的動力是追求個人快樂——而諷刺的是，我越是如饑似渴地追逐它，它就越是難以捉摸，越是帶著我走向自我毀滅。

當我在聖經中讀到，正是這些罪行使我與聖潔和道德純潔的上帝分隔開來，我深深感受到那是真話。當然，對於我多年來執意否認存在的上帝來說，他顯得極為遙遠，很顯然，我需要耶穌的十字架來彌合我與神之間的鴻溝。正如使徒彼得所說：「因基督也曾一次為罪受苦，就是義的代替不義的，為要引我們到上帝面前。」（彼得前書 3:18）

我現在相信這一切了，歷史和我自己的經歷都是強大的力證，不容忽視。

2. 接受

我在調查期間所研究過的其他信仰體系，實踐信仰的方式大多都是基於「去做」。換句話說，人們必須去做一些事情，例如：轉動西藏的轉經輪、布施、朝聖、經歷輪迴轉世、用某種儀式消除業障、改造自己的性格——總之要以某種方式換得回到神身邊的途徑。儘管信徒盡其所能，許多虔誠的人仍無法達成。

而基督宗教獨樹一格。它一開始就是以「已經成了」為基礎——耶穌在十字架上為我們完成了我們自己無法完成的事：祂為我們的叛逆和過錯支付了代價，一力承擔我們應得的死刑，讓我們獲得了與上帝重修舊好的資格。

如今我不必為了贏得資格而苦苦掙扎，不必努力去做不可能

做到的事，使自己配得上。聖經反復提到，耶穌提供的寬恕和永生是一份免費的禮物，是不勞而獲的（見《羅馬書》6:23；《以弗所書》（厄弗所書）2:8-9；《提多書》（弟鐸書）3:5）。這被稱為恩典——奇異的恩典，無償的恩惠。任何真心悔改禱告的人都可以得到它，即使是像我這樣的人。

是的，我必須抱著信心踏出第一步，就像我們在生活中做出的每一個決定。但如今它們有了關鍵的區別：我不再是逆著強大的證據潮流而行，而是選擇隨著事實的洪流順向前行。這是合乎道理的、理性的、具邏輯的。更重要的是，這改變是以一種極內在、無從解釋的方式發生，我感覺到這是神的靈引導我做的。

於是，在 1981 年 11 月 8 日，我向神進行了一次真誠且不加粉飾的禱告，承認我的錯誤，誠心悔改，藉由耶穌領受了神所賜給我的赦免和永生的禮物。我告訴祂，在祂的幫助下，我想要從此跟隨祂和祂的道路。

當時沒有雷電四起，沒有上帝的聲音迴蕩，沒有原因不明的刺痛。我知道有些人在這樣的時刻會感到情緒激昂；但是，就我自己而言，是有另一股令人振奮的——真理的充盈感。

3. 成為

邁出這一步之後，我從《約翰福音》1:12 中知道，我已經跨過了那道檻，進入了一個新的生命。我成了一個全新的人：我是上帝的兒女，藉由在歷史上真實復活的耶穌，得以永遠成為神的家人。使徒保羅說：「若有人在基督裏，他就是新造的人，舊事已過，都變成新的了。」（哥林多後書 5:17）。

果然，隨著時間的推移，在我努力遵循耶穌的教導、打開自己的心防、接受他帶來的改變之間，我看待事物的優先順序、我的價值觀和我的性格都慢慢地發生了改變（而且不斷持續改

變)。我越來越想要耶穌的動機和觀點成為我的動機和觀點。用小馬丁‧路德‧金恩（Martin Luther King Jr.）的話說，也許我還無法成為我應該成為的那個人，我也還不是在基督的幫助下有一天能成為的那個人，但感謝上帝，我已經不是過去的那個我了！

也許對你來說這聽起來很神祕，我不確定；不久前，我也認為這一切很虛無飄渺。但對現在的我和我周圍的人來說，這一切再真實不過了。事實上，我的生活根本上發生了翻天覆地的變化，在我成為耶穌的追隨者幾個月後，我們五歲的女兒艾莉森（Alison）走到我妻子面前說：「媽媽，我希望神能為我做祂為爸爸做的事。」

這個小女孩原本只知道父親是個行為粗鄙、滿懷憤怒、言語刻薄的人，而且對家裡不管不顧。她從來沒有拜訪過任何一位學者，也沒有分析過什麼資料，更不曾調查過歷史證據，但她近距離看見耶穌是如何改變一個人的生活。實際上，她的意思正是：「如果這就是神對人所做的事，那我也要這樣。」

多年後回想起來，我仍可以清楚地看到，我對基督一案做出決定的那一天，無疑地是我生命中最重要的關鍵時刻。

做出自己的結論

現在，輪到你了。在一開始，我就鼓勵你們盡可能以一個公平公正的陪審員的身分來看待這本書中的證據，根據證據的分量做出結論。到最後，你得自己下裁定，也只有你能，沒有其他人可以為你投下那一票。

或許在閱讀了一位又一位專家的說法，聽取了一個又一個的論點，得到了一次又一次的答案，再用你的邏輯和常識檢驗這些證據，你會像我一樣，發現基督的論據是決定性的。

《約翰福音》1:12 中「相信」的部分已經牢牢地扎好根；剩下的就是接受耶穌的恩典，然後你將成為他的兒女，投身於靈性的旅程，豐饒你的餘生，直至最後進入永生。對你來說，邁向體驗的時刻已經到來，我竭盡全心鼓勵你懷抱熱情地邁出這一步。

話說回來，也許你仍有疑問，也許我沒有解決你心中最強烈的反對意見；這很合理，任何一本書都不可能做得面面俱到。不過，我相信，這書頁上所報導的大量資訊，至少會讓你感到應該繼續深入去了解——事實上，我想你會焦急地去調查更多。

找出你認為還需要更多證據的地方，去向那些受人尊崇的專家尋求更多答案吧。又如果你認為自己提出的論點能夠更完美地解釋這些證據，那麼就去挑戰嚴格的審查。請盡情利用本書推薦的資源去深入研究。親自去研讀聖經吧（建議之一：《旅程》(The Journey)，這是為那些尚未相信聖經是神的話語的人所設計的特別版聖經。）[5]

下定決心，當你在收集到足夠多的資訊時就去做出決定，因為你必須理解，我們永遠不可能徹底解開所有問題。你甚至可以低聲向你還不確定是否存在的上帝祈禱，請求他引導你走向關於他的真理。在你繼續靈性探索的整個旅程中，我真誠的鼓勵將一路陪伴著你。

與此同時，我確實感受到心中一股強烈的責任感，要敦促你們把這個問題擺在生活中的首要位置。不要隨興或輕率地對待它，因為你做出的決定事關重大。正如邁克爾‧墨菲（Michael Murphy）所說：「不僅僅是真理的主張——連我們自己在這次調查中，也處於岌岌可危的立場之中。」[6] 換句話說，如果我對基督的結論是正確的，那麼你的未來和永生就取決於你如何回應基

---

5. *The Journey Bible* (Grand Rapids: Zondervan, 1996).

督。如耶穌所說:「你們若不信我是基督,必要死在罪中。」(約翰福音 8:24)。

這些清醒透澈的話語,出自真實和愛的關懷。我引用這些話是為了強調這件事的嚴重性,並希望它們能成為激勵你們積極,徹底去審視基督的證據。

不過,最後請記住,有些選項已經行不通了,累積的證據已經將它們排除在外。C.S. 魯益師曾是劍橋大學的教授,他既聰明又才華橫溢,有段時間對基督信仰抱持懷疑的態度,但最終仍被耶穌的證據所折服,

> 我在這裡是為了試著阻止有人說出人們常說的關於他的蠢話:「我願意接受耶穌是一位偉大的道德導師,但我不接受他是上帝的說法」。這是我們絕不能說出口的一句話。如果一個僅僅是人的人,卻膽敢說出耶穌所說的那些話,那他就不會是一個偉大的道德導師。他要不是個瘋子⋯⋯就是地獄的魔鬼。你必須做出你的抉擇:這個人過去是,現在也是,他是上帝之子;或者他是個瘋子或更糟糕的東西。你可以把他當作傻瓜關起來,你可以唾棄他並把他當作魔鬼殺死;或者你可以跪在他的腳前,稱他為主和上帝。但是,不要帶著任何自以為是的胡言亂語說他是一位偉大的道德教師。他沒有給我們留下這樣的選擇。他也無意這樣做。[7]

---

6. Michael Murphy, "The Two-Sided Game of Christian Faith," in John Warwick Montgomery, ed., *Christianity for the Tough-Minded* (Minneapolis: Bethany House, 1973), 125, cited in Ankerberg and Weldon, *Knowing the Truth about the Resurrection*, 44.
7. C. S. Lewis, *Mere Christianity* (New York: Macmillan-Collier, 1960), 55-56.

李・施特博訪談錄

在《重審耶穌》問世二十周年即將來臨之際,[1]暢銷書作家馬克・米特爾貝格(Mark Mittelberg)反過來採訪了李・施特博,探討了該書帶來的影響、批評者的質疑以及他自己的生活所發生的變化。米特爾貝格本人的著作包括《基督徒希望沒人會問的問題》(*The Questions Christians Hope No One Will Ask*)和《自信的信仰》(*Confident Faith*),自 1987 年以來,他一直是施特博很要好的事工夥伴。

Q. 《重審耶穌》自 1998 年問世以來所產生的影響讓你感到有多驚訝?我相信你從來沒預料到它會以各種形式售出近千萬冊,或被翻譯成二十種語言出版。

A. 我的確是很震驚。因為我從小就是芝加哥小熊隊的球迷,我喜歡用瑞格利球場來做比喻。通常打擊者會擊出一個高飛沖天砲,然後被中外野手接住。但有時候,如果風向剛好,微風會將球吹過外野牆;打擊者並沒有用更大的力氣揮棒,但外在環境的變化讓球成了全壘打。這就是我對《重審耶穌》的感受。我擊中了球——換句話說,我用我力所能及的最好的方式研究和撰寫了這本書——是上帝托起了它,把它帶向遠方,遠遠超出了我微薄的努力所能達到的效果。

---

1. 編按:本書首次出版在 1998 年,此版本為 2016 年版。

Q. 我知道你有一些受這本書影響的人的精彩故事。有沒有一些讓你印象特別深刻的？
A. 這讓我感到謙卑和受到鼓舞。這些年來，我收到很多人的電子郵件、推特（現改名為 X）、信件和電話，他們都是在讀了這本書之後信了耶穌。有些人最後進了神學院，成為牧師。還有一些人說他們轉變成有影響力的信仰捍衛者，當初第一本激發他們對基督宗教辯護學產生興趣的書，就是這本《重審耶穌》。

我記得在這本書剛出版後不久，我收到一封來自一位無神論者的信。他原本是去書店買一本天文雜誌。他坐在長凳上看雜誌，發現自己坐到了什麼東西——那是一本《重審耶穌》。他翻了幾頁，心想：「我不相信這些東西」，就把書丟到一邊。但他說，他感覺內心有個聲音告訴他，應該讀這本書——於是他買下了這本書，讀了它，並信了耶穌！事實上，前幾天我還收到他的信，至今他仍追隨著耶穌。

最近，一位基督徒告訴我，他從網路書店訂購了《重審耶穌》。當書送到他家時，他那位對靈性持懷疑態度的父親正好聽到門鈴開了門。他誤以為包裹是給他的，就打開了，看到這本書，剛想把它放一邊去，卻不知為何被書名吸引住。他從頭到尾讀完了這本書，最後信了基督。

在科羅拉多州，有一位無神論的電腦工程師讀完了這本書，他目的本來是為了推翻它。他查看了所有的注腳，親自閱讀了所有的參考文獻，最終得出結論：基督宗教的論點是令人信服的。他信靠了耶穌，然後在第二個星期天去了一個大教堂。禮拜中，當牧師鼓勵大家互相問候時，他轉過身來伸出了手——向我。我最近剛搬到科羅拉多州，正在參觀教堂，正好坐在他正後方的座位上。當他告訴我他的故事時，

我們都被這個「巧合」驚訝得愣住了。從那以後,道格和我就成了親密的朋友。

我還可以繼續講下去。因為每當我出席演講時,人們都會告訴我一個又一個的故事,講述上帝如何在他們的生活、他們父親的生活或朋友的生活中使用了這本書,這非常鼓舞人心。我想,即使我晚上睡覺的時候,中國、印度或印尼也有人在讀這本書,並在思考基督宗教的論證。

Q. 我記得以前有個──埃芙爾‧克尼芙爾（Evel Knievel）……
A. 對,這位敢於冒險的摩托車跳傘者和文化偶像,一生都過得狂放瀟灑而自戀。有一天,他在海灘上突然感覺到上帝對他說:「羅伯特（Robert）,[2] 我已經救了你比你知道的還多次,現在我需要你透過我的兒子耶穌來到我這裡。」他震驚得說不出話來。接著他打電話給他唯一認識的基督徒,向他們打聽耶穌的事,而他們向他推薦了《重審耶穌》。他讀完後說,上帝用這本書將他的信仰落實到耶穌身上。

上帝徹底改變了他的價值觀、性格和道德觀。當他受洗時,他向所有人講述了他的故事,幾百幾千人因此接受了基督並當場受洗。我們成了朋友,他不時會打電話問我一些歷史和神學問題。幾年後他去世了──依照他的要求,他的墓碑上刻著一句:信耶穌（Believe in Jesus）。

---

2. 編按:埃芙爾‧克尼芙爾（Evel Knievel）原名 Robert Craig Knievel。

Q. 這本書受到了眾多讀者的歡迎，其中有男性、也有女性，有宗教信徒、也有懷疑論者，還有來自不同種族和文化的人。年輕人的反應如何？

A. 這點尤其令人驚訝。當我為這本書採訪一位學者的時候——

Q. 哪一個？

A. 我不想說。但在我們談話的休息空檔，我趁機把新的空白磁帶放進答錄機時，他說：「恐怕沒人會讀你的書」，我嚇了一跳問道：「為什麼？」他說：「我們生活在後現代文化風行的時代，沒有人會對基督宗教的歷史證據感興趣，尤其是年輕人。」我記得當時很沮喪，回家後對萊絲莉哀歎：「沒人會讀我的書了。」

Q. 那後來怎樣了？

A. 當這本書出版時，我們都傻了，因為我們收到最多的迴響是來自 16 到 24 歲的年輕人。根據讀者調查，讀完這本書後接受基督的人中最多的，就是落在這個年齡層。事實證明，他們對信仰的證據非常感興趣。事實上，這也是促使我與珍・沃格爾（Jane Vogel）合作編寫學生版《重審耶穌》的原因。

Q. 我們的朋友克里夫・奈契特爾（Cliffe Knechtle）說：「一個人的信仰就像一條有許多環節的鏈條。有開始的一環，中間的一環，還有最後的一環。」對於讀者來說，這本書只是他們靈性之旅的開始，或者是漫長道路上的又一步，你有什麼話要對他們說嗎？

A. 我知道在尋求靈性道路的過程中是什麼感覺。它是令人興奮的、激動的，它充滿挑戰，也會令人沮喪，有時候會陷入困

惑——但最終，這一切都是值得的。我希望你們能堅定不移，盡可能排除偏見和成見，追隨證據的指引，不斷提問。還有，要向上帝祈禱——哪怕你還不確定他是否存在——還是可以請他指引你找到真相。一旦把握了能說服你的證據，就勇敢地做出決定。

Q.《重審耶穌》自出版以來，有哪些方面變得更有力了嗎？
A. 其中一個趨勢是，如今學者們更加認真地對待新約。在哈佛大學獲得新約博士學位的馬克·D·羅伯茲（Mark D. Roberts）指出：「一些最聰明且最具影響力的新約學者認為，新約福音書是關於耶穌的可靠歷史資料來源。」他還補充說：「如果你正視人們普遍理解的事實，如果你不帶有貶義偏見或無神論預設，那麼你就會發現，相信福音書是合理的。」[3]

克雷格·A·埃文斯博士是最受人尊敬的新約學者之一，他撰寫或編輯了五十本書，並在劍橋、牛津和耶魯大學講學。他告訴我：「我會說福音書基本上是可靠的，而且有非常非常多學者同意。有充分的理由可以認定福音書公正、準確地記載了耶穌的教導、生平、死亡和復活的基本內容。它們的寫作時間夠早，它們扎根在可以追溯到耶穌以及原始門徒正確訊息的資料來源中，有連續性、有近距離觀察，有考古和其他文獻能對某些有出入的部分進行驗證以及完美接軌的內在邏輯。」[4]

關於復活的研究也取得了重大進展。幾年前，麥可·李科納寫了一本具有里程碑意義的718頁的書，名為《耶穌的復活：一種新的史學方法》(*The Resurrection of Jesus: A New*

---

3. Mark D. Roberts, *Can We Trust the Gospels?* (Wheaton, IL: Crossway, 2007), 20.
4. Lee Strobel, *The Case for the Real Jesus: A Journalist Investigates Current Attacks in the Identity of Christ* (Grand Rapids, MI: Zondervan, 2007), 58.

Historiographical Approach），而 N.T. 萊特（N.T. Wright）則撰寫了一部雄心勃勃的作品，名為《神兒子的復活》（*The Resurrection of the Son of God*）。隨著這些領域的學術研究不斷深入，基督宗教的論證力度也隨之不斷增強。

Q. 很顯然地，當你的書出版以來，基督宗教護教學，或者說信仰辯護的領域確實發生了不少變化。

A. 是的，非常多。我寫《重審耶穌》時，市面上關於信仰證據的通俗書籍並不多。如今，有大量優秀的書籍、學術課程、網站、部落格、影片和課程。除此之外，教會裡關於這個主題的講道也越來越多。

Q. 你認為你的書幫助激發了這些變化嗎？

A. 我認為這在很大程度上是由於文化的轉變，讓社會大眾對基督宗教辯護學答案的需求日益增加。雖說支持基督宗教的證據越來越多，但懷疑的人也越來越多。2014 年，我受託進行了一項全國性的民意調查，發現 82% 的嬰兒潮一代（50-68 歲）確信上帝存在，但千禧一代（18-30 歲）只有 62% 的人抱持同樣觀點。[5] 研究員大衛・金納曼（David Kinnaman）發現，年輕人離開教會的六個原因中，有三個與知識面的問題以及各種疑慮有關。[6] 因此，護教學在社會上的需求量很大，我很高興看到各種資料如雨後春筍般問世以滿足需求。

---

5. 這項巴納集團（Barna Group）的民意調查是對 1,001 名成年人進行的電話訪談，樣本具有代表性，為涵蓋全國範圍的 18 歲以上成年人。訪談於 2014 年 8 月 25 日至 9 月 10 日進行。在 95% 的信賴區間下，抽樣誤差為正負 3.1 個百分點。訪問成功率為 78%。
6. See: David Kinnaman, *You Lost Me: Why Young Christians are Leaving Church . . . and Rethinking Faith* (Grand Rapids, MI: Baker, 2011).

Q. 由於《重審耶穌》的高知名度，它吸引了很多人的關注，自然包括一些評論家。
A. 事實上，大多數懷疑論者對本書的評價讓我很受鼓舞，因為他們反對的理由對我來說並不那麼有說服力。有一位批評者稱我採訪的學者為「所謂的專家」，似乎布魯斯·梅茨格博士、威廉·萊恩·克雷格博士、D. A. 卡森博士、本·威瑟林頓三世博士、克雷格·布隆伯格博士、埃德溫·山內博士、J. P. 莫蘭德博士——這些擁有劍橋、普林斯頓、布蘭迪斯等大學的博士學位，及擁有數百篇學術出版物的學者都很不夠格似的。其他書評人的評論會更經過大腦一點，但每當我讀到他們的批評時，我總會大大地鬆了一口氣，因為這些批評通常都很容易回答。

Q. 一些批評者聲稱你在寫這本書時並不是真正的無神論者。
A. 嗯，他們說的沒錯！我從沒有聲稱是無神論者。確實，我在生命的大部分時間裡都是無神論者，直到我妻子萊絲莉皈依基督教，那促使我用我的新聞和法律專業能力來調查基督宗教或任何其他世界宗教是否有可信度。我花了一年九個月的時間來做這項調查。

Q. 接下來發生了什麼？
A. 1981 年 11 月 8 日，我獨自一人在臥室裡，在米黃色的橫線筆記本上總結了支持和反對基督宗教的證據。基於有堆積如山的證據都強而有力地指向基督宗教的真理，我得出結論：對我來說，繼續堅持無神論比成為一名基督徒更需要信心。就在那時，我做了祈禱，接受耶穌成為我的救主和領袖。但直到 1990 年代末，我才寫了《重審耶穌》一書。正如我在引言

中所說，這本書追溯了我最早的調查，內容也經過擴展。

Q. 你為什麼覺得有必要這麼做？
A. 因為當初我在進行個人調查時，並沒有打算寫什麼東西，沒有進行完善的記錄；事實上，直到今天我都找不到那本黃色的筆記本！我那時的確讀了很多書，有支持基督宗教的，也有反對基督宗教的；我向很多專家提問求教；我對古代歷史和考古學做了相當深入的探索。但我做這一切都是出於自己的好奇心。在那之後多年，當我決定撰寫《重審耶穌》時，我想更有系統地探討這個問題，同時也和世界一流的學者進行充分的文獻訪談，好能收集到最新、最尖端的證據。這樣，我就能以最合乎邏輯、最通俗易懂的方式闡述這些事實。

Q. 如果你在進行個人調查時，從未打算把它寫成一本書，那又是什麼促使你最終創作了這本書？
A. 我在 1981 年信主後，繼續在新聞界工作了一段時間，但最後還是離開，加入柳溪社區教會（Willow Creek Community Church）的工作人員團隊，也就是我跟你第一次相遇的地方。在那裡，我接受了神學指導，被按立為牧師，成為教會的教學牧師。有一天，我被指派做一個為期三週的系列布道，我決定把它命名為「重審耶穌」。我把講臺布置成法庭的樣子，播放我採訪專家的影片，「傳喚」專家上證人席，讓他們出庭為耶穌作證。

幾個月後，我和萊絲莉一起散步時，她建議我可以把這個系列的布道內容寫成一本書。起初我對這個想法不以為然，因為這些布道的內容大多由影片組成。但後來我突然福至心靈──我都還可以帶你準準地回到人行道上的那個地

方——我說：「等等！這可能行得通。」就在那時，我決定向 Zondervan 出版集團提議出版這本書。我以為他們鐵定會拒絕這個想法，因為那時候護教書籍鮮少能賣得好，但他們出乎我意料地為這個項目開了綠燈。

Q. 他們有說為什麼批准這個企畫嗎？
A. 他們說是因為他們看到了我對這個項目明顯的熱情。我想他們相信我會用獨特的視角來呈現書的內容，畢竟我曾經是無神論者又是個記者。

Q. 採訪學者會不會很困難？
A. 這真的出乎意料——一點也不難。我打電話給每一位學者，他們都立刻同意接受採訪，儘管他們中的大多數人根本不知道我是誰。這些人一生都埋首在學術研究的各種細節中，坦白說，當有人仔細閱讀他們的著作後，想去和他們談論他們所寫的東西，他們往往會非常興奮激動。最後，我花了五個月的時間——包括週末、晚上和假期的時間——才把《重審耶穌》寫完。

Q. 這還真快！
A. 現在回想起來，我發現這是上帝的手以某種方式推動了這個專案。我到現在都不明白怎麼可能做得那麼快。

Q. 在本書的寫作過程中，你遇到過什麼挑戰嗎？
A. 當然，那是非常可怕的挑戰。一開始，我的想法是將這本書格式化成我們現在這樣的問答形式，沒有加上任何描述性內容。但我的編輯約翰·斯隆勸我把這本書寫成敘事性的模

式，讓讀者能有和我一起採訪學者的感受。他希望我描述一下環境，談談我的情感，描繪一下這場冒險是如何展開的。

Q. 這真是好主意！你當時有為此感到很興奮嗎？
A. 那絕對是沒有。我已經把第一章寫成了很開門見山的快問快答，我覺得有必要保持我的勢頭。但斯隆試著把其中一部分改寫成了敘述體。我把兩個版本都給萊絲莉看，問她：「你覺得哪個更好？」她說：「這個嘛，他的。」我心裡知道她是對的，但我很懷疑自己是否有作家般的能力寫出這樣的作品。我很感激斯隆在整個創作過程中對我的指導。

Q. 你在書中沒有採訪任何懷疑論者，有些人因此批評你。
A. 我認為那是他們誤會了我的做法。我是站在懷疑論者的立場進行調查的，就像副標題寫的，這是「一位記者對耶穌證據的個人調查」。[7] 我提出來問的都是我抱持無神論時在想的問題。顯然，從注腳和我的許多問題中可以看出，我已經看過很多對基督信仰採取懷疑態度的學者的著作。然後，我再向基督宗教專家們提出了我認為懷疑論者最有力的反對意見，那都是我個人也曾糾結過的問題，我的目的是調查他們能否給出有力和具說服力的答案。然後，再把他們的答案報告給讀者，讓所有人能自己做出判斷。

---

7. 編按：原文書副標題為 A Journalist's Personal Investigation of the Evidence for Jesus。

Q. 請允許我針對你的書中一個常見的反對意見向你提問。在「反證」一章中，你訪談了一位耶穌研討會的批評者，但整本書中卻沒有採訪過耶穌研討會的任何一位會員。有些人認為這不公平。

A. 耶穌研討會的觀點並不隱晦，他們在公開發行的著作中很明確地闡述了自己的研究方法。如你所知，耶穌研討會由已故的自由派新約學者羅伯特・芬克（Robert Funk）創立，他們因為宣稱「福音書中記載為耶穌教導的話語，有 82% 並非出自耶穌之口」而聞名。這個研討會由左翼學者和非專業人士組成，他們主張自己在對耶穌進行的是不偏不倚的公正調查，但卻沒有人批評他們沒有在書中給保守派學者留下反駁他們觀點的空間。

Q. 你採訪過耶穌研討會的批評家格雷戈里・博伊德博士，他說耶穌研討會信奉自然主義，認為每件事情都有其自然原因，甚至從一開始就排除了超自然的可能性。但批評者指出，芬克曾說：「沒有什麼是不可能的，除非我們排除了邏輯上的不可能，例如正方形的圓。」[8] 耶穌研討會聯席主席約翰・多明尼克・克羅桑也說過：「我對上帝可能做的事抱持絕對開放的態度」。[9]

A. 讓我給你講講那些在這類評論中刻意隱藏的部分。首先，芬克毫不客氣地談到了他的基本信念，他說：「形而上學時代的上帝已死，在人類和物質世界之外並不存在一個個人的上帝」。他還說：「上帝時不時地干預自然界的秩序，以幫助或

---

8. Robert Funk, *Honest to Jesus* (San Francisco: HarperCollins, 1996), 60.
9. John Dominic Crossan, *Who Is Jesus?* (New York: HarperCollins, 1996), 96.

懲罰人類的觀念已經站不住腳。奇蹟只可以被理解為無法解釋的事件，否則它們就是違反物理宇宙的規律性。」此外，芬克表示：「我們應該降低耶穌的地位。認為耶穌是神聖的想法不可再信。」[10]

至於克羅桑，他在與威廉·萊恩·克雷格博士的辯論中確實否認自己是自然主義者。[11]但他承認他有一套自己「神學上的設定」，也就是主張上帝不會直接介入人間事務。[12]他說：「超自然總是（至少在這點未被我反駁之前）自然的運作屏障。」[13]然而，正如克雷格博士所指出的，「這就是自然主義」——一種認為上帝僅透過自然原因間接行動的信念。[14]事實上，儘管克雷格博士不斷追問，克羅桑仍拒絕證實上帝真實存在於我們的想像之外。[15]

克羅桑對超自然的預設有巨大的影響。克雷格博士說：「非常簡單，它預先排除了像復活這樣事件的歷史性。」[16]

讓我們把話說清楚：耶穌研討會的《第五福音》一書的

---

10. Robert W. Funk, "The Coming Radical Reformation: Twenty-One Theses." *The Fourth R*, Volume 11-4 (July–August 1998).
11. William Lane Craig and John Dominic Crossan, *Will the Real Jesus Please Stand Up?*, (Grand Rapids, MI: Baker, 1999), 45.
12. William Lane Craig and John Dominic Crossan, *Will the Real Jesus Please Stand Up?*, (Grand Rapids, MI: Baker, 1999), 61. Also, in a radio dialogue in March 1995 on *The Milt Rosenberg Show* on WGN in Chicago, 克羅桑說：「上帝並不直接……具體的在世界上行動，就像字面上看起來的奇蹟那樣。」
13. William Lane Craig and John Dominic Crossan, *Will the Real Jesus Please Stand Up?*, 45.
14. William Lane Craig and John Dominic Crossan, *Will the Real Jesus Please Stand Up?*, 169.
15. William Lane Craig and John Dominic Crossan, *Will the Real Jesus Please Stand Up?*, 49-51. 此外 49 頁中，克雷格博士問到一點：「什麼是關於上帝存在的陳述？那是一個信仰還是事實的陳述？」克羅桑回答說：「對於所有說出這句話的人來說，這是一個信仰的陳述。」

引言說,在「這個科學時代……信條和教義中的基督……已經無法再贏得那些透過伽利略的望遠鏡觀察過天空的人的認同。」[17] 耶穌研討會第一條的「學術智慧支柱」就是區分歷史上的耶穌和信仰中的基督——換句話說,引用德國學者 D. F. 施特勞斯(D. F. Strauss),區分自然的耶穌和超自然的耶穌。[18] 耶穌研討會宣稱:「福音書中的耶穌是一個富有想像力的神學構建。」[19]

威廉・萊恩・克雷格博士在與克羅桑辯論後撰寫的一篇學術文章中說得很白。他說:「耶穌研討會對其自然主義的預設異常地不遮不掩……但假如你一開始就預設了自然主義,那麼你最終得到的當然是一個純粹自然的耶穌!這種重構的自然主義耶穌不是基於證據,而是基於定義。令人驚訝的是,耶穌研討會也沒有試圖為這種自然主義辯護,它完全是一種預設。但這種先射箭再畫靶的預設是完全沒有道理的……如果撤掉這個預設,該理論的整個結構就會崩潰。」[20]

學者馬克・羅伯茲(Mark Roberts)曾是哈佛大學七位耶穌研討會成員的同事。他寫道:「雖然其中一些人是優秀的聖

---

16. William Lane Craig and John Dominic Crossan, *Will the Real Jesus Please Stand Up?*, 169. 而在第 170 頁中克雷格博士補充說:「因此,他的反超自然主義決定了他對新約中耶穌復活歷史性見證的懷疑。」
17. Robert W. Funk, Roy W. Hoover, and The Jesus Seminar, *The Five Gospels* (San Francisco: HarperSanFrancisco, 1997), 2.
18. 施特勞斯不只被引用來支持耶穌研討會的第一支柱,還將《第五福音》獻給他、伽利略・伽利萊(Galileo Galilei)、湯瑪斯・傑佛遜(Thomas Jefferson),「他們對福音書進行剪貼。」
19. Robert W. Funk, Roy W. Hoover, and the Jesus Seminar, *The Five Gospels* (San Francisco: HarperSanFrancisco, 1997), 4.
20. William Lane Craig, "Rediscovering the Historical Jesus: The Presuppositions and Presumptions of the Jesus Seminar." *Faith and Mission* 15 (1998): 3-15.

經學者,但研討會本身並不是真正的學術活動。事實上,這是一個精心設計的計畫,用來削弱傳統的基督宗教信仰……芬克對他的反基督宗教意圖非常明確……從一開始就很明顯,芬克對耶穌研討會的意圖與傳統基督宗教並不一致。」[21]

毫無疑問,研討會不同成員的信仰之間存在一些分歧。我知道至少有一個成員竟然聲稱說沒有足夠的證據證明耶穌曾經存在過,這在我看來是荒謬的。[22]但總之,既然作為一個團體,研討會明確顯示了他們的立場;因此,他們應該要預料到會受到批評,就像所有人的著作一樣。

Q. 有一些人批評你的書,說你太容易被採訪對象說服了。看來,你並沒有提出他們希望你提出的一些追加問題。

A. 每個人都會帶著自己的一套問題或異議來探討耶穌的話題,一本書不可能解決所有可能被提出的問題。任何人都可以說:「你本可以在這個或那個話題上挖得更深一些。」但《重審耶穌》的平裝本已經有四百頁了,所以我決定專注於我最關心的主題。希望這些主題也是大多數讀者關心的,但其他人可能會有不同的問題。這不影響。

對於那些想要更多資訊的人,我現在更新了每章結尾的推薦閱讀清單,這些資源可以是很好的進階讀物。此外,我的後續著作《認識基督─如何辨別真偽》(*The Case for the Real*

---

21. Mark D. Roberts, "Unmasking the Jesus Seminar: A Critique of Its Methods and Conclusions," *Patheos*, http://www.patheos.com/blogs/markdroberts/series/unmasking-the-jesus-seminar/.
22. 即使是不可知論學者巴特・葉爾曼(Bart Ehrman)也說:「耶穌完全是虛構的這一說法在各方面都站不住腳……不管我們喜不喜歡,耶穌確實存在。」See Bart D. Ehrman, "Did Jesus Exist?" *HuffPost Religion*, http://www.huffingtonpost.com/bart-d-ehrman/did-jesus-exist_b_1349544.html.

Jesus）目前正在以《為耶穌辯護》（*In Defense of Jesus*）為名重新發行，這本書更進一步深入探討了復活、神話、新約文本的可靠性、應驗的預言以及關於其他福音書的說法等問題。

Q. 在談到基督宗教時，你會不會覺得有些人會特別設限，但他們在生活其他方面卻可能不會做出這種抗拒的反應？

A. 我遇到的多數靈性追尋者都很真誠，他們真心地想找到答案，這是很好的。但也有些人似乎會故意加強他們的懷疑。有時，當有人問特別尖銳的問題時，我會很想這樣回應他：「提出問題前你倒是先證明你是誰。不要給我看駕照，駕照是可以偽造的。不要給我出生證明，我怎麼知道它是不是真的？不要找朋友或配偶來證明你的身分，大家都知道人們會撒謊……。」

你看，環抱著手臂、為反對而反對地把懷疑的標準拉到不合理的高度是很簡單的事，但這並不是我們在面對生活其他方面時會有的態度。當我們運用我們的常識，像評估其他事情一樣評估基督宗教的證據時，我認為它是非常有說服力的。

Q. 聽說《重審耶穌》現在已經被翻譯成阿拉伯語，你一定很為此興奮吧？

A. 是的，我希望這本書能夠比以往有更多機會去觸及穆斯林讀者。畢竟，這本書提供了有力的證據支持一些伊斯蘭教一貫否認的關鍵點——耶穌是上帝獨一無二的兒子、他被釘死在十字架上以及他從死裡復活。也許這會鼓勵穆斯林去調查歷史真正指向的地方。

Q. 我從自己的朋友法伊茲（Fayz）上看到了《重審耶穌》是如何幫助穆斯林找到真正的耶穌的。你有計畫出版更多的書籍嗎？

A. 如你所知，這個系列已經有幾本書。《為人類尋根》（*The Case for a Creator*）考察了指向創造者的科學證據，而這位創造者恰好與聖經中的上帝非常相似。《為何說不—基督信仰再思》（*The Case for Faith*）以對一位直言不諱的靈性懷疑者的採訪開篇，探討了基督宗教的八大主要異議。我提到過的《認識基督—如何辨別真偽》（*The Case for the Real Jesus*）處理了當前對基督主張的許多異議，這本書目前正在以《為耶穌辯護》（*In Defense of Jesus*）重新出版。而《恩典的證據》（*The Case for Grace*）藉由講述那些徹底改變的生命故事，提供了經驗證據，顯示上帝似乎是最好的解釋。我還製作了《基督宗教的證據：研讀聖經》（*The Case for Christ Study Bible*）和名為《希望的證據》（*The Case for Hope*）以及《基督宗教的證據答案書》（*The Case for Christianity Answer Book*）的禮品書。我目前正在進行其他幾個項目，但還不想透露太多。

Q. 自從《重審耶穌》出版以來，你的生活有什麼變化？

A. 你和我一起寫了一本書，叫做《意外的冒險》（*The Unexpected Adventure*），這對我的生活來說是個不錯的側寫。我有幸主持過一檔名為《信仰之火》（*Faith Under Fire*）的全國電視節目，在節目中我主持了基督徒、無神論者、穆斯林、印度教徒、巴哈教徒以及其他人之間關於各種宗教和社會話題的辯論。我曾在世界各地的會議、研討會和教堂發表演講。現在，我是休斯頓浸信會大學的基督宗教思想教授。

Q. 在你的演講中，你沉痛地坦誠了自己在無神論者時的生活如何對孩子們造成負面影響。承認當時過著不道德、酗酒和自我中心的生活。

A. 我不是在暗指所有對靈性抱持懷疑論的人都如此度日，大多數人多半不是這樣。但在我看來，如果沒有上帝或在最後終將面對的責任，那麼以享樂主義者的方式生活是最合邏輯的，也就是只追求快樂。而這也是那時我所做的——這對我的家庭和我自己造成了傷害。

Q. 自從你成為耶穌的信徒後，你的生活發生了哪些變化，對你的孩子產生了哪些影響？

A. 他們看到了上帝在我的品格、價值觀和道德上的改變，我很感激他們今天都是耶穌的虔誠追隨者。艾莉森寫了幾部具有基督宗教主題的小說，她和她的丈夫丹（Dan）——擁有辯護學碩士學位——共同撰寫了兩本關於上帝的兒童書。凱爾（Kyle）在阿伯丁大學獲得神學博士學位，現在是拜歐拉大學泰爾博神學院的教授。他撰寫了許多受歡迎和學術性的書籍，他的學術作品發表在《哈佛神學評論》等期刊上。此外，我還擁有三個可愛的孫女和一個孫子，奧利弗・李・施特博（Oliver Lee Strobel）。

Q. 我注意到你提到了他的全名。

A. 是的，我必須把中間那個名字寫進去。我為此感到非常自豪。

Q. 你在《重審耶穌》中說過，在你的調查結束後，對你來說保持無神論比成為基督徒更需要信心。你是否曾經在懷疑中掙扎過？

A. 當然，在有些困難的時刻，我可能會質疑自己信仰的某些方面，但這些疑問都只是暫時的。我總是會回到科學的證據上，宇宙學、物理學、生物化學、遺傳學和人類意識都很明確地指向：有一位造物主的存在。我也會回到歷史事實指出的——耶穌宣告自己是神聖的，並以死而復生來證明這個主張。不過，我的信仰不僅止於此。

Q. 這是什麼意思？

A. 威廉‧萊恩‧克雷格博士為我解開了這個問題。他告訴我：「歸根結柢，基督徒真正認知到基督信仰屬實的方式，是透過上帝之靈的自我見證。聖靈會在我們心中輕聲告訴我們，我們屬於上帝。這是他的職責之一。其他證據依然有效，但基本上是錦上添花了。

他這樣舉例說明：「假設你要去辦公室看你的老闆是否在，你看到他的車停在停車場裡。你問祕書他是否在，她說：『是的，我剛和他說過話。』你看到他辦公室門下的燈光，你聽到他在電話裡的聲音。基於所有這些證據，你有充分的理由認為你的老闆在辦公室。

「但你可以做一些完全不同的事情。你可以走到門口敲門，面對面見到老闆。此時，停車場裡的車、祕書的證詞、門下的燈光、電話裡的聲音——所有這些證據仍然有效，但它們將變成次要的，因為你現在已經面對面見到老闆。

「同樣，當我們『面對面』見到上帝時，所有關於祂存在的論點和證據——雖然仍然完全有效——會變成次要的。它

們現在成為上帝透過聖靈在我們心中的見證所展示給我們的超自然方式的確認。」[23]

所以，我感謝《重審耶穌》一書中所列舉的證據，因為這些證據在消除我與耶穌之間的隔閡方面起到了關鍵作用。但如果你今天問我如何確定耶穌還活著並且是神的兒子，我會說：「因為我個人認識祂。因為祂現在是我的朋友。」

當我們帶著悔改和信心來到祂面前時都能體驗到，而且讓我完全坦誠地說：這是我對每一個閱讀《重審耶穌》的人的希望。

---

23. 克雷格將這個例子的功勞歸於護教者和演講者彼得‧格蘭特（Peter Grant）。See Lee Strobel, *The Case for Faith: A Journalist Investigates the Toughest Objections to Christianity* (Grand Rapids, MI: Zondervan, 1998), 84-85.

引文目錄

Archer—Gleason L. Archer, *The Encyclopedia of Bible Difficulties* (Grand Rapids: Zondervan, 1982).

Anderson—J. N. D. Anderson, *The Evidence for the Resurrection* (Downers Grove, IL: InterVarsity Press, 1966).

Ankerberg—John Ankerberg and John Weldon, *The Facts on the Mormon Church* (Eugene, OR: Harvest House, 1991).

Ankerberg—John Ankerberg and John Weldon, *Knowing the Truth about the Resurrection* (Eugene, OR: Harvest House, 1996).

Ankerberg—John Ankerberg and John Weldon, *Ready with an Answer* (Eugene, OR: Harvest House, 1997).

Armstrong—Karen Armstrong, *A History of God* (New York: Ballantine/Epiphany, 1993).

Baigent—Michael Baigent, Richard Leigh, and Henry Lincoln, *Holy Blood, Holy Grail* (New York: Delacorte, 1982).

Barnett—Paul Barnett, *Is the New Testament History?* (Ann Arbor, MI: Vine, 1986).

Barnett—Paul Barnett, *Jesus and the Logic of History* (Grand Rapids: Eerdmans, 1997).

Black—Henry Campbell Black, *Black's Law Dictionary*, 5th ed. (St. Paul, MN: West, 1979).

Blomberg—Craig Blomberg, *The Historical Reliability of the Gospels* (Downers Grove, IL: InterVarsity Press, 1987).

Boyd—Gregory A. Boyd, *Cynic Sage or Son of God? Recovering the Real Jesus in an Age of Revisionist Replies* (Wheaton, IL: BridgePoint, 1995).

Boyd—Gregory A. Boyd, *Jesus under Siege* (Wheaton, IL: Victor, 1995).

Boyd—Robert Boyd, *Tells, Tombs, and Treasure* (Grand Rapids: Baker, 1969).

Braaten—Carl Braaten, *History and Hermeneutics*, vol. 2 of *New Directions in Theology Today*, ed. William Hordern (Philadelphia: Westminster Press, 1966).

British Medical Journal—"A Case of Congenital Ichthyosiform Erythrodermia of Brocq Treated by Hypnosis," *British Medical Journal* 2 (1952).

Brown—R. E. Brown, "Did Jesus Know He Was God?" *Biblical Theology Bulletin* 15 (1985).

Bruce—F. F. Bruce, *The New Testament Documents: Are They Reliable?* (Grand Rapids: Eerdmans, 1960).

Bruce—F. F. Bruce, *The Books and the Parchments* (Old Tappan, NJ: Revell, 1963).

Bruce—F. F. Bruce, *Jesus and Christian Origins outside the New Testament* (Grand Rapids: Eerdmans, 1974).

Bruce—F. F. Bruce, *The Canon of Scripture* (Downers Grove, IL: InterVarsity Press, 1988).

Chicago Tribune—"Bomb Victim's Body Not in Grave," *Chicago Tribune* (January 14, 1998).

Clifford—Ross Clifford, *The Case for the Empty Tomb* (Claremont, CA: Albatross, 1991).

Collins—Gary R. Collins, *Can You Trust Psychology?* (Downers Grove, IL: InterVarsity Press, 1988).

Collins—Gary R. Collins, *Christian Counseling: A Comprehensive Guide* (Dallas: Word, 1988).

Collins—Gary R. Collins, *The Soul Search* (Nashville: Thomas Nelson, 1998).

Craig—William Lane Craig, *Knowing the Truth about the Resurrection* (Ann Arbor, MI: Servant, 1988).

Craig—William Lane Craig, *Reasonable Faith* (Westchester, IL: Crossway, 1994).

Craig—William Lane Craig, *The Son Rises: Historical Evidence for the Resurrection of Jesus* (Chicago: Moody Press, 1981).

Craig—William Lane Craig and Frank Zindler, *Atheism vs. Christianity: Where Does the Evidence Point?* (Grand Rapids: Zondervan, 1993). Videocassette.

Crossan—John Dominic Crossan, *The Historical Jesus* (San Francisco: HarperSanFrancisco, 1991).

Donato—Marla Donato, "That Guilty Look," *Chicago Tribune* (April 1, 1994).

Drane—John Drane, *Introducing the New Testament* (San Francisco: Harper & Row, 1986).

Dunn—James D. G. Dunn, *Jesus and the Spirit* (London: SCM Press, 1975).

Dunn—James Dunn, *The Living Word* (Philadelphia: Fortress, 1988).

Edwards—William D. Edwards et al., "On the Physical Death of Jesus Christ," *Journal of the American Medical Association* (March 21, 1986), 1455–63.

Evans—Colin Evans, *The Casebook of Forensic Detection* (New York: John Wiley & Sons, 1996).

Finegan—Jack Finegan, *The Archaeology of the New Testament* (Princeton: Princeton University Press, 1992).

Foreman—Dale Foreman, *Crucify Him* (Grand Rapids: Zondervan, 1990).

France—R. T. France, *The Evidence for Jesus* (Downers Grove, IL: InterVarsity Press, 1986).

Fruchtenbaum—Arnold Fruchtenbaum, *Jesus Was a Jew* (Tustin, CA: Ariel Ministries, 1981).

Frydland—Rachmiel Frydland, *What the Rabbis Know about the Messiah* (Cincinnati: Messianic, 1993).

Geisler—Norman Geisler and Thomas Howe, *When Critics Ask* (Wheaton, IL: Victor, 1992).

Geisler—Norman L. Geisler and William E. Nix, *A General Introduction to the Bible* (1968; reprint, Chicago: Moody Press, 1980).

Geivett—R. Douglas Geivett and Gary R. Habermas, eds., *In Defense of Miracles* (Downers Grove, IL: InterVarsity Press, 1997).

Grant—Michael Grant, *Jesus: An Historian's Review of the Gospels* (New York: Charles Scribner's Sons, 1977).

Green—Michael Green, *Christ Is Risen: So What?* (Kent, England: Sovereign World, 1995).

Green—Michael Green, *The Empty Cross of Jesus* (Downers Grove, IL: InterVarsity Press, 1984).

Greenleaf—Simon Greenleaf, *The Testimony of the Evangelists* (Grand Rapids: Baker, 1984).

Gregory—Leland H. Gregory III, "Top Ten Government Bloopers," *George* (November 1997).

Gruenler—Royce Gordon Gruenler, *New Approaches to Jesus and the Gospels* (Grand Rapids: Baker, 1982).

Habermas—Gary Habermas, *The Historical Jesus* (Joplin, MO: College Press, 1996).

Habermas—Gary Habermas, *The Verdict of History* (Nashville: Thomas Nelson, 1988).

Habermas—Gary Habermas and Antony Flew, *Did Jesus Rise from the Dead? The Resurrection Debate* (San Francisco: Harper & Row, 1987), xiv.

Habermas—Gary Habermas and J. P. Moreland, *Beyond Death: Exploring the Evidence for Immortality* (Westchester, IL: Crossway, 1998).

Habermas—Gary Habermas and J. P. Moreland, *Immortality: The Other Side of Death* (Nashville: Thomas Nelson, 1992).

Harris—Murray J. Harris, *Jesus As God* (Grand Rapids: Baker, 1993).

Harris—Murray J. Harris, *Three Crucial Questions about Jesus* (Grand Rapids: Baker, 1994).

Hengel—M. Hengel, *Crucifixion in the Ancient World* (Philadelphia: Fortress, 1977).

Ignatius—Ignatius, *Trallians* 9.

Irenaeus—Irenaeus, *Adversus Haereses* 3.3.4.

Johnson—Denny Johnson, "Police Add Electronic 'Sketch Artist' to Their Bag of Tricks," *Chicago Tribune* (June 22, 1997).

Johnson—Luke Timothy Johnson, *The Real Jesus* (San Francisco: HarperSanFrancisco, 1996).

Josephus—Josephus, *The Antiquities* 20.200.

Kaiser—Walter C. Kaiser Jr., *The Messiah in the Old Testament* (Grand Rapids: Zondervan, 1995).

Kenyon—Frederic Kenyon, *Handbook to the Textual Criticism of the New Testament* (New York: Macmillan, 1912).

Kenyon—Frederic Kenyon, *The Bible and Archaeology* (New York: Harper, 1940).

Lake—Kirsopp Lake, *The Historical Evidence for the Resurrection of Jesus Christ* (London: Williams & Norgate, 1907).

Lawrence—D. H. Lawrence, *Love among the Haystacks and Other Stories* (New York: Penguin, 1960).

Lewis—C. S. Lewis, *Mere Christianity* (New York: Macmillan-Collier, 1960).

Lewis—C. S. Lewis, *The Screwtape Letters* (London: Collins-Fontana, 1942).

Maier—Paul L. Maier, *Pontius Pilate* (Wheaton, IL: Tyndale House, 1968).

Maier—P. Maier, "Sejanus, Pilate, and the Date of the Crucifixion," *Church History* 37 (1968).

Marshall—I. Howard Marshall, *I Believe in the Historical Jesus* (Grand Rapids: Eerdmans, 1977).

Martin—Michael Martin, *The Case against Christianity* (Philadelphia: Temple University Press, 1991).

Martin—W. J. Martin, *The Deity of Christ* (Chicago: Moody Press, 1964).

McDowell—Josh McDowell, *Evidence That Demands a Verdict* (1972; reprint, San Bernardino, CA: Here's Life, 1986).

McDowell—Josh McDowell, *More Than a Carpenter* (Wheaton, IL: Living Books, 1977).

McDowell—Josh McDowell, *The Resurrection Factor* (San Bernardino, CA: Here's Life, 1981).

McDowell—Josh McDowell and Bart Larson, *Jesus: A Biblical Defense of His Deity* (San Bernardino, CA: Here's Life, 1983).

McDowell—Josh McDowell and Bill Wilson, *He Walked among Us* (Nashville: Thomas Nelson, 1994).

McFarlan—Donald McFarlan, ed., *The Guinness Book of World Records* (New York: Bantam, 1991).

McGinniss—Joe McGinniss, *Fatal Vision* (New York: New American Library, 1989).

McRay—John McRay, *Archaeology and the New Testament* (Grand Rapids: Baker, 1991).

Metzger—Bruce M. Metzger, *The Canon of the New Testament* (Oxford: Clarendon Press, 1988).

Metzger—Bruce M. Metzger, *The Text of the New Testament* (Oxford: Oxford University Press, 1992).

Miller—Kevin D. Miller, "The War of the Scrolls," *Christianity Today* (October 6, 1997).

Montgomery—John Warwick Montgomery, ed., *Christianity for the Tough-Minded* (Minneapolis: Bethany House, 1973).

Moreland—J. P. Moreland, *Scaling the Secular City* (Grand Rapids: Baker, 1987).

Morison—Frank Morison, *Who Moved the Stone?* (Grand Rapids: Zondervan, 1987).

Moule—C. F. D. Moule, *The Phenomenon of the New Testament* (London: SCM Press, 1967).

Müller—Julius Müller, *The Theory of Myths, in Its Application to the Gospel History, Examined and Confuted* (London: John Chapman, 1844).

Neill—Stephen Neill, *The Interpretation of the New Testament 1861–1961* (London: O.U.P., 1964).

O'Collins—Gerald O'Collins, *The Easter Jesus* (London: Darton, Longman & Todd, 1973).

Patzia—Arthur G. Patzia, *The Making of the New Testament* (Downers Grove, IL: InterVarsity Press, 1995).

Peck—M. Scott Peck, *People of the Lie* (New York: Touchstone, 1997).

Pelikan—Jaroslav Pelikan, *The Christian Tradition: A History of the Development of Doctrine*, vol. 1, *The Emergence of the Catholic Tradition (100–600)* (Chicago: University of Chicago Press, 1971).

Phlegon—Phlegon, *Olympiades he Chronika* 13, ed. Otto Keller, *Rerum Naturalium Scriptores Graeci Minores*, I (Leipzig: Teurber, 1877).

Possley—Maurice Possley, "Mob Hit Man Aleman Gets One Hundred to Three Hundred Years," *Chicago Tribune* (November 26, 1997).

Proctor—William Proctor, *The Resurrection Report* (Nashville: Broadman & Holman, 1998).

Rosen—Marjorie Rosen, "Getting Inside the Mind of a Serial Killer," *Biography* (October 1997).

Rosen—Moishe Rosen, *Y'shua, the Jewish Way to Say Jesus* (Chicago: Moody Press, 1982).

Rosen—Ruth Rosen, ed., *Jewish Doctors Meet the Great Physician* (San Francisco: Purple Pomegranate, 1997).

Schaff—Philip Schaff, *The Person of Christ* (New York: American Tract Society, 1918).

Schonfield—Hugh Schonfield, *The Passover Plot* (New York: Bantam, 1965).

Sherwin-White—A. N. Sherwin-White, *Roman Society and Roman Law in the New Testament* (Oxford: Clarendon Press, 1963).

Smith—Morton Smith, "Biblical Arguments for Slavery," *Free Inquiry* (Spring 1987), 30.

Sowell—Thomas Sowell, *Race and Culture* (New York: Basic, 1995).

Stoner—Peter W. Stoner, *Science Speaks* (Chicago: Moody Press, 1969).

Stott—John Stott, *Basic Christianity* (Grand Rapids: Eerdmans, 1986).

Strobel—Lee Strobel, "His 'I Shot Him' Stuns Courtroom," *Chicago Tribune* (June 20, 1975).

Strobel—Lee Strobel, "Pal's Confession Fails; Defendant Ruled Guilty," *Chicago Tribune* (June 21, 1975).

Strobel—Lee Strobel, "Jury in Makeshift Courtroom Hears Dying Boy Tell of Attack," *Chicago Tribune* (February 24, 1976).

Strobel—Lee Strobel, "'Textbook' Thumbprint Aids Conviction in Coed's Killing," *Chicago Tribune* (June 29, 1976).

Strobel—Lee Strobel, "Four Years in Jail—and Innocent," *Chicago Tribune* (August 22, 1976).

Strobel—Lee Strobel, "Youth's Testimony Convicts Killers, but Death Stays Near," *Chicago Tribune* (October 25, 1976).

Strobel—Lee Strobel, "Did Justice Close Her Eyes?" *Chicago Tribune* (August 21, 1977).

Strobel—Lee Patrick Strobel, *Reckless Homicide: Ford's Pinto Trial* (South Bend, IN: And Books, 1980).

Strobel—Lee Strobel, *God's Outrageous Claims* (Grand Rapids: Zondervan, 1997).

Telchin—Stan Telchin, *Betrayed!* (Grand Rapids: Chosen, 1982).

Templeton—Charles Templeton, *Act of God* (New York: Bantam, 1979).

Templeton—Charles Templeton, *Farewell to God* (Toronto: McClelland & Stewart, 1996).

Thompson—J. A. Thompson, *The Bible and Archaeology* (Grand Rapids: Eerdmans, 1975).

Warfield—Benjamin B. Warfield, *Introduction to Textual Criticism of the New Testament* (London: Hodder & Stoughton, 1907).

Webster's—*Webster's Encyclopedic Unabridged Dictionary of the English Language* (New York: Gramercy, 1989).

Wilcox—M. Wilcox, "Jesus in the Light of His Jewish Environment," *Aufstieg und Niedergang der römischen Welt* 2, no. 25.1 (1982).

Wilkins—Michael J. Wilkins and J. P. Moreland, eds., *Jesus under Fire* (Grand Rapids: Zondervan, 1995).

Wilson—Ian Wilson, *Jesus: The Evidence* (1984; reprint, San Francisco: HarperSanFrancisco, 1988).

Witherington—Ben Witherington III, *The Christology of Jesus* (Minneapolis: Fortress, 1990).

Yamauchi—Edwin Yamauchi, "Josephus and the Scriptures," *Fides et Historia* 13 (1980).

Yamauchi—Edwin Yamauchi, *The Stones and the Scriptures* (New York: J. B. Lippincott, 1972).

Zindler—Frank Zindler, "Where Jesus Never Walked," *American Atheist* (Winter 1996–1997).

Zodhiates—Spiros Zodhiates, *Was Christ God?* (Grand Rapids: Eerdmans, 1966).

Zondervan—*The Journey Bible* (Grand Rapids: Zondervan, 1996).

致謝

我非常感謝許多人對本書所提供的洞見和貢獻。特別感謝我的妻子萊絲莉（Leslie），她是最早建議我將教會講道的系列創作成一本書的想法；還有我 Zondervan 的編輯約翰・斯隆（John Sloan），他的創意想法大大提升了這個專案。

此外，我也很感謝馬克・米特爾貝格（Mark Mittelberg）和蓋瑞・普爾（Garry Poole）持續不斷的鼓勵與支持；查德・梅斯特（Chad Meister）、鮑勃（Bob）和格雷岑・帕桑提諾（Gretchen Passantino）的研究和想法；拉斯・羅賓遜（Russ Robinson）的法律觀點；我的助理喬迪・瓦萊（Jodi Walle）的寶貴協助；以及我的女兒艾莉森（Alison）和兒子凱爾（Kyle）在幕後的貢獻。

最後，我要感謝那些允許我採訪的學者們。一次又一次，我不僅對他們的知識和智慧留下深刻印象，更被他們謙遜和真誠的信仰以及渴求幫助靈性尋求者探索耶穌驚人的宣言所感動。

認識李・施特博

李・施特博擁有耶魯法學院的法學研究碩士學位和密蘇里大學的新聞學學位,是超過 30 本暢銷書的作者。他曾任《芝加哥論壇報》的法律編輯,並因調查報導和公共服務新聞獲得美聯社頒發的伊利諾州最高榮譽。

李從無神論到信仰之旅的故事在《重審耶穌》(*The Case for Christ*)、《為何說不─基督信仰再思》(*The Case for Faith*)、《為人類尋根》(*The Case for a Creator*)、《認識基督─如何辨別真偽》(*The Case for the Real Jesus*)和《恩典的證據》(*The Case for Grace*)中有所記載。他目前在休斯頓浸信會大學(Houston Baptist University)擔任基督宗教思想教授,並在美國最大的教會之一伍德蘭教會(Woodlands Church)擔任教學牧師。

李還撰寫了《希望的證據》(*The Case for Hope*)、《基督宗教的證據答案書》(*The Case for Christianity Answer Book*)、《上帝出難題》(*God's Outrageous Claims*)、《魯莽的過失殺人》(*Reckless Homicide*)、《意外的冒險》(*The Unexpected Adventure*,與馬克・米特爾貝格合著)、《未去教會的哈里和瑪麗的內心世界》(*Inside the Mind of Unchurched Harry and Mary*)、《耶穌話名人》(*What Jesus Would Say*)及他的第一本小說《野心》(*The Ambition*)。他是《基督宗教的證據:研讀聖經》(*The Case for Christ Study Bible*)的總編輯,該書包含數百條注釋和文章。

李曾在羅斯福大學教授第一修正案法，並主持了全國電視節目《信仰之火》(*Faith under Fire*)，該節目包括無神論者、基督徒、穆斯林、印度教徒等人在各種社會和靈性話題上的辯論。他還曾在美國兩個最大和最有影響力的教會——柳溪社區教會（Willow Creek Community Church）和鞍峰教會（Saddleback Church）擔任教學牧師。2007 年，李被南方福音神學院（Southern Evangelical Seminary）授予神學博士學位。

他曾在 ABC、福克斯、探索頻道、PBS 和 CNN 等電視網路接受採訪，他的文章也出現在包括《華爾街日報》(*Wall Street Journal*)和《新聞週刊》(*Newsweek*)網路版在內的各種期刊上。

李和萊絲莉結婚 43 年，共同撰寫了《緣盡今生—配偶信仰不同怎麼辦？》(*Surviving a Spiritual Mismatch in Marriage*)。他們的女兒艾莉森是一位小說家，與她的丈夫丹合著了兩本兒童書。他們的兒子凱爾擁有神學博士學位，現任拜歐拉大學泰爾博神學院（Talbot School of Theology at Biola University）靈性神學教授。他撰寫了幾本學術和通俗書籍，以及在《哈佛神學評論》等期刊上發表學術文章。

李的網站是 www.LeeStrobel.com。他的推特（現改名為 X）帳號是 @LeeStrobel。

MEMO

MEMO

MEMO

MEMO

MEMO

MEMO

MEMO

MEMO

MEMO

國家圖書館出版品預行編目資料

重審耶穌（全新增訂版）：一位法庭記者的聖經調查事件簿/李‧施特博（Lee Strobel）作；高品薰譯. -- 初版. -- 臺北市：啟示出版：英屬蓋曼群島商家庭傳媒股份有限公司城邦分公司發行, 2024.11
面； 公分. -- (Soul 系列 ; 67)

譯自：The case for Christ : a journalist's personal investigation of the evidence for Jesus

ISBN 978-626-7257-58-6 (平裝)

1.CST: 耶穌(Jesus Christ) 2.CST: 護教 3.CST: 訪談

242.9　　　　　　　　　　　　　　　　　　　　113014605

線上版讀者回函卡

Soul系列067
重審耶穌（全新增訂版）：一位法庭記者的聖經調查事件簿

| 作　　　者／李‧施特博（Lee Strobel） |
| 譯　　　者／高品薰 |
| 企畫選書人／周品淳 |
| 總　編　輯／彭之琬 |
| 責任編輯／白亞平 |

| 版　　　權／吳亭儀、江欣瑜 |
| 行　銷　業　務／周佑潔、周佳葳、林詩富、吳藝佳 |
| 總　經　理／彭之琬 |
| 事業群總經理／黃淑貞 |
| 發　行　人／何飛鵬 |
| 法　律　顧　問／元禾法律事務所王子文律師 |
| 出　　　版／啟示出版 |
|　　　　　　　台北市南港區昆陽街16號4樓 |
|　　　　　　　電話：(02) 25007008　傳真：(02)25007759 |
|　　　　　　　E-mail:bwp.service@cite.com.tw |
| 發　　　行／英屬蓋曼群島商家庭傳媒股份有限公司城邦分公司 |
|　　　　　　　台北市南港區昆陽街16號8樓 |
|　　　　　　　書虫客服服務專線：02-25007718；25007719 |
|　　　　　　　服務時間：週一至週五上午09:30-12:00；下午13:30-17:00 |
|　　　　　　　24小時傳真專線：02-25001990；25001991 |
|　　　　　　　劃撥帳號：19863813；戶名：書虫股份有限公司 |
|　　　　　　　讀者服務信箱：service@readingclub.com.tw |
|　　　　　　　城邦讀書花園：www.cite.com.tw |
| 香港發行所／城邦（香港）出版集團有限公司 |
|　　　　　　　香港九龍土瓜灣土瓜灣道86號順聯工業大廈6樓A室 |
|　　　　　　　電話：(852)25086231　傳真：(852)25789337　E-MAIL：hkcite@biznetvigator.com |
| 馬新發行所／城邦（馬新）出版集團【Cite (M) Sdn Bhd】 |
|　　　　　　　41, Jalan Radin Anum, Bandar Baru Sri Petaling, 57000 Kuala Lumpur, Malaysia. |
|　　　　　　　電話：(603) 90578822　傳真：(603) 90576622 |
|　　　　　　　Email: cite@cite.com.my |

| 封　面　設　計／王舒玗 |
| 排　　　版／芯澤有限公司 |
| 印　　　刷／韋懋實業有限公司 |

■2024年11月19日初版
　　　　　　　　　　　　　　　　　　　　　　　　　　　　Printed in Taiwan
定價540元

The Case for Christ
Copyright © 1998, 2016 by Lee Strobel
Traditional Chinese edition published by arrangement with HarperCollins Christian Publishing, Inc., through The Artemis Agency.
Complex Chinese translation copyright© 2024 by Apocalypse Press, a division of Cite Publishing Ltd.
All Rights Reserved.

城邦讀書花園
www.cite.com.tw

著作權所有，翻印必究　ISBN 978-626-7257-58-6

廣　告　回　函
北區郵政管理登記證
北臺字第000791號
郵資已付，免貼郵票

115　台北市南港區昆陽街16號4樓
英屬蓋曼群島商家庭傳媒股份有限公司城邦分公司　收

請沿虛線對摺，謝謝！

書號：1MA067　　書名：重審耶穌

請於此處用膠水黏貼

啟示出版
Apocalypse Press

讀者回函卡

感謝您購買我們出版的書籍！請費心填寫此回函卡，我們將不定期寄上城邦集團最新的出版訊息。

姓名：_____ 性別：□男 □女

生日：西元_____年_____月_____日

地址：_____

聯絡電話：_____ 傳真：_____

E-mail：

學歷：□ 1. 小學 □ 2. 國中 □ 3. 高中 □ 4. 大學 □ 5. 研究所以上

職業：□ 1. 學生 □ 2. 軍公教 □ 3. 服務 □ 4. 金融 □ 5. 製造 □ 6. 資訊
　　　□ 7. 傳播 □ 8. 自由業 □ 9. 農漁牧 □ 10. 家管 □ 11. 退休
　　　□ 12. 其他_____

您從何種方式得知本書消息？
　　　□ 1. 書店 □ 2. 網路 □ 3. 報紙 □ 4. 雜誌 □ 5. 廣播 □ 6. 電視
　　　□ 7. 親友推薦 □ 8. 其他_____

您通常以何種方式購書？
　　　□ 1. 書店 □ 2. 網路 □ 3. 傳真訂購 □ 4. 郵局劃撥 □ 5. 其他_____

您喜歡閱讀那些類別的書籍？
　　　□ 1. 財經商業 □ 2. 自然科學 □ 3. 歷史 □ 4. 法律 □ 5. 文學
　　　□ 6. 休閒旅遊 □ 7. 小說 □ 8. 人物傳記 □ 9. 生活、勵志 □ 10. 其他

對我們的建議：_____
_____
_____

【為提供訂購、行銷、客戶管理或其他合於營業登記項目或章程所定業務之目的，城邦出版人集團（即英屬蓋曼群島商家庭傳媒（股）公司城邦分公司、城邦文化事業（股）公司），於本集團之營運期間及地區內，將以電郵、傳真、電話、簡訊、郵寄或其他公告方式利用您提供之資料（資料類別：C001、C002、C003、C011等）。利用對象除本集團外，亦可能包括相關服務的協力機構。如您有依個資法第三條或其他需服務之處，得致電本公司客服中心電話02-25007718請求協助。相關資料如為非必要項目，不提供亦不影響您的權益。】
1.C001 辨識個人者：如消費者之姓名、地址、電話、電子郵件等資訊。　　2.C002 辨識財務者：如信用卡或轉帳帳戶資訊。
3.C003 政府資料中之辨識者：如身分證字號或護照號碼（外國人）。　　　4.C011 個人描述：如性別、國籍、出生年月日。

請於此處用膠水黏貼